戦国大名の外交

丸島和洋

講談社学術文庫

目次

戦国大名の外交

地図作成／さくら工芸社

戦国大名の外交

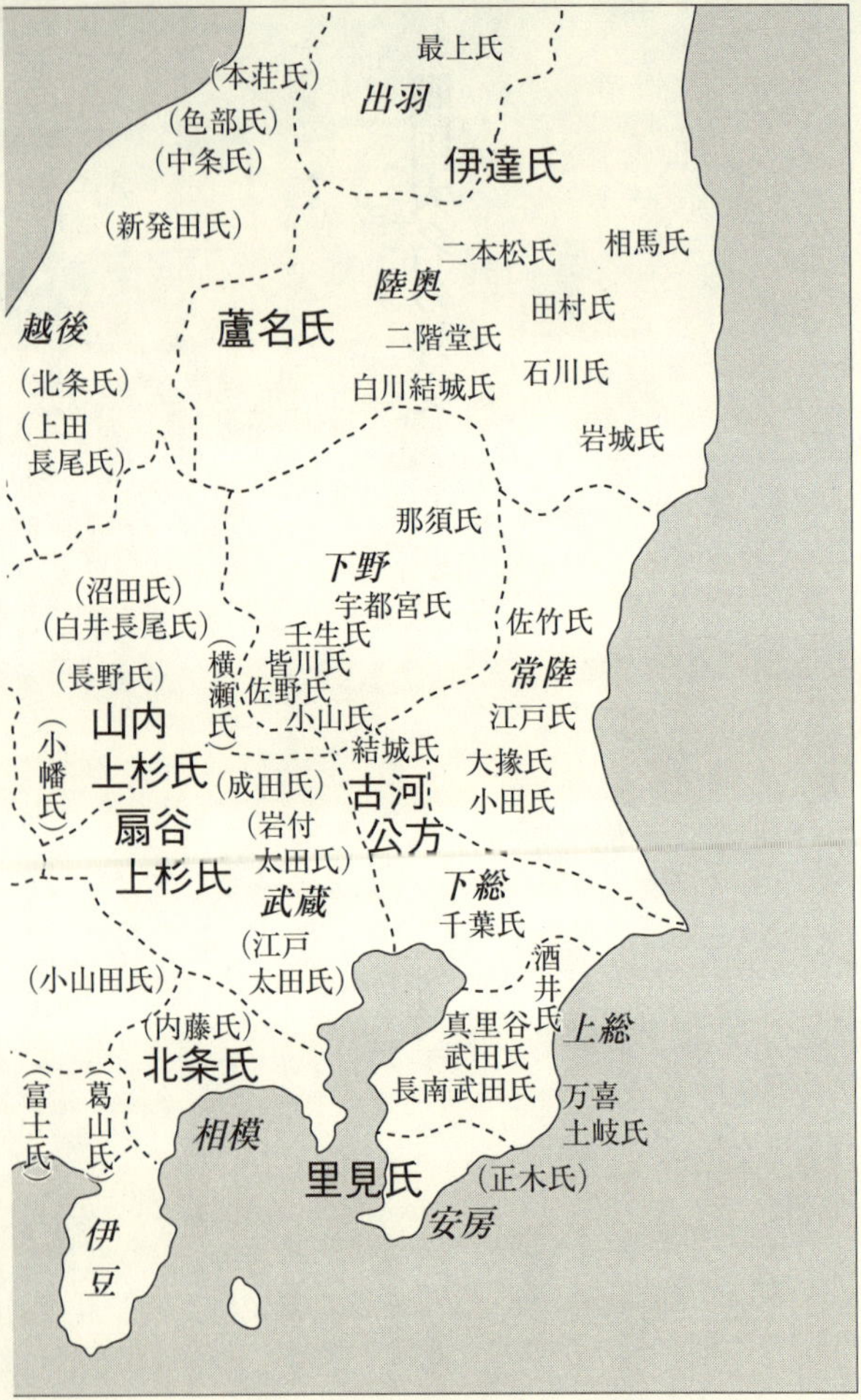

最上氏
(本荘氏)
出羽
(色部氏)
(中条氏)
伊達氏
(新発田氏)
二本松氏
相馬氏
陸奥
田村氏
越後
蘆名氏
二階堂氏
石川氏
(北条氏)
白川結城氏
(上田
長尾氏)
岩城氏
那須氏
下野
(沼田氏)
宇都宮氏
(白井長尾氏)
佐竹氏
壬生氏
(横瀬氏)
皆川氏
(長野氏)
常陸
佐野氏
山内
上杉氏
(小幡氏)
小山氏
江戸氏
結城氏
大掾氏
(成田氏)
古河
公方
小田氏
扇谷
上杉氏
(岩付
太田氏)
下総
武蔵
千葉氏
(江戸
太田氏)
(小山田氏)
酒井氏
(内藤氏)
真里谷
武田氏
上総
北条氏
長南武田氏
(富士氏)
(葛山氏)
万喜
土岐氏
相模
里見氏
(正木氏)
安房
伊豆

戦国大名配置図（天文10年頃）
ゴシック体は戦国大名。明朝体は独立小大名・国人。括弧付きは戦国大名の従属国衆
佐渡
能登
長尾(上杉)氏
能登畠山氏
高梨氏
神保氏
一向一揆
越中
椎名氏
上野
村上氏
仁科氏
江馬氏
信濃
加賀
小笠原氏
大井氏
蘆田氏
（伴野氏）
飛騨
朝倉氏
越前
諏方氏
三木氏
木曾氏
高遠諏方氏
武田氏
甲斐
美濃
苗木遠山氏
松尾小笠原氏
知久氏
（穴山氏）
浅井氏
斎藤氏
朽木氏
岩村遠山氏
尾張
下条氏
織田氏
近江
鱸氏
今川氏
奥平氏
（天野氏）
六角氏
菅沼氏
（水野氏）
（井伊氏）
駿河
松平氏
牧野氏
伊勢
伊賀
三河
遠江
戸田氏

序章　戦国大名という「地域国家」

戦国大名の「外交」と聞いて、表現に違和感を持たれる向きがおられるかもしれない。また、違った内容を想定される方もおられるのではないかと思う。

本書は、戦国大名の国際外交について論じるものではない。戦国大名同士の交渉を、「外交」と称して、その特徴について明らかにすることが目的である。したがって、「戦国大名間の外交」とでもしたほうが誤解を招きにくいかもしれないが、敢えて戦国大名の「外交」という表現を書名に採用することとした。

しかし、それを聞くとなおさら、おかしな表現と思われる方が出ても不思議ではない。現在の国際社会においては、外交権を有するのは主権国家のみだからである。なぜ日本国ではなく、戦国大名同士の交渉をことさらに「外交」と称するのか。

これには、明確な理由がある。それは、筆者が戦国大名をひとつの「国家」として認識しているからである。筆者は、戦国時代について、「日本」という「国家」の統合力が弱まり、戦国大名という「地域国家」によって列島が分裂した時代と評価している。

「地域国家」という表現が、研究者の間で用いられるようになったのは近年のことだが、戦国大名をひとつの「主権的な国家」、日本国に対する「下位国家」として把握する見解は、一九七〇年代にはみられた。

その第一の理由は、戦国時代の法律、戦国法のあり方にある。戦国法の制定権は戦国大名にあり、数郡から数ヵ国にわたる戦国大名の支配領域において、一般法としての地位を占めていた。それは今川義元《いまがわよしもと》が、分国法《ぶんこくほう》『かな目録追加《もくろくついか》』において、「只今はをしなべて自分の力量を以て、国の法度を申し付け、静謐《せいひつ》することなれば」と高らかに宣言していることに象徴される。今までのように、室町幕府将軍が全国を支配し、諸国の守護職を任命していた時代とは違うのだ、という文章に続くこの条文ほど、戦国大名の自己認識を明らかにしてくれるものはない。戦国大名領国の主権は戦国大名に帰属し、室町幕府・鎌倉府《かまくらふ》をはじめとする従来の公権力が公認してきた慣習や特権を継続して認めるかどうかは、戦国大名の判断次第であった。

そのことを象徴するように、戦国大名は自分の支配領域を指して「国家」「御国《おくに》」という表現を使用した。これが第二の理由である。戦国大名は、自分自身を領国における主権者すなわち「公儀《こうぎ》」と位置づけて、自身の領国を「国」（支配領域）と「家」（「家中《かちゅう》」＝家臣団）の複合体、「国家」と表現したのである。「国家」という言葉自体は、古くから使われているものであったが、それは「日本国」を指すものであった。しかし戦国大名の用いる「国家」は違う。明確に、自己の支配領域と、家臣団を指して「国家」と表現したのである。

戦国大名「国家」は、最終的に次のようなレベルにまで行き着く。「国家」の主権者たる戦国大名は、領国の百姓（いわば「国民」）に対する保護義務を負う。だからその代わりに、百姓は「御国」の平和と安全の維持に協力する義務を負うのだ、という双務《そうむ》的な論理が出現しだすのである。これは、北条《ほうじょう》氏の法令にみられる主張で、「御国の大事」のために百姓を戦争に動員する姿がみられるようになっていく。もちろん、これは戦国大名が百姓を軍事動員するために作り出した政治主張の産物であり、簡単に一般化できるものではない。しかし、そうした政治的主張を行えるようになるほどに、戦国大名「国家」は成熟していくことになるのである。

そして第三に指摘しておかねばならない大きな事実が、ポルトガル人宣教師《せんきょうし》の視点である。ポルトガル人宣教師は、戦国大名のことを"rei"つまり「国王」と呼び、ポルトガル国王と同じ表現を用いて呼称しているのである。この点はイエズス会東インド巡察使《じゅんさつし》アレッサンドロ＝ヴァリニャーノが、一五八三年に「ある人々は位階と実権を得たが、それらの者の中で最高の者は屋形《やかた》と称せられる。彼等は諸国の完全な領主であり、日本の法律と習慣に従い全支配権と命令権を有するから、国王であり、その名称に相応している」（『日本諸事要録』『日本巡察記』九頁）と記している点に端的に表れている。もっともこのような表現が用いられたのは、宣教師が自分たちの布教成果を大きく報告するためではないかと考える向きもあるかも知れない。しかし宣教師ルイス＝フロイスは『日本史』序文において、国王や王国という言葉を用い始めたのはむしろ日本に詳しくないポルトガル商人たちであるとし、しかし「彼らは一国、もしくは多くの国の絶対君主（であるには違いないので）通常、私たち（ヨーロッパ人）の間では、彼らのことを国王と呼」ぶのだと説明したうえで、日本の

「六十六ヵ国については、わずかの例外はあるけれども、それら（おのおのが）ヨーロッパの諸国と同じような広さや大きさを有すると見なしてはならない」と冷静に指摘している。宣教師の戦国期日本観は時間の経過とともにかなり精度を増しているのであり、彼ら外国人からも、戦国大名が「国王」と見なされていた点は軽視すべきではないだろう。

以上のような理由から、筆者は戦国大名をひとつの「地域国家」と呼び、他大名との交渉を、「地域国家」の主権者による外交権の行使、という意味で「外交」と呼ぶのである。研究者の中には、戦国大名間の外交を、「通交《つうこう》」と呼ぶ人もいるが、筆者はこの表現は適切ではないと考える。通交という言葉には、経済・交通面での交流という意味合いが強いからである。戦国大名間の交渉は、和睦（停戦）や軍事同盟のように、軍事目的を達成するために行われるものが多く、通交という言葉では表現しきれない。やはり、「外交」という言葉を用いて表現すべきであると考える。

それでは、「地域国家」の主権者たる戦国大名とはそもそもどのような存在を指すのだろうか。実は、この問題への解答が一番難しい。それは、室町時代の守護や、豊臣《とよとみ》政権から江戸時代にかけての大名と違って、戦国大名が中央政権によって任命され、その身分を保証された権力ではないからである。つまり戦国大名とは、中央政権たる室町幕府の統制意図から外れた位置に誕生した存在であった。これこそ、戦国大名をひとつの「地域国家」と見なす理由であるのだが、だからこそ戦国大名とは何かという定義が難しい。したがって、戦国大名の定義は、研究者によって異なり、現在も論争が続いている。

しかし研究史上、ある程度の共通理解がなかったわけではない。それを踏まえたうえでの、筆者なりの定義を述べておこう。戦国大名とは、①室町幕府・鎌倉府をはじめとする伝統的上位権力に名目的に従うだけで、②政治・軍事行動を独自の判断で行い（他の権力の命令に左右されない）、③自己の領主権を超えた地域を支配下においた権力、と位置づけることとしたい。支配領域の規模としては、一国規模以上の権力を想定してはいるが、絶対的なものではない。陸奥《むつ》や近江《おうみ》のように、一国単位で把握することが適切ではない地域も少なからず存在するし、北関東や九州のように、郡規模の権力が長期にわたって自立性を維持し続けた地域も少なくないからである。

そして、戦国大名に従属し、大名から自治支配権を容認された領主権力を「国衆《くにしゅう》」と呼ぶこととしたい。国衆とは、室町時代には「国人《こくじん》」と定義されていた領主である。その国人が、戦国大名に従属することで自己改革を成し遂げ、戦国大名と同様の行政を行うようになっていき、自己の支配領域では（戦国大名を上位者として戴くものの）主権者となる。このような権力は、もはや国人領主という段階とは異なり、戦国大名のあり方に近い。しかしながら、独立性をもってはいないという点が、戦国大名とは異なる。そこで現在では、国人領主段階とは違う権力という意味を籠めて、国衆という用語が採用されつつある。ただし、この言葉はまだ定着しているとはいいがたく、研究者によっては「戦国領主」「地域領主」など別の呼称を採用する人や、「国人」という言葉をそのまま使っている人も多いことをお断りしておく。

この国衆という権力は、戦国大名に従属しているが、あくまで「外様《とざま》」であり、家臣として「家中」に組み込まれてはいない。軍事的に大名に従属しているだけの存在である。これを専門用語では、戦国大名の「軍事的安全保障体制」への組み込みと呼んでいる。つまり国衆とは、戦争に際して戦国大名の動員に応じる代わりに、戦国大名から軍事的保護を受ける存在なのである。したがって、大名が国衆の領国支配に口を挟むことは基本的にない。このように一定度の自律《じりつ》性を有した国衆という存在は、大名の譜代《ふだい》家臣とは明確に区別をする必要がある。この点は、現在でもなお理解の混乱が続いているが、明確化させておきたい。

本書が基本的に対象とするのは、戦国大名同士の外交である。しかしながら、場合によっては、戦国大名と国衆の外交にも言及することがある。これは戦国大名と国衆の境界線をどこで引くかは、意外と曖昧な側面があるためである。では、具体的に戦国大名の外交とはどのようなものなのか。それを本書の各章において、検討していくこととしたい。

なお、筆者は数ある戦国大名のなかでも、甲斐《かい》武田《たけだ》氏を専門としている。本書でも、武田氏を中心に取り上げるが、必要に応じて、北条氏など他の戦国大名も素材としながら、議論を進めていく。戦国大名は、大名によって個性があり、ひとつの大名の事例を必ずしも一般化できるわけではない。しかしながら、複数の大名を検討することで、共通の特徴というものが見出せる場合がある。特に、外交という大名同士のやりとりにおいては、共通認識が存在していなければ、交渉自体が成立しないだろう。武田氏を中心としつつも、複数の大名に目配りをすることによって、特定の大名に議論が偏らないように注意することとしたい。

なお、本書に登場する人物はしばしばその名を変えている。しかし、いちいちその時点での正確な呼び名を用いると、読者が混乱してしまうだろう。そのため、一部例外はあるが、もっとも一般的な名前に統一して記述していることをお断りしておく。

文中で史料を引用する際には、基本的に現代語訳を行った。その際、一部意訳した場合がある。とはいいながら、できるかぎり原文に忠実に訳そうと心懸けたため、日本語としてたどたどしい部分があると思う。また本書の論点となる箇所や、あまり知られていない事実を中心に、史料の出典を付した。読み進めるうえで煩雑に思われるかもしれないが、出典にあたって確認をとれるように配慮したものである。あわせてご寛恕いただければ幸いである。

第一章　外交の作法

1　同盟・和睦と大名の面目

同盟の呼び方

戦国大名の外交の中心を占めるものが、軍事同盟と呼ばれるものである。同盟は、相互不可侵と軍事支援を柱とする。一方和睦は、一時的な停戦と長期にわたる相互不可侵の二種類が存在した。いずれにせよ、和睦と同盟は軍事支援の有無で分けられるといえる。

戦国期の軍事同盟は多数あり、織田《おだ》信長《のぶなが》と徳川家康《とくがわいえやす》の間で結ばれた清須《きよす》同盟、武田《たけだ》信玄《しんげん》(晴信《はるのぶ》)・今川義元《いまがわよしもと》・北条氏康《ほうじょううじやす》の三大名間で結ばれた甲駿相《こうすんそう》三国同盟などが著名であるだろう。本章では、甲駿相三国同盟を素材として、戦国大名の外交の「作法」について考えてみることとしたい。というのも、この時期の武田氏には、『甲陽《こうよう》日記（高白斎記《こうはくさいき》）』と『勝山記《かつやまき》(妙法寺記《みょうほうじき》)』という古記録が残されており、同盟交渉の経過を探るうえで格好の材料を提供してくれるからである。

さて、甲駿相三国同盟という呼び方は、同盟を結んだ三大名の本国から一文字ずつ取って付けられたものである。つまり「甲斐《かい》」の武田信玄、「駿河《するが》」の今川義元、「相模《さがみ》」の北条氏康の同盟、という意味である。これは研究者が定めた概念用語ではあるが、大名を本国の略称を用いて呼ぶことは、戦国時代には広くみられることであった。つまり武田信玄は、しばしば「甲斐」「甲州」「甲」と呼ばれたし、今川義元は「駿河」「駿州」「駿」などと呼ばれたのである。その三者の同盟であるため、「甲駿相」三国同盟と呼んでいるわけである。

ただし、この三大名は最初から同盟をしていたわけではない。三大名の歴史を紐解くと、駿相《すんそう》同盟つまり今川・北条両氏の軍事同盟が、武田信虎《のぶとら》（信玄の父）と対立するという構図が長らく続いていた。今川氏と北条氏の同盟は、北条氏の初代伊勢《いせ》宗瑞《そうずい》（一般にいう北条早《そう》雲《うん》）が、今川氏親《うじちか》（義元の父）の母方の叔父にあたる関係から生じたものである。これに対し、武田信虎は関東管領《かんれい》山内《やまのうち》上杉《うえすぎ》氏（上野《こうずけ》の大名）およびその分家である扇谷《おうぎがやつ》上杉氏（北武蔵の大名）と同盟を結んで対抗していた。

この構図に変化が生じたのが、天文五（一五三六）年の今川氏輝《うじてる》（義元の兄）の病死であった。今川氏輝病死により、その後継者の地位をめぐって、玄広恵探《げんこうえたん》と梅岳承芳《せんがくしょうほう》という二人の弟が家督《かとく》争いを起こしたのである。花蔵《はなぐら》の乱と称されるこの内訌《ないこう》（御家騒動）は、北条氏《うじ》綱《つな》（氏康の父）の支援を得た梅岳承芳の勝利に終わった。勝利した梅岳承芳は還俗し、義元と名乗った。戦国大名今川義元の誕生である。

駿相同盟崩壊の背景

ところが家督を継いだ今川義元は、翌天文六年二月、長年の敵国であった武田信虎の娘定恵院殿《じょうけいいんでん》を正室に迎え、武田氏と同盟を結んだのである（『勝山記』）。甲駿《こうすん》同盟の誕生であった。北条氏綱はこの同盟に反対し、妨害を加えた。それは、駿相同盟の目的の一つが、武田信虎との戦争にあったからである。しかしながら、今川義元は武田信虎との同盟を強行した。この結果北条氏綱は、今川義元との同盟を破棄し、今川領駿河に攻め込んだのである。

北条氏綱勢は、駿河のうち河東《かとう》地域（富士川《ふじかわ》以東の富士・駿東《すんとう》郡）を占領した。以後、今川義元と北条氏綱は、河東地域の領有権をめぐって、足かけ九年にも及ぶ争いを続けることとなった。「河東一乱《かとういちらん》」と呼ばれる国境紛争のはじまりである。今川義元と同盟を結んだばかりの武田信虎もただちに駿河国境に出陣し、今川氏を支援する姿勢をみせた。

しかし駿相同盟破棄は、北条氏を苦境に陥れた。北条氏は関東で山内・扇谷両上杉氏および武田信虎と交戦状態にあったからである。この陣営に今川氏が加わったことで、北条領国は敵国に包囲されてしまった。

どうしてこのような急激な変化が起きたのだろう。先述したように、北条氏綱は、今川義元の家督相続に際して、軍事支援を行っていた。しかし今川義元は、どうもこの援軍そのものに、不快感を抱いたらしい（『駿河史料』『戦国遺文今川氏編』一〇九六号）。花蔵（静岡県藤枝市）まで攻め込んだ北条勢が、領国深く入り込みすぎたと考えたか、北条氏が河東地域に影響力を行使するようなことがあったのではないかと推測される。もともと河東地域は、初代伊勢宗瑞が今川氏親から居城を与えられて以来、北条氏と関係が深い。特に駿東郡

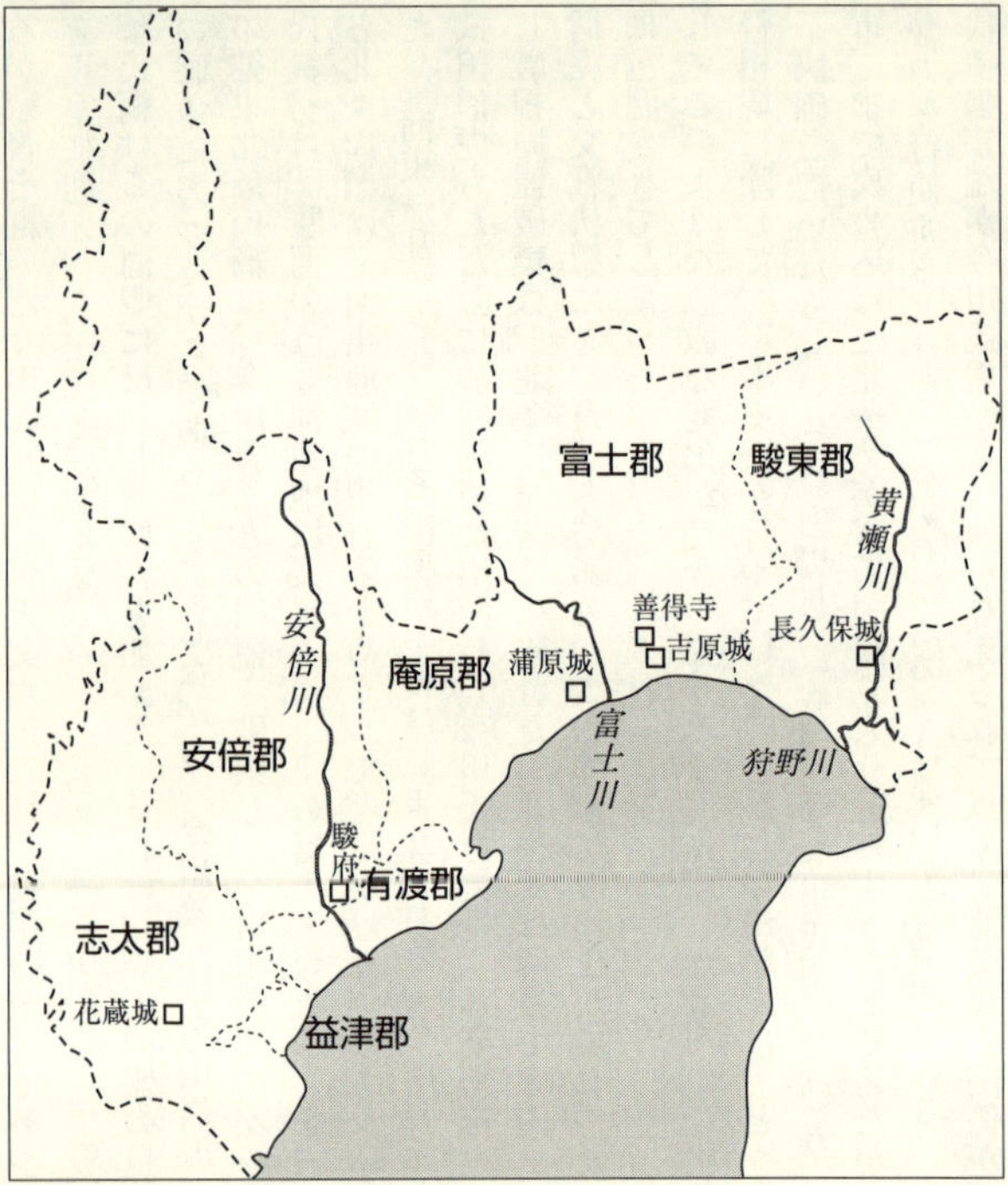
富士郡
駿東郡
黄瀬川
善得寺
吉原城
長久保城
蒲原城
庵原郡
安倍川
富士川
狩野川
安倍郡
駿府
有渡郡
志太郡
花蔵城
益津郡

駿河国概略図

の国衆《くにしゅう》葛山氏《かずらやま》には、北条氏から養子が入ったという経緯があり、北条氏とのつながりは強いものがあった。

推測の積み重ねとなるが、今川義元が甲駿同盟を締結した意図は、北条氏綱に対する牽制にあったのだろう。同時に、北条氏は同盟破棄にまでは踏み切れないという予測があったのではないか。しかし北条氏綱は、今川義元を許すわけにはいかなかった。自身の要請を無視してまで、敵国と同盟を結んだ義元の行動によって、氏綱の面目は丸つぶれとなったからである。面目の維持、これこそが、当時の大名の行動を左右したひとつの要素であった。

つまり駿相同盟は、同盟国が相互の反応を読み違えた結果、崩壊したと考えられるのである。

戦国武士の名前

しかしこの状況に転機が訪れた。天文一〇年六月一七日、甲斐武田氏で政変が発生した（『王代記』）。武田信虎が娘婿の今川義元を訪ねて駿河に赴いた隙を突いて、信虎の嫡男信玄（晴信《はるのぶ》）がクーデターを起こし、国境を封鎖して信虎を追放したのである。これにより、武田氏の家督は信玄が継ぐこととなった。政権交代は、北条氏でも起こった。七月一七日に北条氏綱が死去し、嫡男である氏康が家督を継いだのである。この結果、武田・北条間で関係を改善する気運が生まれたらしい。天文一三年正月、北条氏康の使者桑原盛正《くわばらもりまさ》が甲斐都留郡《つる》を訪れ、武田氏の従属国衆小山田出羽守信有《おやまだでわのかみのぶあり》の本拠谷村《やむら》（山梨県都留市）で武田信玄の側近駒井高白斎と対談した（『甲陽日記』）。これにより、両国間で和睦が成立したものと思われる。同年一二月には、小山田出羽守信有の家老小林宮内助《こばやしくないのすけ》が小田原《おだわら》を訪れ、返礼をしている（『勝山記』）。

なお、ここで「小山田出羽守信有」と記したのは、小山田氏が三代にわたって同じ実名《じつみょう》「信有」を襲名したため、便宜的に通称を付して区別したものである。戦国時代の武士の名前は、名字（苗字）と氏、実名と通称からなる。少し話が逸れるが、この点を説明しておこう。まず氏というのは、源氏・平氏・藤原氏といったもので、先祖が天皇から与えられた本姓にあたる。これは改まった場面で用いた。しかしこれではみな源氏・平氏・藤原氏となってわかりづらい。そこで多くの場合、一族が定着した土地の名前を名字として用いた。武田・小山田といったものがそれにあたる。

ただし戦国大名は、自分と同じ名字を使う人物は子息・弟といった近親者だけに制限する傾向があり、たとえば武田一門でも、武田名字を名乗れる人物は限定された。その場合も、やはり自分の本領の地名をとって新たな名字とした。つまり名字というのは時代が下るにつれて増えていくのである。たとえば信玄の母方の実家大井《おおい》武田氏の場合、武田名字の代わりに、本領である大井を名字として使っている。これに対し、信玄の姉婿である穴山《あなやま》武田信友《のぶとも》は武田名字の使用を許可されたため、文書《もんじょ》上では武田を名乗った。ただし穴山氏と呼ぶのが一般的であるため、本書でもそれに従う。

通称というのは、太郎《たろう》・次郎《じろう》といった仮名《けみょう》や、左馬助《さまのすけ》・左衛門佐《さえもんのすけ》・大膳大夫《だいぜんのだいぶ》といった官途《かんと》名《めい》（朝廷の官職のうち中央官）、信濃守《しなののかみ》・出羽守といった受領名《ずりょうめい》（朝廷の官職のうち地方官）からなる。武士の男子の場合、子供のころは幼名《ようみょう》を名乗る。〇千代・〇〇丸といったものが多く、徳川家康の竹千代《たけちよ》、伊達政宗《だてまさむね》の梵天丸《ぼんてんまる》などが著名であろう。その男の子が元服《げんぷく》つまり成人をする際に、仮名と実名をつけるのである。武田信玄でいえば、幼名が勝千代《かつちよ》、仮名が太郎、実名が晴信である。なお、よく幼名を太郎とする本があるが、これは江戸時代に幼名のつけ方が変化したことからきた誤解である。

　実名の他に仮名をつけるのは、実名は諱《いみな》つまり忌名ともいい、直接呼ぶことが基本的に失礼にあたるためである（ただし、戦国時代には、逆に実名を呼ぶことが敬意の表現となることがあった）。したがって普段は、仮名などの通称で呼ばれた。そして年齢が上がるにつれ、官途名や受領名を名乗るようになる。これは朝廷の官職だから、本来は幕府を通じて朝廷から与えられるのが正式である。しかしそうした手続きを踏むのは大名・国衆クラスに限られ、また大名であっても自称の場合が多かった。さらに戦国期には、大名が家臣に官途名・受領名を与えることが一般的となっていた。その場合、通称は仮名→官途名→受領名と変遷することが多い。たとえば北条氏当主の場合、通称新九郎《しんくろう》、官途名左京大夫《さきょうのだいぶ》、受領名相模守《さがみのかみ》と変遷するのが慣例であった。この場合でも、きちんと朝廷から与えられた官職もあるが、自称した官職もあるわけである。

外交責任者「取次」と半途での交渉

話を元に戻そう。なぜ、武田信玄と北条氏康は、直接面会して和睦交渉を行わなかったのであろうか。これは、現在の外交儀礼と比較するとよくわかる。現代においても、外交交渉というものは、外交官が事前に予備交渉を行い、大筋の話をまとめたうえで、外務大臣や国家元首が対談し、協議事項に合意をするという手順を踏むのが一般的であろう。これは戦国時代においても変わりはない。

この時の武田・北条両国は、敵対関係にあった。したがって、いきなりトップである戦国大名同士が交渉することには慎重にならざるをえなかった。[補註1]そこでまずは、大名の家臣同士が交渉の細部を詰め、それを踏まえて大名が直接書状をやりとりする、という手順を踏んだのである。

こうした外交交渉を担当する家臣は、史料用語で「取次《とりつぎ》」「奏者《そうじゃ》」「申次《もうしつぎ》」などと呼ばれる。いずれも交渉内容を大名に取り次ぐ、執奏する、申し次ぐ人物という意味である。ただし、このうち「奏者」「申次」という言葉は、目下から目上への言上内容を披露《ひろう》する役割を担う側近家臣を指す用語で、対等な戦国大名同士の外交を担当する家臣を呼ぶには相応《ふさわ》しくない。このなかでは、「取次」という言葉が一番上下関係を表すニュアンスが少ない。そこで筆者は、戦国大名の外交担当者を、単に「取次」ないし「外交取次」と呼んでいる。この取次という存在が、いってみれば戦国大名の「外交官」の任を果たしたのである。

交渉担当者の中には、家老のような重臣から、単なる使者まで様々なランクが存在する。

そのなかで、特に権力の中枢に位置する人物を中心に、取次と呼称することにしている。この場合、武田信玄の側近である駒井高白斎は、まさに取次と呼ぶに相応しい。一方、北条方の取次は桑原盛正である。こうした取次（「外交取次」）という存在をどう捉えるかが、本書のひとつの課題となる。

さて、武田家臣駒井高白斎と、北条家臣桑原盛正は、小山田出羽守信有の本拠谷村で会談を行った。これにも大きな意味がある。小山田氏は、甲斐の国人《こくじん》であるが、武田信虎に抵抗を続けていた。その際、支援を仰いだのが北条氏であったのである。天文一三年段階の小山田氏は、すでに武田氏の従属国衆となって久しかったが、北条氏との間の外交チャンネルも維持していたものとみられる。したがって、その立場は中立性を有するものと認識されていたと思われる。

まだ国交が開かれていない戦国大名同士の外交は、双方の領国の中間地点で話し合いが持たれることを基本とする。こうした場所を「半途《はんと》」と呼んでいる（ただし具体的な場所が特定できることは少ない）。たとえば大永四（一五二四）年に武田信虎が北条氏綱と和睦した際には、信虎重臣荻原備中守《おぎわらびっちゅうのかみ》が半途に赴いて交渉し、話をとりまとめている（「上杉家文書」『戦国遺文後北条氏編』六五号）。このように、敵対国同士が話し合いを持つ際には、両国の中間つまり国境付近で交渉するのが基本であった。ある種の中立地帯で交渉を持つのである。

この場合は、小山田領が半途にあたると認識されたのであろう。北条氏康にとっても、長年友好関係を結んでいた小山田領に使者を派遣することは、抵抗が少ないものであったと考えられる。だからこそ、武田氏の本拠甲府《こうふ》でも、北条氏の本拠小田原でもなく、小山田氏の本拠谷村で最初の話し合いが持たれたのである。

甲相間の交渉は、和睦どころか、いきなり軍事同盟にまで進んだ可能性がある。というのも、翌天文一四年四月、武田信玄が南信濃の福与《ふくよ》城（箕輪《みのわ》城、長野県箕輪町）を攻撃した際には、今川義元だけでなく、北条氏康も援軍を送っているからである（窪八幡神社所蔵「三十六歌仙図副板銘」『戦国遺文武田氏編』四二四三号）。援軍派遣は軍事同盟においてもっとも重要な行為と認識されていたと同時に、内外に対して同盟関係の存在をアピールする場でもあった。これにより、同陣していた今川勢は、武田・北条両国の関係改善をまざまざと見せつけられたことになる。

取次を介した交渉と「中人制」

この武田氏の行動に刺激されたのか、同年八月、今川義元は河東地域奪還を目指して出陣した。第二次河東一乱である。これに呼応する形で山内・扇谷両上杉氏も、北条氏に占領されていた河越《かわごえ》城（埼玉県川越市）奪還のために軍勢を動かした。河越城は、もともと扇谷上杉氏の本拠地であり、その奪還は悲願であった。これにより、再度北条氏は、両上杉氏と今川氏に挟撃される事態となったのである。また今川義元は、甲駿同盟に基づいて武田信玄にも援軍を要請した。信玄はみずから駿河へ出陣したが、武田氏の立場は微妙であった。武田氏はたしかに今川氏と同盟を結んでいたが、先述したように北条氏康とも同盟関係にあったからである。その北条氏康を攻撃することは、せっかく成立した同盟関係を壊す行為に他ならない。

そこで武田信玄が選択したのは、今川・北条両国の和睦仲介に乗り出すことであった。その過程を検討しながら、当時の外交のあり方を探ってみよう。

天文一四年八月一〇日、武田信玄の側近駒井高白斎は今川義元が布陣する善得寺《ぜんとくじ》（廃寺、静岡県富士市）に赴いた（以下、『甲陽日記』による）。そこで信玄の「御一書」つまり書状と「御口上之旨」を、今川氏の重臣太原崇孚《たいげんすうふ》（雪斎《せっさい》）・高井兵庫助《たかいひょうごのすけ》・一宮《いちのみや》出羽守に手渡した。ここでは、武田方の取次が駒井高白斎、今川方の取次が太原崇孚以下三名ということになる。

こうした予備交渉を経て、翌一一日巳刻（午前一〇時頃）に、武田信玄と今川義元の対談が実現した。武田・今川間では既に甲駿同盟が結ばれており、大名同士が会談することには支障がなかったのである。「未刻御身血《しんけつ》ナサレ」とあるから、午後二時頃に血判《けっぱん》を据えた起請文《きしょうもん》を交わしたらしい。この起請文という文書については後述するが、甲駿間で起請文を交換して神前で誓約しなければならないほどの重要事項が話し合われたことがうかがえる。前後の経緯からみて、今川氏に対する援軍について協議がなされたのであろう。

同年九月、武田信玄は今川義元への援軍として出陣した。一四日、吉原《よしわら》（静岡県富士市）を軍事拠点とする北条氏康から書状が来たという。おそらく、この書状が大きな鍵を握ったと思われる。北条氏康は、同盟国である武田信玄が今川義元を支援することをもちろん望んでいない。したがって武田氏の真意を探るとともに、事態打開の道を探ったのではないか。これは想像となるが、北条氏康は武田信玄に対し、今川義元との和睦仲介を求めた可能性がある。その直後の一六日、半途において信玄と義元の対面が実現し、一七日にも信玄は義元の陣所を訪れている。どうも武田信玄が和睦仲介に向けて動き出した観がある。また一六日には、北条氏康が吉原から自発的に兵を退いた。

一〇月に入ると、和睦仲介の動きが本格化する。一五日、武田家の宿老《しゅくろう》板垣信方《いたがきのぶかた》と、信玄側近向山又七郎《むかいやままたしちろう》・駒井高白斎の三人は「連判」つまり連署状を作成し、北条氏康の陣所にいた桑原盛正を訪ねた[補註2]。桑原は、先述したように北条氏の武田氏担当取次である。

ここで、取次である駒井高白斎と、板垣信方・向山又七郎が連署状を作成していることにご注意いただきたい。これは、この三名が北条氏康に対する取次として、外交書状を作成したことを示す。取次の役割のひとつに、外交書状を作成するというものがあった。それは単独の書状の形をとることもあれば、大名の書状の内容を補足する「副状《そえじょう》」(「添状」とも)の形をとることもある。

実をいうと、戦国大名の外交書状は、単独では機能しない。取次による「副状」と組み合わさって、ひとつのまとまりを形成することで、はじめて外交文書と認められるのである。この点については、第三章で詳しく述べるのでここでは省略し、先を急ごう。

二〇日、駒井高白斎は北条氏に奪取されている長久保《ながくぼ》城(静岡県長泉町)の検分に赴いた。その際、「御宿生害《みしゅくしょうがい》」という事件が起こっている。「生害」とは生涯を終える、という意味で、転じて自害を指すことが多い。御宿氏は河東地域駿東郡の国衆葛山氏の一族である。河東一乱によって駿東郡が北条氏の制圧下に入った以上、葛山・御宿両氏も当然北条氏に従っていた。おそらく、北条方に与《くみ》したことが今川義元に問題視され、御宿某が責任をとって自害することで決着が図られたのではないか。血なまぐさい話だが、これにより、和平の話は前進をみることになる。二二日には、今川・北条間で「矢留《やどめ》」つまり停戦が実現している。

二四日、関東管領山内上杉憲政《のりまさ》・今川義元・北条氏康の三名から、「三方輪（和）ノ誓《せい》句《く》」が送られてきた。つまり、山内上杉・今川・北条三氏が和睦する旨を記載した起請文が作成されたのである。和睦や同盟にあたっては、起請文を作成し、相互に交換するというのがひとつの手続きであった。

ただこの起請文作成をさせるために、駒井高白斎は三度も太原崇孚の陣所を訪れて説得にあたっている。山内上杉氏とのやりとりは未詳だが、信玄が河越包囲中の上杉憲政に書状を送って交渉したのであろう。武田信玄は、今川・北条・山内上杉・扇谷上杉四氏のすべてと同盟中であり、和睦を仲介することが可能な立場にあったのである。

このような信玄の立場を「中人《ちゅうにん》」と呼び、こうした和睦の方法を「中人制《ちゅうにんせい》」と呼んでいる。中人制とは、紛争当事者双方が中人（いわば仲人《なこうど》）と呼ばれる第三者に問題解決を委託し、中人の調停によって和解をするという中世の紛争解決方法である。おそらく、信玄は窮地に陥った北条氏康の求めに応じて、中人役を引き受けたのだろう。今川・北条・山内上杉三氏の和睦は、成立に向けて大きく前進した。

2　起請文の交換

起請文の作法

さて、先ほど和睦や同盟にあたっては、起請文の交換が重要な意味を持つと記した。そもそも起請文とはどのような文書を指すのだろう。起請文は「誓詞《せいし》」「誓句」などとも呼ばれ、神々の前で誓約する内容を書き記す文書を指す。起請文作成にあたっては、様々な作法があった。

起請文は、「前書《まえがき》」と「神文《しんもん》（罰文《ばつぶん》）」によって構成される。まず、文書の柱書《はしらがき》（題名）として「起請文之事」などという文言が最初に書き記される。そのうえで、誓約内容を書き連ねていく。これを「前書」と呼んでいる。

その後に、「この内容に偽りがあるようであれば神罰を蒙る《こうむ》」といった文言とともに、神々の名前が書き連ねられる。これを「神文」または「罰文」という。神文は、梵天《ぼんてん》・帝《たい》釈《しゃく》・四《し》大天王《だいてんのう》で始まることが多く、「惣而《そうじて》日本六十余州大小神祇《じんぎ》」や、八幡大菩薩《はちまんだいぼさつ》といった一般的な神々の名前が書き連ねられていく。さらに、相互が特に信仰している神社名を書き加えるのが一般的であった。これにより、起請行為の誓約性を高めるのである。このことは、起請文に記す神々の名前も相互の交渉で決定されることを意味する。

内容を交渉によって決めるのは、前書も同様であった。起請文で誓約する内容（前書）は、「案文《あんもん》」と呼ばれた下書きを作成して互いに送付し、相手にどのような内容を書いて欲しいかを要求しあうことで決まっていく。つまり起請文の文案は、相手大名によって作られるのである。このことは、起請文に書かれる内容自体が、外交交渉の対象であることを意味する。大名間外交の場合、一方的に起請内容が決まることは基本的にない。相互に合意した内容を起請文に書き記し、神々に誓約する形がとられた。したがって起請文とは、高度な外交交渉の成果であるといえる。

一例として、常陸《ひたち》の大名である佐竹義昭《さたけよしあき》が、下野《しもつけ》の那須資胤《なすすけたね》に送った起請文をみてみよう。原文の雰囲気を摑《つか》んでもらいたいため、書き下し文を掲げる（「金剛寿院文書」『栃木県史』史料編中世一――二七五頁）。

起請文の事、
一、自今以後においては、無二ニ申し談ずべき事、
一、別而申し合わせ候上、自今已後、資胤（那須）江逆心之者、引汲に及ぶべからざる事、
一、縁辺の義（儀）、申し合わせ候上、違却有るべからざる事、付、表裏これ有るべからざる事、
右、此の三ヶ条偽りに至りては、

上ニハ梵天・帝釈・四大天王、下ニハ堅牢地神・熊野三所大権現・春日大明神・日光三所権現・当国鎮守鹿島大明神・八幡大菩薩・摩利支尊天、惣而日本六十余州大小神祇、御罰を蒙るべきもの也、仍而件の如し、

弘治三年丁巳拾月十二日　（佐竹）義昭（花押・血判）

（資胤）那須殿

まず冒頭に柱書として「起請文之事」という文言がある。前書は三ヵ条からなり、第一条目で今後は同盟を結ぶことを誓っている。二条目は少し難しいが、「引汲」は「いんぎゅう」と読み、論争などに際して支援することを意味する。つまり那須氏と同盟を結ぶのだから、那須資胤へ逆心を企てる者を支援することはしない、と言っているのである。三条目にある「縁辺《えんぺん》」というのは縁組を指す。つまり、同盟にあたって縁組を約束したので、これは違えないという条文である。

そのうえで、もしこの三ヵ条に偽りがあれば、神々の罰を蒙るという神文が続く。そのなかで、那須氏の本国である下野の「日光三所権現」と、佐竹氏の本国である「当国（常陸国）鎮守鹿島大明神」が記されている点に注目していただきたい。双方が信仰している神の名が記されているのである。これは、神文にどの神の名を記すかも、外交交渉の対象であったためである。

そして写真で本文書をみていただければ一目瞭然なのだが、使用する料紙《りょうし》も特殊なもので

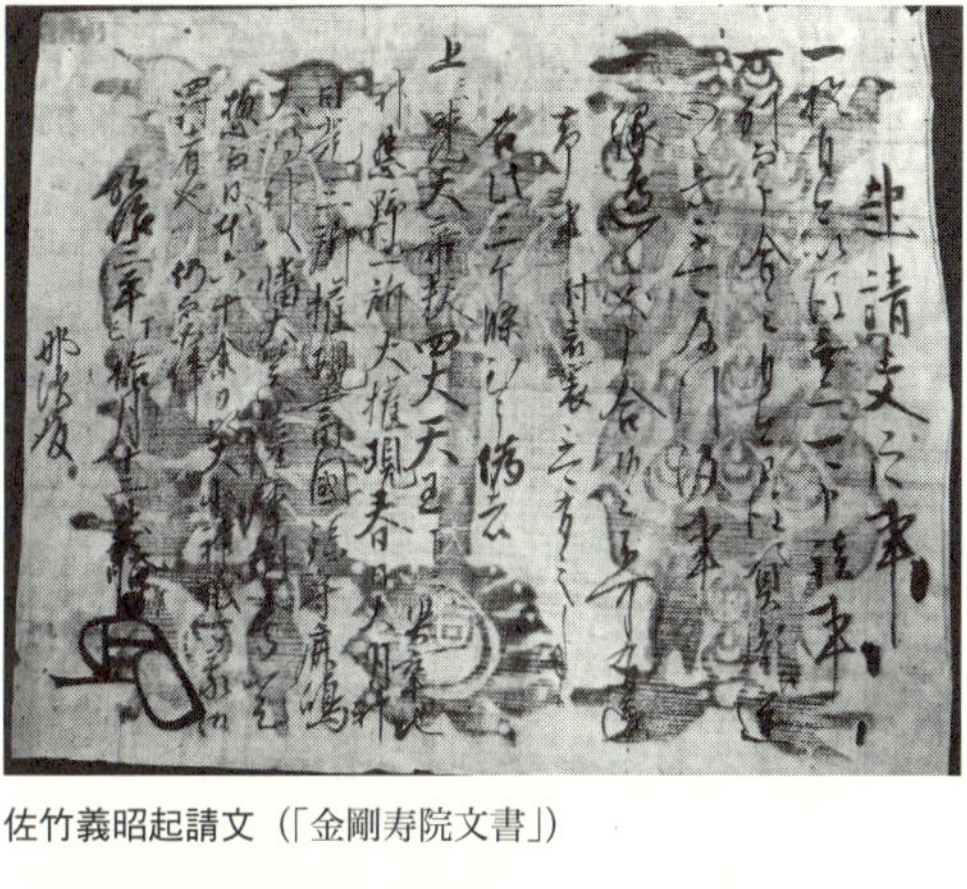

佐竹義昭起請文（「金剛寿院文書」）

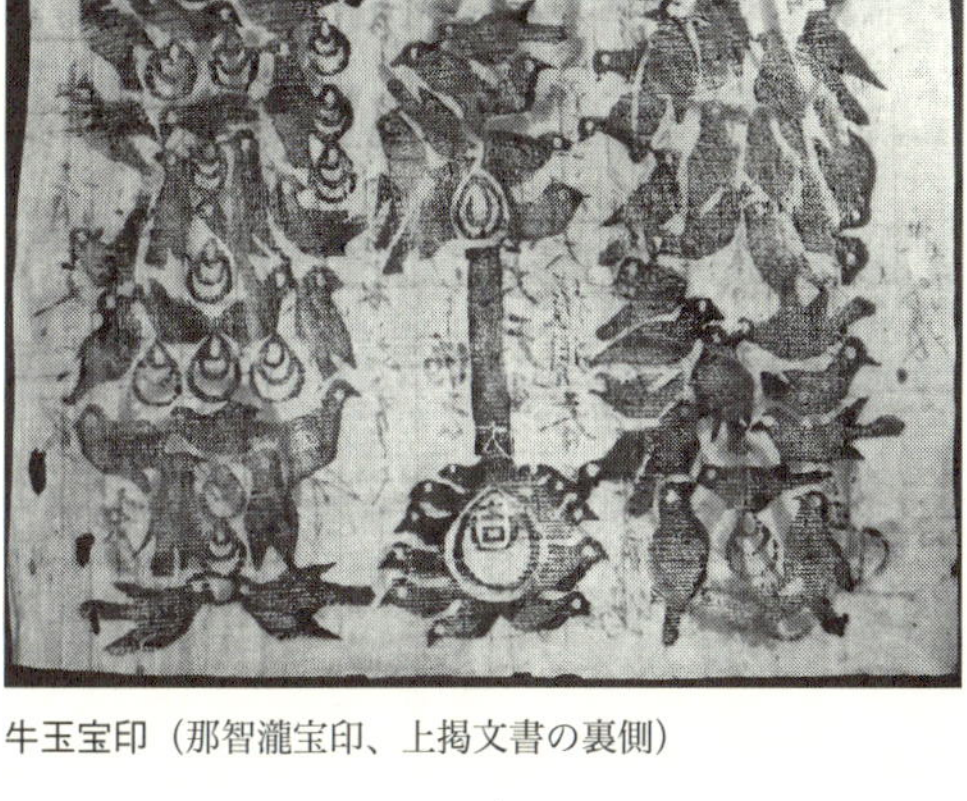

牛玉宝印（那智瀧宝印、上掲文書の裏側）

あった。使われるのは、「牛玉宝印《ごおうほういん》」という木版《もくはん》刷りの護符《ごふ》である。この牛玉宝印を裏返して、白紙の裏側に起請内容を記す、というのが一般的であった。したがって、「宝印を翻《ひるがえ》す」という表現がしばしば起請文を記すという意味で用いられた。牛玉宝印は、発行している神社によって異なり、多くの種類があるが、戦国期の東国においては熊野《くまの》那智《なち》大社（和歌山県那智勝浦町）の「那智《なち》瀧宝印《たきほういん》」が著名である。カラスの紋様で「那智瀧宝印」という文字が象《かたど》られている見た目は、独特のものがある。なお、どの牛玉宝印を選択するかについても、外交の協議事項であったようである。たとえば上杉景勝《かげかつ》は、「山内上杉家に対しては熊野の牛玉を用いて誓詞《せいし》を出さないで欲しい」と羽柴《はしば》（豊臣《とよとみ》）秀吉《ひでよし》に要求している（「片山光一氏所蔵文書」『上越市史』別編二六五七号）。これは秀吉家臣石田《いしだ》三成《みつなり》らが「こちらからの誓詞は、貴方がお好みの多賀《たが》社の牛玉ではなく、熊野の牛玉で書き遣わされた」と述べていることに対応した文言と思われる（同前二六五六号）。秀吉は、この時は景勝の要望に応えられなかったらしい。

　誓約内容が多く、紙が複数枚にわたる際には、神文の部分にのみ牛玉宝印を用いることもあった。いずれにせよ、紙を貼り継ぐことになるが、これにも特殊な決まりごとがある。通常、料紙を複数枚貼り継ぐ際には、一枚目の左端（これを文書の「奥《おく》」という）の裏側と二枚目の右端（「袖《そで》」という）の表側が糊代《のりしろ》になる。この場合、一枚目の料紙が上に来る。ところが起請文の場合は逆となる。二枚目の袖の裏側と一枚目の奥の表側が糊代になるのである。つまり一枚目の料紙が下になり、通常と逆の貼り継ぎになる。これを、起請継《きしょうつ》ぎという。なぜこのようなことをするかというと、牛玉宝印を尊んで紙が上に来るようにするためであるという。

　また、文書に署名をする際には、実名の下に花押《かおう》と呼ばれるサインを記すが、起請文の場合は、しばしば花押に血判が据えられた。血判というと、指先に傷をつけて拇《ぼ》印《いん》を捺《お》すようなイメージがあるが、実際は異なる。そうであれば、戦国大名の指紋がわかって面白いのだが、そのようなことはしない。指先に傷をつけて、血を花押の上に滴らせるのである。近世に入ると、「起請針《きしょうばり》」という針を使ったことがわかっているが、それが戦国期にさかのぼるかはわからない。また血判は、交渉相手の使者の眼前で据えるというのが作法であった。本人が血判を据えたことを確認する必要があるからである。場合によっては、榊《さかき》をとるなどして、神前で行うこともある神聖な行為であった。

特殊な神文

なかには、特殊な神文が書かれる場合がある。武田家の場合は、重宝である「御旗《みはた》」（日の丸の旗）・「楯無《たてなし》」（鎧《よろい》）を神文に書き加える場合があった（「生島足島神社文書」『戦国遺文武田氏編』一一〇一号他）。神々の名前ではない異例の書式といえる。これは武田家において、御旗・楯無に誓約する行為が絶対的な意味をもったための特殊事例である。ただし、これは武田家内部で取り交わされた起請文においてみられるもので、外交の舞台では確認されない。

また事実上の戦国大名と呼べる存在であった石山本願寺《いしやまほんがんじ》率いる浄土真宗本願寺派においては、「如来・聖人《しょうにん》（上人）」のみを神文に書くことが多い。つまり阿弥陀如来と宗祖である親《しん》鸞《らん》上人の名前に誓って、というわけである。神文の内容が限定されているのは京都の町衆《ちょうしゅう》に信者が多く、畿内の政治動向に大きな影響を与えた日蓮《にちれん》宗においても同様で、「三十番神」や「法華経中の三宝・十羅刹女《じゅうらせつにょ》」および「上人」を神文に記すことが多かった。日蓮宗で重視された神と開祖日蓮である。

　興味深い事例として挙げられるのが、切支丹《キリシタン》大名であった肥前《ひぜん》の有馬晴信《ありまはるのぶ》である。天正一三（一五八五）年九月二一日、薩摩《さつま》島津《しまづ》氏に服属していた有馬晴信は、進退保証の起請文を出して欲しいと島津義弘《よしひろ》に懇願した。ところが島津家中では、有馬晴信は「南蛮宗」、つまり異国の神を信仰しているので、起請文を与えることはできないとして、普通の文書の形で進退を保証することになったのである（『上井覚兼日記』）。

　もっとも有馬晴信が、天正七年六月に龍造寺政家《りゅうぞうじまさいえ》に従属した際の起請文では、肥前国一宮の千栗《ちりく》八幡宮を筆頭に、本拠地高来《たかく》郡の「温泉四面五所大菩薩」（長崎県雲仙市）以下の日本の神々を書き記し、特にキリスト教の神を記すなどはしていないから、実際には交渉相手の信仰を踏まえた起請文を作成している[補註3]（「龍造寺家文書」『佐賀県史料集成』三巻九四頁）。外交の場で作成される起請文なのだから、相手の意向を踏まえた神文を記さないと意味がないと考え、また龍造寺氏もそのように要求したのだろう。

　しかし島津義弘は、有馬晴信は切支丹だから、自分が日本の神の名前を書いて誓約しても晴信に対する規制力がないと考えたのだろう。また起請文は相互に交換することが多いから、有馬晴信も島津義弘に起請文を提出する意向であったと思われる。その際に、キリスト教の神の名前を書かれてはたまらないと島津氏が考えたのは、無理からぬことといえる。

ただし、同じ切支丹大名（実際には有馬氏の従属国衆）の大村純忠《おおむらすみただ》が、天正四年六月一六日に有馬氏から離反して、龍造寺隆信《たかのぶ》・政家父子に従属した際の起請文では、「天道之離伽羅佐」のみを神文に記している〔補註4〕（「龍造寺家文書」『佐賀県史料集成』三巻七五頁）。「伽羅佐を離れ」、つまりガラサとは切支丹用語で「神の恵み」「恩寵《おんちょう》」という意味だから、一神教たるキリスト教の神から見放されると記している。言い換えれば、自分の信仰を強調して神前での誓約に背くことはない、と誓ったことになる。信じてもいない日本の神々の名前を記しても仕方がない、という意思表示であろう。切支丹大名の起請文作成のあり方は、様々であったといえる。

さて、この起請文交換は、大名同士が交わして完結するものではなかった。多くの場合、大名の重臣も起請文を作成して、相手に提出するという作法がとられている。その際、起請文を作成する重臣は、大名家・国衆家によって異なる。ひとつのパターンが、相手大名に対する交渉責任者つまり取次のみが起請文を作成し、提出するというものである。また大名・国衆によっては、主要な一門・宿老全員が起請文を作成する場合や、数人の重臣が連名で起請文を作成し、相手側の重臣と交換するという場合もある。これはもちろん、双方の協議で決まることであった。いずれにせよ、大名だけでなく家臣も起請文を提出・交換しているという点に注意をしていただければ幸いである。

3 同盟の成立と崩壊

国分協定

話を河東一乱に戻そう。天文一四（一五四五）年一〇月二四日、武田信玄の仲介によって、今川・北条・山内上杉三氏から三大名間の和睦を誓約する起請文が提出され、停戦合意に向けて話は大きく前進した。しかしながら、和睦交渉はその後も紆余曲折をたどる（以下も『甲陽日記』による）。

二九日になって、北条氏康が境目《さかいめ》（国境地帯）に新規に築城し、不当な攻撃をしかけてきたとして、今川義元から厳重な抗議が寄せられたのである。この事態に対処するため、取次駒井高白斎は、今川氏宿老朝比奈泰能《あさひなやすよし》の陣所を訪れている。朝比奈泰能は、義元は和睦を撤回するので、①信玄は再度今川氏を支援するために軍勢を動かすこと、②先日の和睦の話は白紙に戻すこと（高白斎はこれを難題と称している）、③氏康を見捨てて義元に味方すること、という三ヵ条の要求を突きつけた。この内容を記した書状に、朝比奈泰能・太原崇孚が花押を据え、板垣信方と駒井高白斎に宛てて送ってきたのである。このことからすると、朝比奈泰能も、武田氏に対する取次を務めていたようである。いずれにせよ、今川義元は北条氏康の行動に強い不信感を抱いており、それが和睦撤回要求につながったと考えられる。

しかし一一月一日に今川勢が長久保城に向けて軍勢を派遣すると、六日に北条勢は長久保から撤退した。ここに今川義元は駿河河東地域を回復し、河東一乱は終焉を迎えた。これにより、今川・北条間の紛争の原因は取り除かれた。つまり駿相間の和睦は、成立をみたのである。ただし先述したトラブルがあったためであろう、八日、今川義元と武田信玄の間で、重要事項は自筆書状でやりとりをすることが定められた。翌九日には、早速自筆書状によるやりとりがなされている。

このように、北条氏康は河東地域を今川氏に返還した。これにより、今川氏と北条氏の国境線は駿河と伊豆の間で引き直され、河東一乱勃発前の状況に戻されることとなったのである。これが、「国分《くにわけ》」と呼ばれる国境の再編作業である。戦国大名同士の和睦・同盟においては、国分が確実に実行されるかが大きくものをいった。この点は、次章で詳しく述べる。

さて、今川氏と北条氏の間では和睦が成立したが、北条氏と山内上杉氏の和睦は成立しなかったらしい。それは山内上杉氏が、河越城包囲を解こうとしなかったからである。翌天文一五年四月、北条氏康は山内・扇谷両上杉氏に包囲されていた河越城を救援して大勝し、扇谷上杉氏の当主朝定《ともさだ》を戦死させて同氏を滅亡に追い込んだ。

武田信玄が仲介した三和には、北条・山内上杉両氏の和睦も含まれていたはずだが、これはどうしたことだろうか。おそらく、山内上杉氏は河越城包囲における自軍の優勢に自信を抱き、最終的に和睦に応じなかったのであろう。興味深いことに、天文一六年には武田氏と山内上杉氏も交戦状態に陥っている。中人制において、中人は保証人の役割を果たすから、仲介を拒絶したり盟約を破棄したりすることは、中人の面目を潰すことになる。つまり和睦を無視した山内上杉憲政の行動は、武田信玄の面目を潰すものであり、武田氏と山内上杉氏との同盟崩壊を引き起こす結果を招いたと考えられる。

姻戚関係の構築

こうしてみると、和睦や同盟交渉というものは、多くの不安定要素をはらむものであったといえる。そこで大名たちが重視したのが、姻戚関係の構築によって、同盟関係を強固にすることであった。さきほど例示した佐竹義昭の起請文において、那須資胤と「縁辺」つまり縁組をすることを誓っていたことを想起して欲しい。同様の動きは、武田・今川・北条三国の間でも起こった。

武田氏と今川氏の間では、武田信虎の娘定恵院殿が、今川義元に嫁ぐことで姻戚関係が構築されていた。ところが、定恵院殿は天文一九年に死去してしまい、両国の姻戚関係は途絶えた。そこで天文二一年一一月、今川義元の娘嶺寒院殿《れいかんいんでん》[補註5]が武田信玄の嫡男義信《よしのぶ》に嫁ぎ、姻戚関係を結び直している（以下、『勝山記』による）。婚姻・養子縁組といった姻戚関係の構築は、同盟を構成する重要な要素のひとつであったといえる。

続いて天文二三年七月に、北条氏康の娘早川殿《はやかわどの》が今川義元の嫡男氏真《うじざね》に嫁いだ。これにより、今川氏と北条氏の関係は、和睦から軍事同盟へと転換したものとみられる。同年一二月には、武田信玄の娘黄梅院殿《おうばいいんでん》が北条氏康の嫡男氏政《うじまさ》に輿入《こしい》れした（婚約は天文二二年正月に決まっていた）。これにより、武田・今川同盟に、北条氏が加わる形の軍事同盟が確立した。ここに甲駿相三国同盟が成立したのである。なお、この同盟に際して、三大名が駿河善得寺で直接対談したというエピソードが小説などで語られ、「善得寺の会盟《かいめい》」などと呼ばれる。しかしこれは事実ではない。善得寺では、先述したように今川義元と武田信玄が対面しただけである。また、三大名が婚姻を結んだ時期にもずれがある。

　ただいずれにせよ、同盟締結に際して姻戚関係の構築が重要な要素を占めたことは間違い

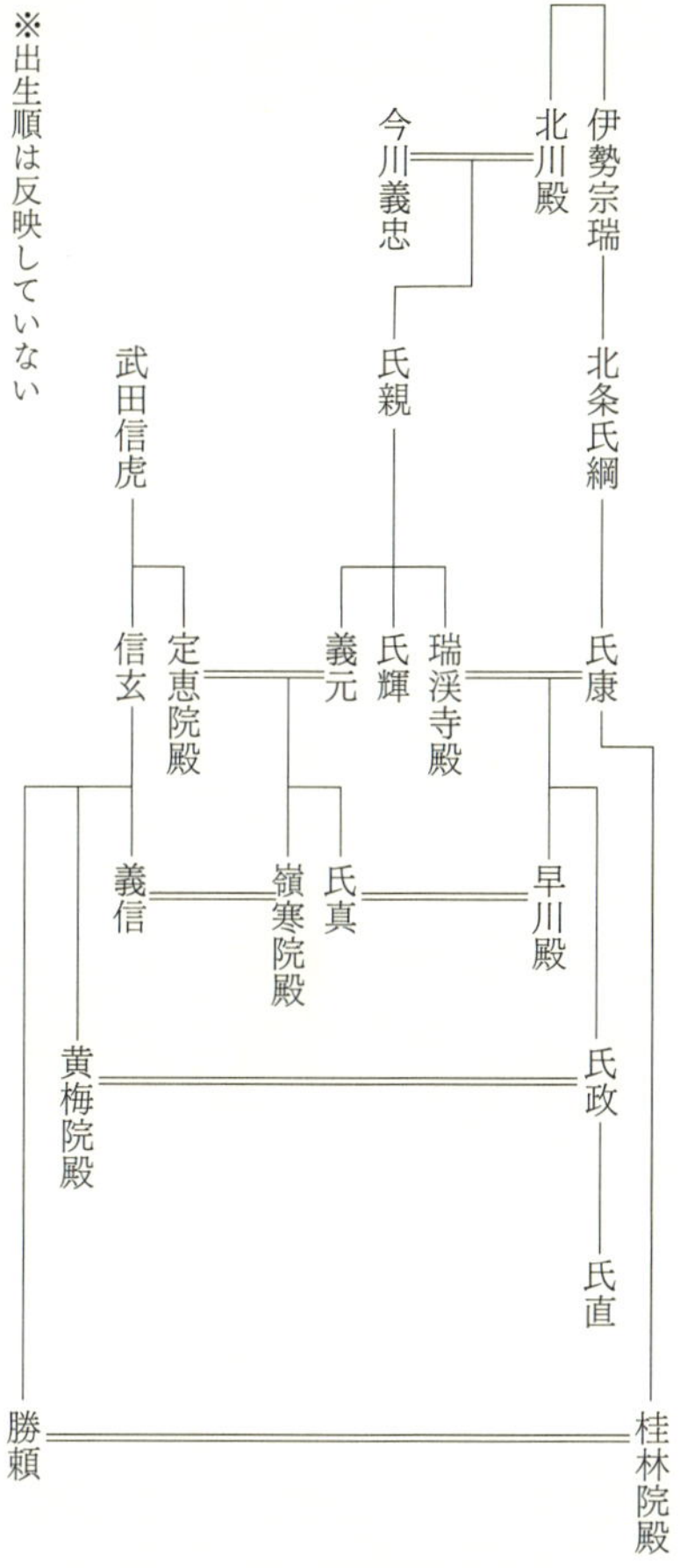

武田・今川・北条婚姻関係略系図

ない。甲駿相三国同盟は、武田氏と今川氏の関係が悪化することで崩壊へ向かっていく。その転機となったのが、後述する信玄嫡男武田義信のクーデター未遂事件（義信事件）とその処罰としての義信幽閉であった。幽閉された義信は、永禄一〇（一五六七）年一〇月に死去した。これにより、問題となったのが、後室《こうしつ》（未亡人）となった義信正室嶺寒院殿の取り扱いである。武田信玄は、今川氏との同盟を維持するため、彼女をそのまま手元に置くことを望んだようである。しかし今川氏真は、妹の帰国を主張して譲らなかった。このため、両国の同盟国である北条氏康・氏政父子が仲介に入ったところ、武田信玄は今川氏真に起請文提出を要求したという（『歴代古案』『戦国遺文今川氏編』二二七四号）。これにより、永禄一一年初頭にようやく嶺寒院殿の帰国が実現した。起請文の内容ははっきりしないが、武田氏との同盟は守る、という一文が入っていたのであろう。たとえ後室となったとしても、同盟継続の証として、嶺寒院殿の取り扱いは武田・今川両国の間で外交問題化したのである。

甲駿相三国同盟は、永禄一一年一二月に武田信玄が今川氏真との同盟を破棄し、駿河に攻め込んだことで崩壊した。その際、武田信玄との同盟破棄を選択した北条氏康は、当主氏政の正室黄梅院殿を武田氏のもとに送り返したとされる[補註6]。これにより、同盟破棄の意思を明確化させたのである。黄梅院殿は、心労が祟《たた》ったものか、永禄一二年六月一七日に没している。なお武田氏と北条氏との同盟（甲相同盟）は、元亀二（一五七一）年一二月に復活する。その後、天正四（一五七六）年に北条氏政の妹桂林院殿《けいりんいんでん》が武田勝頼《かつより》に嫁いで同盟は強化された（『甲乱記』）。桂林院殿は、天正七年の同盟崩壊後も勝頼のもとに留まっており、天正一〇年三月の武田氏滅亡に際し、勝頼とともに自刃している。したがって、同盟破棄がかならずしも姻戚関係の破棄へと進むわけではない。

　武田信玄は永禄八年に織田信長との同盟に踏み切った。その際には、四男勝頼の正室に信長の養女（実は美濃《みの》国衆遠山直廉《とおやまなおかど》の娘で、信長の姪）龍勝寺殿《りゅうしょうじでん》を迎えている。しかし龍勝寺殿が元亀二年九月に早逝したため（成慶院『信州日牌帳』）、信玄の娘松姫《まつひめ》と信長嫡男信忠《のぶただ》の婚約の話が持ち上がった。ここでも、一度途絶えてしまった姻戚関係を再構築しようとしている。この話は、元亀二年から翌三年初頭にかけて進められるが（「土御門文書」『戦国遺文武田氏編』補遺参考二号）、徳川家康は、信長に縁談に応じないよう求めてこれを妨害した（「上杉家文書」『上越市史』別編九四二号）。当時家康は、上杉謙信《けんしん》と同盟して武田信玄を挟撃する外交戦略をとっていたからである。結局この縁談は成立をみないまま、元亀三年一〇月に武田信玄が織田との同盟を破棄し、徳川領に出兵したことで破談となる。

　永禄一二年に成立した越相《えっそう》同盟では（第六章で詳述）、北条氏政の次男国増丸《くにますまる》（後の太田《おおた》源五郎《げんごろう》）が上杉謙信に養子入りすることが六月までに定められ（「上杉家文書」『戦国遺文後北条氏編』一二五三号）、同盟交渉が進められた。ただし氏政自身がこの同盟にあまり積極的ではなかったためか、一〇月になると「以前から嘆願申し上げておりますように、五歳、六歳ほどで、手元を引き離すというのは、親子の憐愍《れんびん》、何ともお詫びのしようがありません」と言い出して、国増丸引き渡しを渋った（「江口文書」『戦国遺文後北条氏編』一三二三号）。このため、結局同盟交渉を主導していた隠居氏康の子息三郎《さぶろう》（つまり氏政の弟）が代わりに養子入りすることとなった。養子入りも、姻戚関係構築のひとつの手法だったのである。この交渉では、上杉謙信が姪を差し出すことが対案としてあがっており、最終的に謙信に養子入りした三郎（後の上杉景虎《かげとら》）に、謙信の姪（義兄長尾政景《ながおまさかげ》の娘）が嫁ぐことで落着している。なお三郎景虎も、越相同盟が破棄された後も上杉家にとどまった。やはり必ずしも同盟破棄が姻戚関係の破棄につながるわけではないといえる。ただし、当初謙信の後継者と目されていた景虎は、天正三年にその座を同じ養子の上杉景勝《かげかつ》（長尾政景の子で、謙信の甥）に奪われたようである。これが越相同盟破棄の影響であることはもちろんであった。

天正六年に武田勝頼と上杉景勝の間で和睦が成立した甲越《こうえつ》同盟では、和睦成立の段階で、縁談の話が約束された。この縁談は和睦が同盟に移行した翌天正七年九月に実施され、勝頼妹菊姫《きくひめ》が上杉景勝に嫁いでいる（「富永家文書」『戦国遺文武田氏編』三二六〇号他）。このため、武田氏滅亡後、旧臣のなかに上杉景勝を頼って亡命するという動きが生じている。

「手合」という軍事支援

さて、甲駿相三国同盟締結の時点に話を戻そう。軍事同盟の締結により、三大名は後方を固め、北条氏は北武蔵・上野、武田氏は信濃、今川氏は三河《みかわ》へと勢力を伸ばしていく。その際には、互いに援軍を派遣しあった。このような軍事協力は、当時「手合《てあわせ》」と呼ばれた。必ずしも直接的な援軍ではなく、敵対大名の背後を突く、といった軍事行動も手合と認識されたようである。ようするに、共同して軍事作戦を行うことに意味があったのである。軍事同盟である以上、当然のことであった。

余談だが、援軍を直接派遣する際には、どうも大名は一種の見栄を張る、ということがあったらしい。自分の軍勢が相手に同陣するのだから、その気持ちはわからなくもない。たとえば、武田信玄が北条氏に援軍を派遣すると取り決められた際には、北条氏康は「他国の軍勢参会《さんえ》、誠に邂逅《かいこう》の儀に候、心程《しんてい》（底）に及ばば、各々綺羅《きら》を尽くすべき事、肝要たるべきものなり」と足軽大将大藤秀信《だいとうひでのぶ》に指示した（小田原市立図書館所蔵「桐生文書」『戦国遺文後北条氏編』三八一八号）。つまり、他国の軍勢との同陣が実現するとは思いがけない廻り合わせである、だから武田勢に見せても恥ずかしくないよう、武装を着飾るようにというのである。

永禄四年三月に上杉謙信が北条氏の本拠地小田原に向かって進軍した際には、武田信玄が一万余人を率いて都留郡吉田《よしだ》（山梨県富士吉田市）まで出陣しており、今川氏真も近日出陣という情報が北条氏内部で報告されている（「大藤家文書」『戦国遺文後北条氏編』六八七号）。武田氏の援軍の主力は、都留郡の国衆であったようで、特に加藤景忠《かとうかげただ》は七月にいたっても由井筋《ゆいすじ》（東京都八王子市）に在陣を続けていた。ところが、加藤景忠の在陣は信玄の予想を超えて長期に及んだらしい。困惑した信玄は、「その方はいまだに由井に在陣している が、どういう話になっているのか、不審である。状況を早飛脚で説明して欲しい」と書き送っている（『諸州古文書』『戦国遺文武田氏編』七四六号）。自分で援軍として派遣しておきながら、統制がきかなくなってしまったようである。

当然、北条氏も返礼として武田氏や今川氏に援軍を送っている。天文二二年五月には、武田氏の信濃攻略に北条氏康が援軍を送る予定であったが、攻略作戦がうまくいったために、信玄は「御加勢御無用」という書状を、北条方の取次桑原盛正に送っている（『甲陽日記』）。元亀三年の武田氏の織田・徳川領出兵に際しては、北条氏から足軽大将大藤政信《まさのぶ》らが援軍として派遣された。しかし大藤政信は、一一月の二俣《ふたまた》城（静岡県浜松市天竜区）攻略戦において鉄砲にあたり戦死してしまった。その死を悼んだ武田氏は、翌元亀四年六月に子息の大藤与七《よしち》（父と同じ実名政信を襲名する）に弔問状を送っている（「大藤家文書」『戦国遺文武田氏編』二一二九号）。この書状は信玄の名前で出されているが、信玄は同年四月に既に死去している。信玄の死を秘匿するために、武田勝頼が信玄の名前で送った書状として著名なものである。北条氏政は、天正二年に行われた武田氏の東美濃出兵にも援軍を出している（『藩中古文書』『戦国遺文瀬戸内水軍編』四三五号）。援軍の派遣先が、非常に遠方にまで及んでいることを知ることができる。

なお『甲陽軍鑑《こうようぐんかん》』（この史料の性格がどのようなものかは後述）によると、今川義元戦死後の今川氏真は、謀叛を起こした松平元康《まつだいらもとやす》（徳川家康）をともに攻めようという信玄からの提案を拒否したという。同書はこれを武田信玄が今川氏真との同盟破棄を選択する伏線として描くが、事実ではない。実際には、今川氏真は松平氏を攻撃するために、武田信玄に援軍を仰いでいた（『徴古雑抄』『戦国遺文今川氏編』二七二六号）。これは北条氏康に対しても同様である（『小田原編年録附録』『戦国遺文後北条氏編』七〇〇号）。このように、三国は相互に援軍を派遣しながら、領国の拡大・防衛戦争を続けていた。逆に援軍を派遣することが、同盟関係にあることの証明であると認識されていたのである。

軍事同盟は、援軍を送り合うことだけが目的ではなかった。天文二四年の第二次川中島《かわなかじま》合戦には、今川義元が一宮出羽守・井出《いで》尭吉《たかよし》および富士《ふじ》下方《しもかた》衆らを援軍として派遣している（観泉寺所蔵「浅川井出家文書」『戦国遺文今川氏編』一三三七号）。一宮出羽守は甲駿同盟の取次であり、それゆえの人選であろう。ところが、対陣は二〇〇日を超えるという予想外の長期間に及んだ。このため、今川義元が仲介に入り、武田・長尾（上杉）間の和睦を成立させた（『勝山記』）。これは先述した中人の役割を務めることを、武田信玄が今川義元に要請した結果と思われる。同盟国は、必要に応じて和睦や同盟の仲介を行うことも、役割のひとつであったといえる。

同盟の不安定さ

しかし甲駿相三国同盟は、決して安定したものではない。大名はそのために姻戚関係を構築したが、だからといって同盟が磐石になるわけではないことは、ここまでみてきた通りである。

そこで三国は頻繁に起請文を取り交わし、神仏に誓約することで同盟維持を確認しあった。しばしば誤解されがちだが、起請文は同盟・和睦の成立時にのみ取り交わすものではない。何か協議事項が生じた際に、同盟関係を確認する意味もあって、頻繁に取り交わすのである。このことは、三国同盟が崩壊した際に、北条氏康が「武田信玄は長年北条氏政と入魂《じっこん》の間柄で、数枚の誓句（起請文）を取り交わしたのに、たちまち盟約を破った」と上杉氏に訴えていることからも明らかである（『歴代古案』『戦国遺文後北条氏編』一一三四号）。なお、同盟崩壊後の起請文は、呪詛《じゅそ》のために神前に捧げられることがあったらしい。上杉謙信が北条氏討伐の祈禱《きとう》をした際に、北条氏康・氏政父子の起請文を神前に捧げた例がある（「普光寺文書」『上越市史』別編一二五二号）。

三国同盟の崩壊は永禄一一年一二月、武田信玄が今川領駿河に攻め込んだことが直接の発端である。しかしながら、この時突然関係が悪化したわけではない。少なくとも、永禄三年の桶狭間《おけはざま》合戦にまでさかのぼる。今川義元の戦死で動揺した今川家中では、武田信玄に対する不信感が強まったらしく、信玄は今川氏の重臣に書状を送って讒言《ざんげん》に惑わされないようにと信頼回復に苦慮している（「岡部家文書」『戦国遺文武田氏編』六九六号）。その後武田信玄は、永禄六年に今川領遠江《とおとうみ》で起こった国衆の反乱に際し、派遣した家臣に戦況を問い合わせ、今川氏真が敗北するようであれば駿河に出兵する可能性を示唆した（彰考館所蔵『佐野家蔵文書』『戦国遺文武田氏編』八五三号）。今川氏の弱体化により、信玄の考えには徐々に変化が生まれつつあった。

そして永禄八年一〇月、武田信玄の嫡男義信によるクーデター計画（義信事件）が発覚するのである（『甲陽軍鑑』・成慶院『過去帳』他）。義信は、正室に今川氏真の妹嶺寒院殿を迎えており、武田家中において親今川派の筆頭であった。その義信が謀叛を計画した背景は、武田氏の外交方針の転換と結びつけて考えられている。義信事件に前後して、信玄は今川氏の宿敵である織田信長と同盟を結び、四男勝頼の正室に信長の養女龍勝寺殿を迎えたからである。甲尾《こうび》同盟の本来の目的は、勢力を拡大した信長との国境安定にあったと思われるが、信玄が今川氏との関係を再考していると受け止められても仕方がないものであった。義信は、幽閉されたまま永禄一〇年一〇月一九日に死去した。

　この事態に、今川氏真は武田信玄の考えを疑わざるを得なくなった。永禄一〇年八月一七日には、著名な「塩止め」が実施されている。同年後半には、今川氏真と上杉謙信は同盟を模索し始めた。交渉は永禄一一年に本格化し、いざという時には武田氏を背後から攻撃して欲しいという氏真の要望が交渉の俎上《そじょう》にあがっている。さらに永禄一一年四月までには、北条氏康・氏政を仲介とした交渉により、夫義信を失った今川氏真妹嶺寒院殿の駿河帰国が実現した。先述したように、武田信玄は嶺寒院殿帰国の条件として、今川氏真に起請文提出を要求しているから、ただちに今川氏との関係が崩壊することは避けたいと考えていたらしい。

　しかしながら、同盟崩壊は最早目前であった。同年七月までには、武田信玄は今川氏真から独立した徳川家康との同盟交渉を開始しており、今川領分割に関する協議が行われたとされる。実際には、駿河は武田領・遠江は徳川領と取り決めたとする徳川家康の認識と、遠江についても「切り取り次第」という武田信玄の認識の食い違いがこの後問題化するから、どこまで話し合いが持たれたかわからない。この件に関して、徳川家臣大久保《おおくぼ》彦左衛門《ひこざえもん》忠教《ただたか》が著した『三河物語』は興味深い逸話を記している。それは元亀三年一〇月に、信玄が徳川領に出兵してきた際の主張である。武田信玄は「「天竜河（遠江の中央を流れる川）を境に切り取りなされ、河東は私が切り取ろう」と定めたはずなのに、「大井河切り」と（家康が）仰せになるのは、まったく納得できないので攻撃する」と言ってきたという。これが事実であるならば、家康は大井川（駿河と遠江の境を流れる川）を国境とするという条件で同盟を結んだつもりであったが、信玄はおそらく単に「河切り」とだけ言ったのであろう。そして「川は川でも天竜川だ」と難癖をつけてきたことになる。滅茶苦茶な話だが、意外に信憑性はあるかもしれない。というのも、甲駿開戦後、武田氏が遠江を攻めるかどうかをめぐって、徳川氏との間で外交問題が生じるからである。いずれにせよ、信玄が家康と密約を結んだことで、甲駿同盟崩壊は決定的になった。[補註7]

「手切之一札」

そのうえで、永禄一一年一一月三日までに甲駿国境が封鎖され、一二月に信玄が今川氏真に対する「手切《てぎれ》」（同盟破棄）を表明して、駿河に出兵することになる。その際には、「駿（今川氏）・越（上杉氏）が示し合わせ、信玄の滅亡を企てたことが明らかになったので」という説明が、同盟国北条氏に伝えられた（「春日俊雄氏所蔵文書」『戦国遺文後北条氏編』一一二七号）。なぜ信玄は、北条氏にこのような説明をしたのだろうか。実は戦国大名の同盟破棄には、「手切之一札《てぎれのいっさつ》」という同盟破棄の通告書を送付しあうというルールが存在していたのである。

　これは元亀二年末の越相同盟崩壊について、北条氏政が同盟を仲介してくれた上野国衆由《ゆ》良《ら》成繁《なりしげ》に説明した文書から明らかとなる事実である。そこには「越（上杉氏）よりの「手切之一札」をお見せする事」「こちらからの「一札」の写をお見せする事」という文言が記されている（東京大学文学部国史研究室所蔵「由良家文書」『戦国遺文後北条氏編』一五七二号）。同盟破棄にあたっては、「手切之一札」を交換しあうというのが手続きであった。意外にも、戦国大名間の戦争には一定のルールが存在していたのである。実際、戦国大名の外交文書には、しばしば「〇〇に対して「手切」をすること」という条項が記載される。これは実際に軍隊を動かせ、という意味にもとれるが、どうやら同盟破棄を通告したうえで攻める、というのがひとつの作法であったようである。

　この「手切之一札」の現物は残されていないといわれる。しかしそれに近いものが伝来している。ひとつは天正一七年一一月に、豊臣秀吉が北条氏直《うじなお》に送った絶交状である。この文書は、写が諸大名に配られたことでよく知られている。もうひとつが、大友宗麟《おおともそうりん》が叔父菊池《きくち》義武《よしたけ》に送った書状である。長文だが、この文書を検討してみよう（「到津家文書」『大分県先哲叢書　大友宗麟資料集』八二一号）。

　到明寺殿《とうみょうじでん》（大友義鑑《よしあき》）のことは、誠に何と言ったらいいかわかりません（実父義鑑が家臣に殺害されたことを指す）。義鎮《よししげ》（大友宗麟）の気持ちをお察しいただければと思います。そういった内容の書状を、二回頂戴しました。私の気持ちに沿ったものです。今度の（事件の）根本は、入田親子《にゅうた》（親廉《ちかかど》・親誠《ちかざね》）の悪行が原因ですので、軍勢を差し向けたところ、去る一日に敗北し、ただちに討ち取ることはできませんでした。無念です。しかしながら攻略した各地についてはきっちり安定させましたので、必ず思い通りにするつもりです。たとえいささか遅れたとしても、かの悪人を討ち取り、（義鑑の）尊霊の御憤りを安んじ奉ることは、掌《たなごころ》のうちにあります。そちらの国境往復のことは、きっと自制してくださると思っていたところ、ただいま送られてきた書状の内容によれば、肥後《ひご》・筑後《ちくご》の国人から少々要望があるために、海を渡って（肥後に）入部したとのこと、驚いております。この時期（の入部）は、まるで入田（親誠）に同意しているかのようです。外聞《がいぶん》といい、実儀《じつぎ》といい、甚だよろしくありません。かの者共成敗のことで、国中は僅かながら取り乱れました。今となっては、いささかも問題なく申し付けました。肥後・筑後衆に対しては、内々にそのことを伝えておりましたのに、不誠実な対応です。その理由は、先年大内《おおうち》と当方が干戈《かんか》を交えた時に、（大内方の）周防《すおう》・長門《ながと》・安芸《あき》・石見《いわみ》の諸勢が、（大友方の）豊前《ぶぜん》・筑前《ちくぜん》に攻め込んできて、両国を充満させました。その際、肥後・筑後の国人の所行により、義武が大内に味方して姿を現したため、一度は分国中が混乱に陥りました。（しかし）こちらの地盤が堅固であったため、翌年には思い通りとなったことは、よくよく御存知のことでしょう。その時義武は、親・兄の礼儀を忘れ、無道を企てました。（そのような悪事をしたので）はたして義武の戦争は敗北に終わるであろうことは間違いないと、広く取沙汰されました。このような次第でしたので、義武について（味方しようと）色々申してきた族《やから》も、結局は（義武に）同心せず、近年は（大友氏が）特別に懇切にしていることは、いうまでもありません。（父義鑑は）そればかりか（義武の重臣の）吉弘《よしひろ》但馬守《たじまのかみ》を召し寄せられ、御《ご》堪忍《かんにん》料（義武の隠居料）について話し合われておりました。（その話が）おおかた調った時に、（義鑑が殺害されるという）不慮の事件が起こったのです。そのため、こちらの考えを知らせ、また方々で処置をする必要があると主張して、（吉弘）但馬守がただちに帰国したいと言い出したので、無下《むげ》にするわけにもいかないと、まずは書状をお送りしました。そして、義鎮（宗麟）の代始めのことですので、一段と御心を添えて頂け、親戚の関係を緊密にできると思っていたところ、結局思いもかけない書状を寄せられ、さらに所々の衆に廻文《かいぶん》を回されたとのこと、（その廻文が）こちらにやってきて、拝見しました。（義武の）悪心は明白で、やむを得ないことです。義鎮（宗麟）とその方が戦争に及ぶことは、本意ではありませんが、甲斐無き御覚悟であるのならば、力の及ぶところではありません。もしまた、こちらからの話を聞く分別がおありならば、この時いよいよ和平を固める覚悟で御入魂いただければ、自他ともに安全の基となります。このことを御納得頂けるのであれば、入田が落ち延びたところをひたすら平定し、分国中を静謐《せいひつ》させるよう下知を加え、そのうえで（貴方の）御進退のことを、末永く安んじられるように申し談じたいとおもいます。どのようなことでも腹蔵なく、重ねて書状を送っていただき、御考えを伺いたいと思います。恐々謹言。

天十九(天文一九年)

三月九日　義鎮(大友宗麟)

左兵衛佐殿(菊池義武)

進之候

これは天文一九年二月に、大友義鑑が重臣入田親誠に殺害された「大友二《に》階崩《かいくず》れの変」の直後に、肥前に亡命中であった菊池義武が肥後に帰国したという知らせを受けて、家督を継いだばかりの大友宗麟が出した書状である。菊池義武は、大友義鑑の弟で、肥後守護菊池氏に養子入りしていたが、大友氏に叛旗を翻し、敗北して肥前に亡命していた。ところが兄の横死《おうし》を聞いて肥後に帰国し、肥後・筑後の国衆をとりまとめて、再び大友氏に対抗しようと図ったのである。

これを聞いた大友宗麟が、菊池義武に送った書状が本文書となる。文章は一見すると丁重なもので、冒頭の部分だけをみると親しい親戚に送ったかのようにみえる。しかし本題に入ると、菊池義武の肥後帰国を厳しく非難したうえ、かつて菊池義武が大内氏と結んで大友氏に敵対したが、敗北したという過去のいきさつを指摘し、せっかく隠居料を準備しようと話を進めていたのに、それを裏切って挙兵の準備を進めるとは「御《ご》悪心顕然《あくしんけんぜん》」と糾弾している。そのうえで、こうなったら戦争するしかないが、考え直すのであれば相応の処遇を用意する、と本文を結んでいる。なお原文に「外聞実儀《がいぶんじつぎ》」とあるが、これは戦国期によくみられる文言で、外聞も悪いし、現実問題としてもよくない、というニュアンスで多用された。

この文書は、菊池義武に宛てたものではあるが、「到津家文書」および「田原家文書」に写が残されて現在に伝わっている。到津《いとうづ》氏は大友氏が信仰した宇佐《うさ》八幡宮の大宮司家、田原《たばる》氏は大友氏の重臣である。このことから、大友関係者に広く回覧された様子がわかる。また、「到津家文書」に伝来した写には、「豊後《ぶんご》はゆミ（破弓）ノくん（訓）」という奥書《おくがき》が記されており、この文書の性格を示している。つまり、本書状は大友宗麟が菊池義武に宛てた一種の「手切之一札」と評価できる。

大友宗麟は、叔父菊池義武と開戦するにあたり、自己の正当性と、義武の「御悪心」を書き記して、戦争を「せざるを得なくなった」理由を説明している。これこそが、「手切之一札」の目的なのである。だからこそ、この書状は第三者に写が配られた。宗麟の戦争の正当性を主張するためである。

したがって、甲駿同盟破棄に際しても、武田信玄は同様の措置をとったと考えられる。信玄は、三国同盟の一角である北条氏にも、「手切之一札」の写を送付し、同盟破棄にいたった事情を説明したのであろう。北条氏が武田信玄の主張を知っていたのは、このためなのである。戦争に際して、自身の正当性を表明するのは必須行為であり、特に同盟国に対する説明は慎重を期さねばならなかったと考えられる。もっとも、信玄は家督相続の翌年に同盟国諏方《すわ》頼重《よりしげ》を滅ぼした際には、奇襲をかけているから、必ず「手切之一札」が交わされるというわけではない。

しかしながら、甲駿同盟の破棄に際しては、信玄は大きな失態をおかした。今川氏真の夫人で、北条氏康の娘である早川殿の保護を怠ったのである。娘が徒歩で逃げたという話を聞いた北条氏康は激怒し、今川氏真を支援して武田信玄との同盟を破棄することを選択する〔補註8〕。ここに、三国同盟は完全に崩壊した。そしてここでも、大名の面目が同盟存続の大きな鍵を握っていたことがわかる。またその際に北条氏は、信玄の駿河出兵を「国競望《けいもう》之一理ヲ以」(隣国を征服しようという野心によって) と非難した (「上杉家文書」『戦国遺文後北条氏編』一一三六号)。北条氏も、信玄の主張を認めないという姿勢を示すことで、同盟破棄の正当性を強調したのである。

このように、甲駿相三国同盟崩壊までは様々な段階を踏んでいる。しかしながら、信頼関係を維持できなくなった瞬間に、同盟は崩壊の危機にさらされたのである。それを防ぐために、大名は姻戚関係を結ぶだけでなく、頻繁に起請文を交換し、同盟関係の維持を確認しあった。逆にいうと、頻繁な信頼関係の確認がなければ、戦国大名間の同盟は簡単に崩壊するものであったのである。

第二章　外交による国境再編

1　国分――国境の再編協定

「国郡境目相論」

天正一三（一五八五）年一〇月二日、大友義統《おおどもよしむね》と島津義久《しまづよしひさ》に停戦を命じた羽柴《はしば》（豊臣《とよとみ》）秀吉《ひでよし》は、両国の戦争を「国郡境目相論《こくぐんさかいめそうろん》」と喝破し、双方の言い分を聞き届けたうえで、自分が裁定を下す、という命令を通告した（「島津家文書」『大日本古文書家わけ　島津家文書』三四四号）。秀吉は、戦国大名間の戦争の本質は、国境紛争にあると理解していたのである。戦国大名という「地域国家」同士が、お互いの国境をどこに位置づけるかをめぐって行う戦争――「国郡境目相論」という表現には、そうした意味が籠められていたのだろう。

前章でも述べたように、戦国大名同士の和睦や同盟交渉においては、国分《くにわけ》と呼ばれる国境の再編が主要な位置を占めていた。これこそ、戦国大名の戦争が「国郡境目相論」であることの表れといえる。戦国大名の戦争の原因のひとつには、国境の再画定というものが確かに存在していたのである。

ようするに、戦国大名の戦争開始のきっかけに、国境再編の動きが存在するということになる。本章では国分を中心に、戦国大名の戦争と外交について検討することとしたい。

同盟交渉と国分

前章では、甲駿相《こうすんそう》三国同盟成立の前提として、河東一乱《かとういちらん》といわれる今川《いまがわ》・北条《ほうじょう》氏の国境紛争を検討した。河東一乱に際しては、北条氏が占領していた駿河《するが》河東地域（富士川《ふじかわ》以東）を今川氏に返還し、駿河は今川領、伊豆は北条領という国分を実行に移すことで、今川義元《よしもと》の信頼を勝ち取り、和睦が成立している。これが後に三国同盟へと発展していったのは、前述の通りである。

永禄一二（一五六九）年に上杉謙信《うえすぎけんしん》と北条氏康《うじやす》・氏政《うじまさ》の間で結ばれた越相《えっそう》同盟は、どこで国分を行うかをめぐって交渉が長期化することとなった。これは上杉謙信が、永禄三年の上杉氏最大勢力時点における勢力圏（上野《こうずけ》および北武蔵の一部）を上杉領とするよう主張したのに対し、北条父子が上野一国の割譲という現実的なラインで決着を図ろうと粘ったためである。北条側が譲歩した結果、最終的に問題となったのは、北武蔵のどこを割譲するかであった。

上杉謙信が、強硬姿勢に出たことには理由があった。ひとつは、越相同盟が、武田信玄《たけだしんげん》と交戦状態に陥り、苦境に立たされた北条氏から申し入れられた同盟であるということである。したがって、上杉氏は強い立場で交渉に臨むことができた。

もうひとつは、上杉謙信自身が、関東の上杉方国衆《くにしゅう》から突き上げを受けていたことにある。関東の国衆は、上杉謙信の軍事支援を仰ぐことで北条氏に対抗していた。その上杉謙信が、北条氏と同盟を結ぶということは晴天の霹靂《へきれき》であり、裏切り行為とすら感じられた。このため、自分たちの安全を確保するために、多くの領国の割譲と、上杉方国衆の安全保障の確約を北条氏から取り付けるよう、謙信に強く迫ったのである。この突き上げの結果、上杉謙信は強硬姿勢に出ざるを得なかった。つまり上杉謙信は北条氏に対しては終始強気の外交姿勢で臨んだが、それは自身の従属国衆から受けた要求の結果であったのである。

このような背景があったため、越相同盟の国分交渉は非常に難航した。そこで生まれたのが、先行して同盟（越相一和《いっか》）を結ぶことを決定し、国分という困難な交渉は後から取り決めるという知恵である。先に大まかな条件を取り決めてしまい、細部の交渉の詰めを後回しにすることは現代でもしばしばみられる。戦国大名の外交交渉は、かくも柔軟なものであったといえる。

国分による「転封」と国境の再編

元亀二（一五七一）年に結ばれた武田信玄と北条氏政の第二次甲相《こうそう》同盟においては、西上野を除く関東と伊豆が北条領、駿河と西上野が武田領と定められた。これにより、武田氏は占領していた武蔵の一部を返還し、武田氏に従属していた武蔵国衆長井《ながい》政実《まさざね》には西上野で替地を宛行うこととなった（「保阪潤治氏旧蔵文書」『戦国遺文武田氏編』一二二五号）。これは一種の「転封《てんぽう》」である。

同様に、天正一〇年一〇月に成立した北条氏直《うじなお》と徳川家康《とくがわいえやす》の同盟（相模《さがみ》北条氏と遠江《とおとうみ》徳川氏の二回目の同盟であるため、第二次相遠《そうえん》同盟と呼ぶ）では、上野を含む関東が北条領、甲《か》斐《い》・信濃《しなの》が徳川領と定められた。このため、信濃佐久《さく》郡の北条方国衆は、関東へ退去している（「蓮華定院文書」『信濃史料』一五巻四九九〜五〇一頁）。これも転封と評価できるだろう。転封というと、豊臣秀吉以降の政策と思われがちだが、戦国大名の段階でも、政治的な条件が整えば実施されることがあったのである。

また第二次甲相同盟に際しては、北条氏が占領していた駿河東部は武田氏に引き渡されたが、黄瀬《きせ》川以東・狩野《かの》川以南の数ヵ村（静岡県清水町と沼津市の一部）は北条領として残されることとなった（「植松家文書」『戦国遺文後北条氏編』一六五六号他）。この時の国分では、駿河は武田領と定められていたが、国境線は自然地形を考慮して引き直されたのである。つまり国分とは、単純に古代以来の律令《りつりょう》制が定めた国郡制の国境に従うものではなく、大名領国の境を決め直すものであった。

2　国衆の両属

国衆離反が招く戦争

前節において、戦国大名の戦争の基本は「国郡境目相論」つまり国境紛争にあると述べた。実は戦国大名領国の周縁部には、国衆領が存在することが多い。したがって以上のことは、境目《さかいめ》（国境地帯）に位置する国衆の動向が、戦国大名の戦争につながることを教えてくれる。

天文二三（一五五四）年、武田信玄は信濃国衆木曽義康《きそよしやす》や下条信氏《しもじょうのぶうじ》を従属させ、南信濃の制圧に成功した。これにより、動揺したのが東美濃《みの》の国衆岩村《いわむら》（岐阜県恵那市）・苗木《なえぎ》（同中津川市）の両遠山《とおやま》氏である。

天文期における遠山氏の動向ははっきりしない［補註9］。しかし岩村遠山景前《かげさき》とその嫡子景任《かげとう》は、妻として織田信秀《おだのぶひで》（信長《のぶなが》の父）の姉妹を迎えていたという（『濃飛両国通史』・『甲陽軍鑑』）。また景前の次男である苗木遠山直廉《なおかど》も、織田信秀の娘を妻としたとされる（『甲陽軍鑑』）。織田信秀は、天文一七年に斎藤道三《さいとうどうさん》の娘を嫡子信長の妻に迎えるまで、斎藤氏と戦争を繰り返していた。その織田信秀と姻戚関係を結んでいるからには、両遠山氏は斎藤道三と敵対関係にあったと思われる。しかしながら、織田信秀は天文二一年に死去し、後を継いだ信長の権力は不安定であった。このため、両遠山氏は外交的に孤立状態に陥ってしまったと考えられる。

そうした状況にあったところに、武田信玄が南信濃をほぼ制圧したのである。遠山領の東側に、突如大国が出現した形となった。

この事態に、天文二四年中には、岩村遠山景前は武田信玄に従属を申し出た（『明叔慶浚等諸僧法語雑録』『岐阜県史』史料編古代・中世二―三三六頁）。分家である苗木遠山直廉

（景前の次男）もこれに同調したようである。つまり両遠山氏は、武田氏に攻め込まれる危険性を避けるために、自発的に従属を申し出ることで、自領の安全を確保しようとしたものと考えられる。ところが、この事態に美濃の大名である斎藤道三が怒った。天文二四年八月、斎藤道三は、娘婿であり、同盟国でもある織田信長に援軍を要請して、苗木遠山領に出兵したのである（「吉田家文書」『戦国遺文武田氏編』六四二号）。

当然、苗木遠山直廉は武田信玄に援軍を要請し、信玄もこれに応じた。つまり国衆遠山氏の武田氏従属という動きが、武田・斎藤間における戦争を巻き起こしたのである。国衆の帰属が、戦国大名間の戦争のひとつの原因となるものであったといえる。

しかし、この当時、武田信玄は北信濃川中島《かわなかじま》で長尾景虎《ながおかげとら》（上杉謙信）と対峙しており（第二次川中島合戦）、東美濃において斎藤道三や織田信長と対立することを望んではいなかった。そこで、斎藤道三に使者を派遣して外交的解決を試みたが、うまくいかなかったようである。そのため、従属したばかりの信濃国衆木曾義康にも出兵を要請する事態に陥り（早稲田大学図書館所蔵『諸家文書写』『戦国遺文武田氏編』六四五号）、武田氏と斎藤氏の紛争は泥沼化するかにみえた。

両属という事態

事態を複雑化させたのは、両遠山氏の動向であった。先述したように、両遠山氏は織田信長とも姻戚関係にあった。信長は斎藤道三と結んで、遠山領に出兵をしてきたものの、姻戚関係にあることに変わりはない。このため両遠山氏は、武田氏に従属していながら、織田信長とも結んでいた。

その立場の複雑さが具体化したのが、奥三河の情勢である。天文二四年九月、武田信玄の同盟国である今川義元は、奥三河足助《あすけ》（愛知県豊田市）の国衆鱸兵庫助《すずきひょうごのすけ》と戦争を繰り返していた。ところが、岩村遠山景前は鱸兵庫助を支援し、今川義元と対立したのである（「和徳寺文書」『戦国遺文今川氏編』一二二九号）。つまり、武田信玄の従属国衆である岩村遠山氏が、武田氏の同盟国今川義元と戦争を行う、という複雑な事態が生じたのであった。この状況に反撃するため、今川勢は東美濃にまで出兵し、遠山氏の一族明知《あけち》遠山氏を攻撃している。

このように岩村遠山氏は、武田信玄に従属しながらも、織田信長と姻戚関係を結んで武田氏の同盟国今川氏と戦うという複雑な立場にあった。これは、境目の国衆にはしばしばみられる「両属《りょうぞく》」や「多属《たぞく》」と呼ばれる事態であろう。つまり戦国大名の国境に位置する国衆にとって、どちらか片方の大名に従属し、旗幟《きし》を鮮明にすることは、別の大名からの攻撃を招く危険性が高い。そこで隣接諸大名に同時に従属することで、自領が戦場となる事態を避けようとしたのである。両属とは、境目の国衆による高度な外交戦略であった。つまり岩村・苗木の両遠山氏は、武田氏に従属しつつも、織田氏とも密接な関係を築くという一種の両属状態にあったと評価できる。

両属という事態は、両属先の戦国大名が同盟関係にあれば特に問題はない。しかし天文二四年段階の岩村遠山氏の場合は違う。事実上の両属先である武田・織田両氏が戦争状態にあったのである。おそらく織田信長が、斎藤道三の要請を受け入れて遠山領を攻撃したのも、幾重にも婚姻関係を結んだ両遠山氏が武田信玄に従属したことに不快感を抱いたためであろう。したがって遠山氏としては、織田信長に対しても従属姿勢をみせる必要に迫られたと考えられる。これが、岩村遠山氏による反今川方勢力への荷担であったのであろう。

つまりこの時点の苗木遠山氏が武田氏寄りの立場を取って斎藤道三の攻撃を受けたのに対し、岩村遠山氏は斎藤・織田同盟寄りに舵《かじ》を切った。これを可能にしたのは、武田信玄が北信濃川中島で身動きが取れないという政治情勢にあった。このため、東美濃の情勢は斎藤道三優位に進み、道三は信玄からの和睦要請を拒絶したのであろう。しかしこの選択は、斎藤氏が武田・今川両氏と対立することを意味し、斎藤家中《かちゅう》の反発を招いたらしい。翌弘治二（一五五六）年四月、斎藤道三は嫡男義龍《よしたつ》のクーデターで敗死し、斎藤氏は織田信長との同盟を破棄して外交方針の転換を模索し始める。

一方、東美濃の情勢は武田信玄にとっても頭痛の種であった。先述したように武田氏の課題は、北信濃川中島情勢の安定にあったからである。そこで信玄が選んだのが、織田信長との接近である。信玄は永禄元（一五五八）年までには信長との間に和睦を成立させていた。このことは、岩村遠山氏に大きな影響を与えた。岩村遠山氏の両属先である武田・織田間で和睦が成立したからである。岩村遠山氏をめぐる政治情勢は安定し、唯一対立するのは斎藤義龍・龍興《たつおき》父子のみということになった。

武田信玄との和睦は、織田信長にとっても願ってもない話であった。信長は、舅《しゅうと》斎藤道三の敗死により、美濃斎藤氏という同盟国を失った。これにより、家中統制が不安定化し、実弟信成《のぶなり》（信勝《のぶかつ》、一般にいう信行《のぶゆき》）の謀叛まで招くことになる。信長は、今川氏と戦う余裕を失っていた。

この結果、両遠山氏の立場は明確なものとなっていった。織田信長が今川氏との戦争どころではない状況に陥った以上、武田信玄の意向に反して奥三河の反今川方勢力を支援する必要はない。唯一敵対する斎藤氏も、内紛により勢力を減退させており、積極的に東美濃に動く様子はない。これにより岩村・苗木の両遠山氏は、武田・織田両氏に両属するという立場を固め、領国を安定させることになったのである。ただし永禄元年にも岩村遠山景任は反今川方勢力を支援し、三河に出兵する動きをみせていた（国立公文書館所蔵『古文書写』『戦国遺文今川氏編』一四〇〇号他）。遠山氏の動向は、必ずしも武田・織田両氏の完全な統制下にはおかれておらず、独自の動きをみせる場合があったのである。これは戦国大名にとってはイレギュラーな状態であり、放置してよいものではない。この状況の改善には、武田・織田氏をめぐる政治情勢が安定し、両大名が東美濃に目を向ける余力が生じるまで待たねばならなかった。

両属の解消――武田・織田衝突の契機

さて、両遠山氏が武田・織田氏に両属するという状況は、織田信長の勢力拡大によってより明確になったはずである。そしてこの事実は、武田信玄も承知していた。永禄七年の第五次川中島合戦に際し、武田信玄は遠山景任・直廉兄弟に対し、鉄砲衆五〇人の加勢を要請した。その際、両遠山氏が織田信長および美濃金山《かねやま》（岐阜県可児市）の長井不甘《ながいふかん》と「入魂《じっこん》」の関係にあることを喜んでいる（尊経閣文庫所蔵『武家手鑑』『戦国遺文武田氏編』八九九号）。長井不甘は、斎藤義龍の庶兄または叔父とされる人物で、この当時の斎藤氏当主龍興（義龍の子）と対立し、斎藤氏から離反して織田信長と結んでいた。武田氏にとって、東美濃の情勢を安定させるうえで、両遠山氏が織田信長にも両属していることは、むしろ望ましいことであったといえる。

遠山直廉は、みずから川中島に出陣することを申し出ていたが、信玄はそれを謝絶した。斎藤龍興が長井不甘を攻撃しているという話を耳にした信玄は、両遠山氏には東美濃の守りを固めるよう求めたのである。つまり武田信玄の認識では、東美濃は武田領の西端であったといえる。

ただしどうも信玄の考えは変わったようで、同年の飛驒《ひだ》出兵に際しては、信玄は遠山直廉に出陣を命じている（「苗木遠山史料館所蔵文書」）。両属とはいえ、遠山氏が武田氏の従属国衆であることに変わりはない。したがって武田氏の命令ひとつで、出陣を命じられる立場にあったのである。

武田氏と織田氏の関係は、永禄八年には和睦から同盟へと転化した。これは信玄の外交路線の転換、つまり今川氏との同盟破棄と駿河出兵の前提と評価されるが、より具体的には織田信長の勢力が美濃に及び、織田勢と武田勢が美濃神篦《こうの》（岐阜県瑞浪市）で衝突した（『信長公記』他）事態への対応が主眼にあったとみられる。信長の美濃における勢力拡大により、両国は国境を接する状況になっていた。そこで信長と正式に同盟を結ぶことで、東美濃の安定を望んだのである。この同盟に際し、武田勝頼《かつより》に嫁いだ織田信長養女龍勝寺殿《りゅうしょうじでん》が、遠山直廉の娘であったことはそれを象徴している。遠山直廉の妻は、信長の妹とされるから、信長は姪を養女として勝頼に嫁がせたことになる。しかし実は苗木遠山氏の娘なのであり、まさに遠山氏は武田・織田両氏の「かすがい」の役割を果たしていた。

永禄一一年一二月の武田信玄による今川領駿河出兵に際しても、遠山氏は軍勢を派遣している（「上杉家文書」『上越市史』別編六六六号）。したがって、織田信長が永禄一〇年に斎藤氏の本拠稲葉山城《いなばやま》（岐阜県岐阜市、信長によって岐阜城と改称）を攻略して美濃を制圧した後も、遠山氏の武田・織田両属状態は維持されたものと考えてよい。

この状況に変化が生じたのは、元亀二（一五七一）年末から元亀三年にかけて、岩村遠山景任・苗木遠山直廉兄弟が相次いで病死したことにあった。兄弟には後継者がいなかったため、織田信長は遠山領へ軍勢を派遣し、岩村遠山氏の後継者として子息御坊丸《ごぼうまる》（後の織田信房《のぶふさ》）を入部させた（『歴代古案』『上越市史』別編一一三〇号他）。

織田信長はこの問題をさほど深刻に捉えてはいなかったようである。信長は、武田信玄との同盟関係を堅固なものと信じ切っていた。しかし武田氏にとってはどうであろうか。「国境侵犯」行為と映った可能性がある。そして何よりも重要な点は、遠山一族の多くが、御坊丸の養子入部を信長による領国介入と受け止めたという事実である。遠山氏は、武田・織田両氏に両属する従属国衆である。したがって、武田・織田両氏から軍勢催促や一部の税賦課は受けても、それ以上の介入を受ける立場にはない。通常、国衆家への養子入部は、その一門や家臣団との入念な調整を経て行われる。しかしこの時の養子入りは、軍事力に基づく強引なものと受け止められたらしい。

元亀三年一一月、織田信長との同盟を破棄して徳川領遠江・三河に出兵した武田信玄のもとに、遠山一族から援軍要請が届けられた。信玄はただちに東美濃に軍勢を派遣し、御坊丸を捕虜にして岩村城から織田勢を撤退させた。どうも遠山一族中の親武田派が、自発的に武田勢を迎え入れたようである(「徳川黎明会所蔵文書」『戦国遺文武田氏編』一九八九号他)。ここに遠山氏の両属状態は解消され、武田方・織田方に分裂した[補註10]。

これにより、徳川領攻撃に専念していた信玄は、織田領美濃攻撃へと方針を転換することになる。この作戦そのものは、翌元亀四年四月の武田信玄病死によって中止される。しかし遠山氏の自発的な両属解消という事態が、武田・織田間の直接的な戦争勃発をもたらしたといえるだろう。

両属という外交は、境目の国衆が生き残りを図るうえで重要なものであった。しかし、その国衆の動向そのものが、戦国大名同士の戦争を招きかねない危険性をはらむものであったと評価できる。

3　村落と戦争

村落の外交と禁制の獲得

戦国大名の戦争は、国境の村落に大きな被害をもたらした。敵国に攻め込まれた村落は、「乱取《らんど》り」「乱妨取《らんぼうど》り」と呼ばれる人・物の略奪被害に遭うことがしばしばあったのである。略奪された人々は、奴隷として各地に転売されることになる。九州では、日本国外に売られることすらあった（フロイス『日本史』）。これは戦国大名も公認したもので、武田信玄はみずから人身売買に関与したらしく（『勝山記』天文一五年条）、大城の陣でも大城の町における乱取りは認められていた。また、収穫前の稲や麦を強引に刈り取ってしまうこともあった（刈田《かりた》狼藉《ろうぜき》）。

このため、村落や寺社は、「禁制《きんぜい》」と呼ばれる文書を、自国の大名や攻め込んできた大名に出してもらって、略奪の被害に遭わないよう保護してもらった。この禁制には、軍勢の略奪行為の禁止や、村落・寺社への宿泊禁止が記される。禁制をもらうには、礼銭《れいせん》と呼ばれる高額な手数料を支払わねばならなかったが、略奪の被害を受けるよりははるかにマシである。

しかし、もらった禁制を、万が一敵対する大名に見せてしまっては大変なことになりかねない。そのため、禁制は必ずしも村や寺社の入り口に掲示されたわけではないらしい。どのようにするかというと、戦争が近いと判断した村落や寺社は、自国の大名も含め、攻め込んでくる可能性のある諸大名から禁制をあらかじめ獲得しておくのである。このため、相当遠方の大名から禁制をもらっておくこともあった。そして、姿を現した軍勢の所属を確認して、その大名からもらった禁制を選んで提示することで、被害を避けるよう努力したのである。軍勢に直接禁制を見せなければいけないのだから、これ自体命懸けであった（「長年寺受連覚書」『戦国遺文武田氏編』四二〇八号）。

半手村落の認定

このように戦場となった村落は、多大な被害を蒙る。特に大名領国の国境、つまり境目に位置する村落は、いつ戦争の被害に遭ってもおかしくなかった。そこで生まれたのが、「半《はん》手《て》」という知恵である。

半手は「半納《はんのう》」「半所務《はんしょむ》」とも呼ばれ、敵対する大名双方が、国境の村落の中立を認める行為を指す。年貢については、両大名に半分ずつ納めることになる。いわば、村落の両属である。近年では、村落が大名と交渉して半手を認めてもらうという考えが有力なようだが、半手村落の設定は広域にわたることがしばしばある。敵対大名同士が交渉して、半手村落を決定する場合もあったと考えられる。

境目の村落としては、何としても戦争に巻き込まれる事態は避けたい。この問題は、村落を支配する戦国大名も認識していた。村落が大名領国の一部であることに変わりはないからである。戦国大名としても、村落の被害を最小限に抑える必要があった。しかし境目である以上、敵国に攻め込まれた際に村落を守りきることは難しい。そこで生まれた知恵が、半手なのである。

永禄二（一五五九）年、相模の戦国大名北条氏康は、家臣団の知行目録を作成し、軍役《ぐんやく》をはじめとする諸役賦課の基礎台帳とした。表題から、『小田原衆所領役帳《おだわらしゅうしょりょうやくちょう》』と一般に呼ばれる史料である。ただし『小田原衆所領役帳』という呼称は、たまたま先頭に「小田原衆」（本拠地小田原城直属の家臣）の記載があることから、これが表題と勘違いされてつけられたもので、『北条氏所領役帳』と呼んだほうが正確である。小田原衆の知行地だけではなく、幅広く北条氏家臣の知行地を書き記した帳簿だからである。いずれにせよ、煩雑であるため、以下では単に『役帳』と呼ぶ。

この『役帳』のうち、津久井《つくい》衆（神奈川県相模原市）内藤左近将監《ないとうさこんのしょうげん》（康行《やすゆき》）の知行地に、「敵知行半所務」と記載された村落がある。これらの注記が付された村落は、奥三保《おくさんぼう》と呼ばれる甲斐との国境地帯に固まっている。この奥三保の知行高の合計記載箇所をみると、うち八ヵ村一〇四貫文《かんもん》は小山田《おやまだ》所務分、残りは内藤所務分と書かれている。つまりここでいう「敵知行半所務」とは、武田氏の従属国衆である小山田氏との半手合意が成立している村落を指す。

武田氏と北条氏は、天文一三（一五四四）年に和睦・同盟を成立させるまで、敵対関係にあった。その戦場は、武田方の国衆小山田氏の領国甲斐都留《つる》郡（郡内《ぐんない》）となることもあれば、北条方の国衆内藤氏の領国津久井領になることもあった。その過程で小山田氏と内藤氏の間で衝突がおき、小山田氏が相模に進出する形で勢力を伸ばしていったのである。このことは、相模のなかでもっとも甲斐に近い津久井領奥三保の村々が、内藤氏と小山田氏の係争地になることを意味した。しかしこれでは、せっかく占領しても、村落は荒廃する一方である。

その結果、内藤氏と小山田氏の間で、奥三保のうち八ヵ村を半所務つまり半手扱いにするという合意が成立したのである。これにより、これらの村落は年貢を内藤氏と小山田氏に半分ずつ納め、その代わり戦争の被害から免れることになった。この合意は、天文一三年に甲相同盟が成立した後も継続し、永禄二年成立の『役帳』にも書き込まれたのである。この状態は、永禄一一年末の第一次甲相同盟破棄まで存続したと考えられる。

半手の事例は、他にも多く確認することができる。一例として、北条氏と里見《さとみ》氏の間で成立した半手をみてみよう。天正四（一五七六）年、北条氏政の弟北条氏規《うじのり》は、上総百首《ひゃくしゅ》（千葉県富津市）以下一七ヵ村の半手について、年貢徴収の責任者を決め直すという通達を出した（『越前史料』所収「山本家文書」『戦国遺文後北条氏編』四〇〇七号）。それによると、従来は野中《のなか》という人物一人に徴収を任せていたところ、半手年貢の徴収が滞ってしまった。そこで改めて年貢徴収責任者を決め直したのである。その際氏規は、もし今後年貢納入を怠る村落があれば、その村は半手から外すと通告している。つまり半手とは、交戦中の大名同士、もしくは村落の外交努力によって決まるものであったが、年貢納入に支障をきたすようであれば、解消されることもありえたといえる。

境目の村落が生み出す戦争

ここまでみてきたように、戦国大名は戦争を続けながらも、境目に中立地帯を容認・認定していくことで、戦乱の被害を最小限に収めようという努力もまた行っていた。しかし先述したように、国境地帯は本質的に帰属が不安定な地域である。したがって国衆の動向どころか、境目の村落の動向が、戦争の原因となることすらあった。

その典型例を、肥前有馬《ひぜんありま》氏の丹坂峠《にさかとうげ》合戦［補註11］（百合野《ゆりの》合戦、佐賀県江北町）に見出すことができる。近世松浦《まつら》氏関係者による伝記『松浦家世伝《かせいでん》』『大曲記《おおまがりき》』によると、永禄六年六月、有馬領の杵島《きしま》郡横辺田《よこべた》（佐賀県大町町・江北町、ただしこの地名は近世のものであるという）の乙名《おとな》百姓（有力百姓）が、有馬氏の本拠日野江《ひのえ》（長崎県南島原市）は「徭役《ようやく》」（人夫役であろう）を務めるにはあまりに遠いとして、有馬氏から離反し、近隣の龍造寺《りゅうぞうじ》氏に従属した。これに有馬義貞《よしさだ》（尚純《ひさずみ》と記されているが、誤り）は激怒し、龍造寺隆信《たかのぶ》を攻撃したという。

『歴代鎮西志《れきだいちんぜいし》』『歴代鎮西要略《れきだいちんぜいようりゃく》』といった軍記物によると、有馬・龍造寺勢の衝突は翌七月であったとする。なお両書の記す有馬氏の出兵経緯は『松浦家世伝』『大曲記』と異なるが、史料的信頼性は松浦氏側の史料のほうが高い。もっとも『歴代鎮西志』は有馬勢が横辺田に着陣したとし、『歴代鎮西要略』は敗北した有馬勢が横辺田に敗走したと記述しているから、実際には有馬勢は横辺田の再確保を目指して出陣し、そのうえで龍造寺氏と衝突したのだろう。しかし戦争の結果、有馬氏は大敗し、領国崩壊の危機にまで見舞われている。

ここからは、境目の村落の動向が、戦国大名の戦争を生み出す事態すらあったことが読み取れる。境目の国衆同様、戦国大名という地域国家間の国境の不安定さが、戦争の原因にもなったのである。

戦国大名領国における「平和」

したがって、戦国大名は自国内における争いを「私戦《しせん》」と認定して禁じることで、領国の安定を確保しようと心懸けた。その努力の一端が、「喧嘩両成敗法《けんかりょうせいばいほう》」に代表される私的戦闘・私的制裁の禁止である。これらはしばしば分国法《ぶんこくほう》に書き込まれ、直接的には大名の家臣・領民を対象とした法令だが、私戦の禁止という点については従属国衆も例外ではない。中世における紛争解決は、自力《じりき》（実力つまり武力行使）によることが当たり前であったが、戦国大名は領国内における私戦を禁止し、相論の裁定を大名に一任するよう求めることで、大名領国内における「平和」確立を図ったのである。これは、戦争を回避するためのひとつの方策でもあった。

第三章　外交書状の作られ方

1　書札礼とは何か

外交書状と書札礼

現在の社会においても、地位の高い人と話をする際、突然その人に面会できることはそうはないだろう。たとえば、国会議員や大会社の社長と話をしたい場合はどうだろうか。電話をすれば、すぐに相手が話に応じてくれるわけはない。電話にせよ、手紙にせよ、秘書や受付が間に入るのが手順というものである。

　これは戦国時代も同様である。戦国大名や国衆《くにしゅう》家の当主《とうしゅ》（家督《かとく》）に直接話を通すというのは容易ではない。たとえば、まだ高遠《たかとお》諏方《すわ》氏を継いでいた頃の武田《たけだ》勝頼《かつより》が、実父である武田信玄《しんげん》に書状を出した場合をみてみよう。勝頼は、信玄に直接書状を出すことはしていない。武田氏の重臣である跡部《あとべ》勝忠《かつただ》という人物に宛てて書状を書いている（「保阪潤治氏旧蔵文書」『戦国遺文武田氏編』一〇五九号）。北条《ほうじょう》氏政《うじまさ》も同様で、父親の氏康《うじやす》が手続きに則らない文書の発給を行った際、直接苦情を申し述べることはしなかった。北条氏政は、氏康の側近である遠山康英《とおやまやすひで》に書状を送り、注意を促している（「長府毛利家所蔵文書」『戦国遺文後北条氏編』一二一三号）。三本の矢の逸話の元となった毛利元就《もうりもとなり》の三子教訓状《さんしきょうくん》に対する、毛利隆元《たかもと》・吉川元春《きっかわもとはる》・小早川隆景《こばやかわたかかげ》三兄弟の返書も、元就側近平佐就之《ひらさなりゆき》に宛てる形をとっている（「毛利家文書」『大日本古文書家わけ　毛利家文書』四〇七号）。このように、たとえ親子の間であっても、書状をやりとりするうえでは一定の作法が存在した。もちろん、対等な大名間の外交書状の場合は、大名に直接書状を送ることが基本だが、その際には当然作法を守る必要があったのである。

こうした書状を記すうえでの作法を「書札礼《しょさつれい》」という。より具体的にいうと、どのような書式で書状を書くかによって、自分と相手との政治的・身分的な差異を表現するものである。

この書札礼を、書札礼書《しょさつれいしょ》（書札礼についての手引き書）を参考に検討してみたい。ただし書札礼書とは、その記主《きしゅ》がこうあるべきと考えた理想の姿を描いたものであるため、必ずしも実態とは一致しない。また書札礼書の多くは、室町幕府関係者によって記されたものである。戦国大名の書札礼書としては、佐竹《さたけ》氏・里見《さとみ》氏・赤松《あかまつ》氏・大内《おおうち》氏・大友《おおとも》氏・阿蘇《あそ》氏などのものが残されているが、戦国大名全体に一般化できるとは限らない。そのうえ、書札礼書によって記述に差異があるため、以下はあくまで一例と思っていただきたい。また書札礼のすべてを取り上げるわけではない点もお断りしておく。

さて、書札礼には様々な決まりごとがある。一般に、礼儀が手厚いものを厚礼《こうれい》（史料用語では「賞翫《しょうがん》」）、その逆のものを薄礼《はくれい》といっている。

一番わかりやすいのが、本文の末尾をどのような文言で終えるかである。これを「書止文言《かきとめもんごん》」といい、今でいえば「敬具」や「草々」にあたる。まず、対等な相手に書状を送る際には、「恐々謹言《きょうきょうきんげん》」と記すのが一般的であった。これに対し、目上には「恐惶《きょうこう》謹言」を用いた。逆に目下に対して書状を送る場合は、単に「謹言」とのみ記す。さらに身分の低い相手に出す場合は、書止文言自体を書かない。「……候也」などと書いて本文を終えてしまうのである。これは将軍のように、極端に身分が高い人物が出す書状に用いられた。つまり、室町幕府の将軍御内書《ごないしょ》（御内書とは将軍・鎌倉公方《かまくらくぼう》とその近親が出す書状をいう）の場合は、書止文言がなくても不思議ではない。また「仍如件《よってくだんのごとし》」「状《じょう》如件」（「この件は以上の通りである」の意）といった書止文言は、命令・決定を伝達する際に用いることが多かった。当然目下宛ての書札礼で、外交文書では基本的に目にすることはない。ただし起請文《きしょうもん》だけは例外で、礼の厚薄に関係なく、「仍如件」を書止文言とすることを基本としていた。

　したがって、戦国大名の外交書状の場合は、基本的に「恐々謹言」「恐惶謹言」という書止文言が用いられた。なお、この変形として、「恐々敬白《けいびゃく》」「恐惶敬白」というものもある。「白」には「申す」という意味があるから、「敬白」で「敬って申す」というニュアンスとなる。これは僧侶に対する書状で用いたようである。

　書止文言は、草書《そうしょ》で書くか、「真《しん》」（楷書《かいしょ》の意だが、実際にはある程度崩すから丁寧な行書《ぎょうしょ》といったほうが正確か）で書くかでも意味合いが変わってくる。草書で字体を崩して書くよりも、行書、さらには「真」で書いたほうが厚礼なのである。これは相手に付す敬称の「殿」字も同じで、どこまで崩して書くかで敬意の表し方が異なる。「殿」の崩しが極端になって、ひらがなで「とのへ」と書く形が、もっとも薄礼なものであった。これも将軍御内書などでよくみられる。さらに薄礼になると、敬称自体を記さないが、これは家臣に対する命令書にみられるものであって、外交書状ではお目にかかることはない。ただし、出家した人間には「殿」を記さないという慣習があるため、「○○斎」などと呼び捨てで記しても別に失礼にはあたらなかった。なお、現在敬称に用いられる「様」は、武家社会では豊臣《とよとみ》政権の頃から広く用いられるようになったもので（ただし西国では早くから使用を確認できる）、基本的な敬称は「殿」であると思って貰って差し支えない。

宛所の書き方は、「殿」字の崩し方以外にも複雑な決まりごとがあった。まず、宛所を書き始める高さが問題となる。○月○日と日付を書いた後で、○月よりも高い位置から宛所を書き始めるのが厚礼な書式とされた。○月の月の数字と同じ高さから書き始めれば対等な相手、それよりも低い位置から書き始めれば目下宛て、ということになる。

戦国大名の書状では、相手の名字だけを書いて「殿」を付したものをしばしばみる。たとえば、「北条殿」と記す形である。これは室町幕府関係の書札礼書では、「名字官」まで書く場合も「名字」だけを書く場合もあるとしつつも、特に公家の世界の書札礼とされており、公家に対しては「官」（通称）を書いてはならないとしている（『大館常興書札抄《おおだちじょうこうしょさつしょう》』）。しかし常陸《ひたち》佐竹氏においては、通称まで記す書き方を「くたりかき」（漢字に直すと「下り書」

である）と呼んで明確に区別し、名字だけを記すよりも薄礼な書札礼と位置づけている（『佐竹書礼私《しょれいし》』）。また幕府関係の書札礼書においても、足利《あしかが》一門吉良《きら》氏宛ての書状には「御官」を記してはならないという記載が確認でき（『細川家書札抄』）、名字だけを記す書式は厚礼と認識されていたと考えてよいだろう。ただし実際には、名字のみに宛てた書状と、「くたりかき」の書状は混用されていることが多い。内容の軽重でも使いわけていたようだ。

逆に、相手の官途《かんと》・受領《ずりょう》名だけを記すことは、室町幕府においてははっきり厚礼な書式と認識されていた。つまり「細川右京大夫殿《ほそかわうきょうのだいぶ》」ではなく「右京大夫殿」とだけ記す書式である。これは赤松氏など畿内の大名の間でよく用いられており、室町幕府の書札礼を踏まえたものであろう。ただし東国の大名においては、一門宛ての書状に用いられる場合が多い。同じ書札礼でも、意味合いが少し違ったのかもしれない。

次に宛所の上に「謹上《きんじょう》」などと付す場合があった。これを「謹上書《きんじょうがき》」という。この場合、「謹上」と付すよりも「進上《しんじょう》」のほうが厚礼とされた。つまり「謹上　北条相模守殿《さがみのかみ》」よりも「進上　北条相模守殿」のほうが丁寧なのである。

また、ただ単に「北条殿」「北条左京大夫殿《さきょうのだいぶ》」などと相手の名字や通称だけを記す書き方は「打付書《うちつけがき》」と呼ばれ、もっとも薄礼な書式とされた（ただし、戦国大名の外交書状ではしばしば目にする）。では礼儀を守った書状を送るためにはどうするかというと、宛所の左下脇に、「参《まいる》」「進之候《しんじそうろう》」「人々御中《ひとびとおんちゅう》」「御宿所《みしゅくしょ》」といった言葉を書き添えるのである。これを「脇付《わきづけ》」という。「参」「進之候」は「お手紙をさし上げます」という言葉を添えた形である。「参」はひらがなで「まいる」と書く場合も多く、その崩しが漢字の「旨」に似ていることからよく誤読される。「人々御中」というのは「貴方様の側近の人たち」、「御宿所」は「貴方のお住まい」という意味だから、表現のうえでは相手に直接宛てているのではなく、相手の近臣や居所に宛てる形式を踏んだことになる。これは現在でもなごりが残っており、手紙の宛名に「机下《きか》」などと書き添える方もおられるだろう。これも「貴方の机の下に出す」という意味の脇付のひとつで、「内々之状」(私的な書状)に用いられたという。脇付のなかでは、「人々御中」が厚礼で、「進之候」は薄礼であったらしい。「御宿所」「参」はその中間である。なお返書の場合は、「尊報《そんぽう》」「貴報《きほう》」が厚礼で、「御報《ごほう》」「御返報《ごへんぽう》」がほぼ対等な相手への脇付、「御返事《ごへんじ》」「愚報《ぐほう》」は目下宛てであったという。ただし特に脇付については、種類が多いうえ、様々な流儀が存在したようで、厳密に厚礼・薄礼を分けることは難しい。また、相手の官途受領名を「唐名《からな》」と呼ばれた中国風の呼称で書く場合は、脇付を記さなくても失礼ではなかったか(『大館常興書札抄』)、記さないのが一般的であったらしい(『細川家書札抄』)。唐名というのは、たとえば右京大夫を「京兆《けいちょう》」、左《さ》馬助《まのすけ》を「典厩《てんきゅう》」、伊豆守を「豆州《ずしゅう》」と呼ぶものである。

なお相手の名前を宛所に記す代わりに、相手の居住地を宛所に記す書式も、厚礼なものとされた。「小路名《こうじな》」「御在名《ございめい》」「所書《ところがき》」などと呼ばれる書式で、相手の邸宅や居城の名前を記すのである。これによって、相手に直接宛てて書状を出しているというニュアンスを薄め、丁重に書状を送っているという気持ちを表現するのである。ただし書札礼書によっては、相手の名を記して「人々御中」を脇付として付したほうが、小路名よりも厚礼とするものもある（『宗五大草紙《そうごおおぞうし》』）。

　また九州から中国西部を中心とした西国では、相手の実名を宛所に記すことがしばしば行われた。それも、「殿」といった敬称すら付さないことがある。これは「二字書《にじがき》」と呼ばれた（『御当家御書札認様』、大友氏の書札礼書）[補註12]。この書札礼上の位置ははっきりしないが、少なくとも失礼な書式ではなかったらしい。というのも、外交書状や大名への服属時に提出する起請文において使用されているからである。たとえば本能寺《ほんのうじ》の変後に羽柴《はしば》（豊臣）秀吉《ひでよし》が徳川家康《とくがわいえやす》に宛てた書状（『思文閣古書資料目録』二二八号掲載文書『新修徳川家康文書の研究』七二二頁）も、実名宛てで記されている。

　このように数ある書札礼のなかで、もっとも丁重とされたのが、相手に直接書状を送ることをせず、その家臣に宛てて書状を送る書式である。これを「披露状《ひろうじょう》」「付状《つけじょう》」「伝奏書《てんそうがき》」などと呼ぶ（逆に直接送る書状は「直状《じきじょう》」「直札《じきさつ》」と呼ばれた）。披露状では、書止文言の前に「宜《よろ》しく御披露に預かるべく候」という文言が付されることが多い。これは「この書状の内容を、貴方の主君に御披露して下さい」という意味で、筆者は披露文言《ひろうもんごん》と呼んでいる。本人ではなく、家臣に宛てるのだから、私は貴方の主君に直接書状を送れるような立場にはありません、という意味を籠めたものとなる。非常にへりくだった書式で、形式上の宛所は相手の家臣ではあるものの、実質的には宛所に記した人物の主君に宛てて書いているのである。

　冒頭で述べた諏方（武田）勝頼が跡部勝忠に出した書状や、北条氏政が遠山康英に出した書状は、披露状で書かれたもので、実質的な宛所は武田信玄と北条氏康であった。繰り返しになるが、親子の間にすら書状をやりとりする際には、一定のルールが存在したのである。もっとも、毛利氏の場合は多少事情が異なり、吉川元春や小早川隆景は当主である兄隆元や甥輝元《てるもと》に直接書状や起請文を出している。西国の大名は、東国に比して人的つながりを重視するとよくいわれ、東国の大名よりもおおらかな側面があったのかもしれない。また武田氏や北条氏は滅亡してしまったため、本来なら存在した私信が失われただけかもしれない。ただし一般的には、家臣が大名に書状を出す際には、披露状を用いて大名側近に披露を依頼する形をとることが基本と考えたほうがよいだろう。

このように、書状を書く際には、どのような書札礼を用いるのが適当か、非常に気を遣うものであった。同じ大名家の中でも気を遣う必要があるのだから、他大名との外交となればなおさらである。書札礼に適っていない書状であれば、受け取りを拒絶されることもありえたのである。

したがって、戦国大名同士が初めて外交書状を交わす際には、とりわけ慎重を期す必要があった。永禄一二（一五六九）年に長年宿敵関係にあった上杉《うえすぎ》・北条両氏が同盟を結んだ際には、最初に書札礼をどうするかが話し合われている（『歴代古案』『戦国遺文後北条氏編』一三七二号）。その後、北条氏康・氏政が上杉謙信《けんしん》に書状を送る際には「山内殿《やまのうち》」と記しているから、この点が取り決められたのであろう。これは北条父子が、上杉謙信が山内上杉氏の家督継承者であることを承認したことを意味しており、政治的にも重要なことであった。

上杉謙信の側も、それまで「北条」名字継承を認めず、旧姓の「伊勢《いせ》」で呼び続けていたのを「北条相模守殿」「北条左京大夫殿」と書き記すように変わるから、こちらも氏康・氏政の北条名字使用を承認したことがわかる。なお先ほど説明した書札礼の観点からみた場合、北条氏のほうが丁寧な書式を用いている。これは北条氏が謙信の関東管領《かんとうかんれい》就任を承認し、謙信を尊重する姿勢を取ることになったためであろう。

また武田信玄との関係が悪化した今川氏真《いまがわうじざね》は、信玄に同盟破棄を宣告された場合に備えて、上杉謙信に密書を繰り返し送って、同盟交渉を行っていた。ところが、元亀元（一五七〇）年になって、突然謙信が返事を返してくれなくなった。困惑した氏真が内々に問い合わせをしたところ、「書札礼に適っていない書状だ」と上杉家では受け止められており、それが返書が来ない理由である、ということを教えられた。驚いた氏真は、謙信の側近である山吉豊守《やまよしとよもり》に書状を送って、交渉の仕切り直しを試みている（『歴代古案』『戦国遺文今川氏編』二二四三号）。

上杉謙信が「書礼慮外」と判断したのは何故だろうか。氏真は「この一両年は問題がなかったのに……」とこぼしているから、従来と同じ書札礼で書状を送っていたはずである。それが突如問題になったのは、今川氏真が武田・徳川氏に領国を追われ、北条氏のもとに身を寄せた結果と考えられている。つまり今川氏真は、大名の家格から転落し、上杉謙信にとって対等な外交相手ではなくなっていた。しかし氏真はそうした自己認識を欠いており、対等な書札礼で書状を送り続けた。ところがその書札礼は上杉氏にとって許容できるものではなく、書状の受け取りそのものが拒絶されたのである。書札礼の選択は、外交そのものを左右する重要な問題であったといえる。

料紙の使い方

外交文書の場合、料紙《りょうし》の使い方にも特徴があった。そのまま竪紙《たてがみ》（全紙《ぜんし》、漉《す》いた紙を一般的な大きさに裁断した元の状態のままのもの）を用いる場合もあるが、切紙《きりがみ》とよばれる横に長い料紙が用いられることが多かった。切紙とは竪紙を横半分に切って用いた紙の使い方である。これは、多くの時代を通じて使われた、一般的な書状の料紙であった。なお、竪紙の大きさは時代によって変遷するが、さしあたっては習字で使う半紙《はんし》を想起して欲しい。半紙は、竪紙を縦半分に裁断したものである。現在の半紙のサイズは縦三五×横二五センチメートルだから、それを横に二枚並べた横長の紙が竪紙となる。洋紙でいうと、A3サイズよりも一回り大きい。ただしこれは現在の規格化された紙の話である。戦国時代に流通した紙の大きさは多様であり、五センチ以上の誤差が出るし、横五〇センチともなればかなり大きい。したがって、切紙の縦の長さは一五～二〇センチくらいとなることが多い。

ただ、戦国期の東国では竪切紙《たてきりがみ》で外交書状を送ることが一部で流行した。竪切紙とは名前の通り、竪紙を縦に切る紙の用い方で、当然ながら縦長の紙となる。横幅は様々で一定しない。そのうえ東国においては、竪紙や竪切紙の書状は、独特な畳み方をする場合があった。通常、竪紙や切紙を折り畳む場合は、最初に横に一折れ畳んだ後、奥からくるくると巻いていき、最後に上から潰して平らにするという形を取る。ところが東国の竪紙や竪切紙の書状は、まず文字が記された面を内側にして、下側から折り畳むことがしばしばみられる。場合によっては、上側からも畳んで、三つ折りにした。そうして畳んだうえで、今度はそれを左右に半分に折る行為を繰り返して、畳んでいくのである。このような折り方を横内折《よこのうちおり》と呼んでいる。東国で流行した、独特の紙の用い方であった。

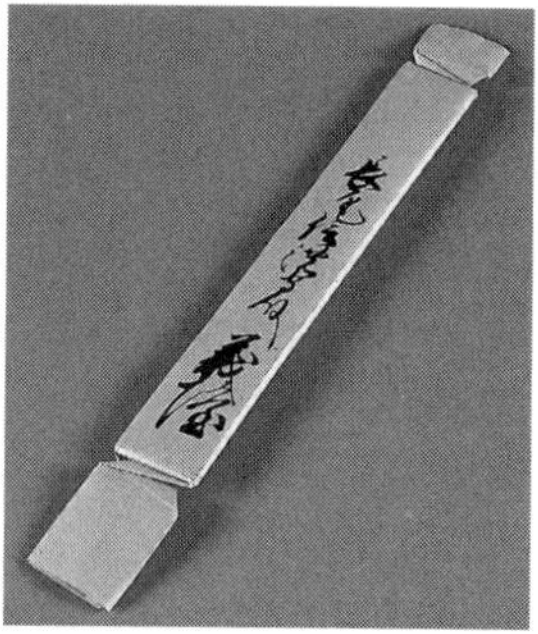

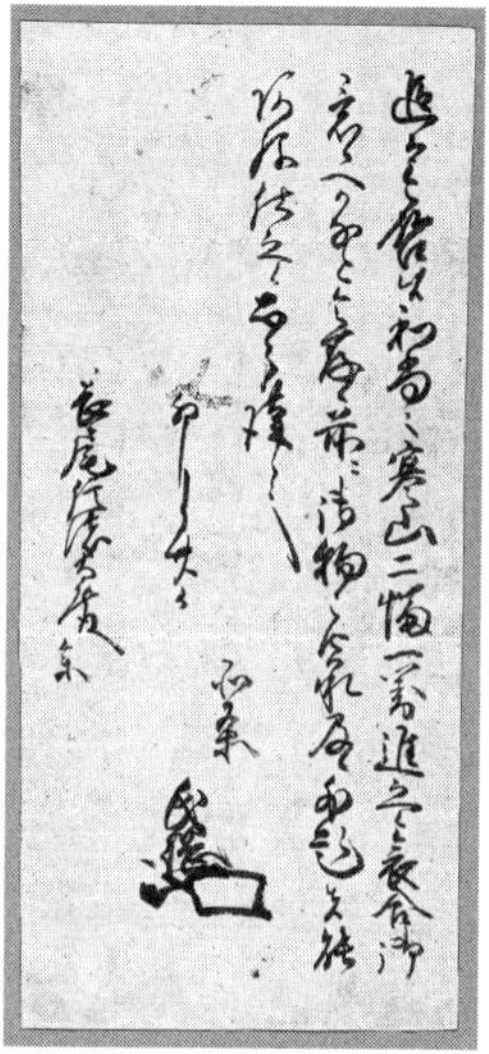

捻封の例（右・「大内義隆書状」米沢市上杉博物館蔵）
竪切紙の例（左・「北条氏綱書状」同館蔵）　長尾為景（上杉謙信の父）に宛てた書状で、花押の墨が日付の上に墨移りしており、下から折り畳んだ様子がわかる（横内折）

また、外交書状は特に丁重なものである。このため、料紙にも通常用いられる楮紙《ちょし》（楮《こうぞ》を原料とした紙で、中世ではもっとも一般的な和紙）ではなく、斐紙《ひし》（雁皮《がんぴ》を原料とした和紙）が用いられることがしばしばあった。上質な斐紙は「鳥《とり》の子《こ》」と呼ばれる。これは鳥の卵の殻に似た色をしたことからつけられた名である。斐紙は、楮紙と比べて光沢があり、高級紙として珍重されたのである。ただし東国では原料となる雁皮が産出されず、入手が難しかったといわれ、三椏紙《みつまたし》（椏紙《あし》）で代用されることがしばしばあった。三椏とは原料となる木の枝が三つに分かれて育つことからつけられた名で、これを材料として漉いた和紙は、ある程度光沢をもった紙となった。このため、斐紙の代用品として使われたらしい。なお、三椏は現在紙幣に使われているため、手にしたことがない人はいないだろう。

このように、戦国大名は外交文書を送る際に、その料紙にも気を遣ったのである。

外交書状は、折封《おりふう》（上下を折り畳んで封をする形の懸紙《かけがみ》で、[補註13]いわば封筒の先祖）に入れて送られることが多い。その場合、書状の本紙は切封《きりふう》（料紙の袖下部に切り込みをいれて、その切れ端を書状をしばる紐として用いる形式）で封印し、折封の懸紙に収める形がしばしばとられた。なお特に西国では、捻封《ひねりふう》の懸紙を多く確認できる。これは懸紙の上下を捻るように折って封をする封式である。毛利元就自筆の書札礼覚をみると、将軍ならびに諸大名への書状には捻封を用いろと記されている（「毛利家文書」『大日本古文書家わけ 毛利家文書』六一九号）。どうやら捻封は、折封よりも丁重な封式と認識されていたらしい。たしかに将軍御内書や戦国大名書状と、その副状《そえじょう》の封式を確認すると、将軍御内書・大名書状には折封、家臣の副状には捻封が用いられている事例がある。身分の低い家臣が捻封を用いているのだから、捻封は丁寧な封式とみてよいだろう。

封をする際には、懸紙の表側に宛所と差し出し側の実名を、裏側に差し出し側の名字と通称を記すこと（「裏書《うらがき》」という）を基本とする（裏書は名字だけの場合もある）。特に将軍宛てに書状を出す際にはこの形式を踏まねばならないが、裏書を記さなくてもよいという特権が将軍から与えられることがあった。これを「裏書御免《うらがきごめん》」といい、大名の家格の高さを示す栄典《えいてん》であった。

もうひとつ、あまり事例は多くないが、戦国大名の用いた封式として、「糊付《のりつけ》」とよばれるものがある。これは文字通り書状の本紙に糊をつけ、封をしたものである。開封時に料紙を切り裂いてしまうため、文書の奥（左端）に四角い欠損ができるという特徴を持つ。内容を秘匿するために用いられることがあったようだが、特に機密性の高い書状でなくても用いられた事例がいくつかあり、まだその目的はよくわかっていない。

2　取次書状の作られ方

取次の設定と外交書状の組み合わせ

このように、外交書状を出す際には、様々な作法や手続きが存在した。そのひとつが、第一章で述べた、交渉相手ごとに取次という交渉責任者を設定することである。取次は、一種の外交官であった。ただし、注意したいのは、彼らは現在の外交官とは異なり、側近・家老といった役職の一環として、取次を務めているということである。つまり取次という役割は、彼らの仕事の一部に過ぎない。

戦国大名の外交は、外交官たる取次を双方が設定して、取次同士で折衝を行ったうえで、話が進められるのが基本であった。そして書状をやりとりする際には、取次が大名の書状に副状（添状）を付すことが原則であった。というよりも、大名の書状に、担当取次の副状が付されていないと正規の外交文書と認められなかったのである。戦国大名の外交文書は、①政治向きの用件を記した書状、②贈答儀礼を記した書状（①②は一通にまとめて書かれることもある）、③交渉案件を一つ書《ひと》で列記《がき》した「条目《じょうもく》」「手日記《てにっき》」と呼ばれる文書、④取次の副状、でひとつのまとまりをなすことが多い。このように、外交文書というものは、複数の文書が組み合わさってはじめて機能するという特徴を持つ。

①②④の書き出しは、今と違って時候の挨拶はあまり記さず、お互いの近況報告から始まることが多い。ただし、相手に対して初めて出した書状の場合は、「未《いま》だ申し通《つう》ぜず候と雖《いえど》も」（今までご挨拶したことはありませんが）といった文言で書き始めることを基本とする。また、自身で使者を仕立てた書状の場合は「態《わざ》と啓《けい》せしめ候」などと書き始める。「態と」というのは、一見するとおしつけがましい語感に感じるが、こちら側で使節を仕立てましたよ、という程度のニュアンスである。あるいは「幸便《こうびん》に候条、啓せしめ候」などと始まる書状もある。これはよく誤解されるが、「嬉しい便りがあって……」という意味ではない。「幸いにもそちらに赴く者がいますので、その者に書状を託します」という意味である。つまり書状を運ぶ使者を自前で用意するのではなく、別件で赴く人に書状を預けるというもので、いつその書状が届くかすらわからない、鷹揚《おうよう》な方法といえる。

一番多いのは、相手の使者に返書を託す事例で、その旨を記した文言から書き始められる。この場合、相手から来た書状の内容を要約して書き記すことが多い。「……というお話でしたが、喜ばしいことです」などという文章が続くのである。こうした文章を経て、本題に入るのが一般的である。

③の「条目」「手日記」と呼ばれる文書形式は、交渉内容について一つ書と呼ばれる箇条書きで列記したものである。一つ書というのは一文ごとの冒頭に「一」と付すことから来ている。現在であれば、「一、二、三、……」と数字を増やしていくものだが、中近世においては、「一」だけを繰り返し用いた。読みは、「ひとつ」である。だから一つ書という。

条目には、詳しい内容は書かれないことが多い。ようするに交渉に際する備忘用に、協議事項を列記したメモのようなものと思ってもらえばよい。詳しい内容は、後述するように使者が口頭で申し述べるのである。なおあまり多いことではないが、条目は返事が書き込まれて返されることがあったらしい。天正九（一五八一）年五月、上杉景勝《かげかつ》が会津《あいづ》の蘆名《あしな》氏に送った条目の写には、なぜか日付の下に蘆名氏の黒印が捺され、上杉家に伝わっている（「上杉家文書」『上越市史』別編二二一三号）。当たり前のことだが、上杉景勝が蘆名氏の印判を入手できたわけはない。おそらくこれは、蘆名氏が条目の内容を了承したという意味を籠めて印判を捺した写を作成し、上杉氏のもとに返送したのであろう。同様に、天正一〇年一〇月の第二次相遠《そうえん》同盟に際し、徳川家康が北条氏政に送った条目には、一つ書ごとに合点《がってん》（斜めに線を引いた墨書）が付されている。これは氏政がこの項目を了承したという意味であろう。さらに使者として派遣された徳川家臣井伊直政《いいなおまさ》は、北条氏政の回答と取次である北条氏《うじ》規《のり》の要望を条目に書き込んで、家康のもとに持ち帰っている（「木俣家文書」『神奈川県史』資料編3下八八〇四号）。

外交書状には花押《かおう》を据えるのが普通で、一部地域を除き[補註14]、戦国時代に流行した印判は用いない。ただし条目だけは例外で、印判を用いても問題はなかった。これを逆手にとったとみられるのが織田信長《おだのぶなが》で、一つ書の内容が書状と変わらないような長文の条目を作成し、「天《てん》下布武《かふぶ》」印判を押捺して他大名に送っている。信長は徐々に花押を用いなくなるから、条目という文書様式を活用することで、外交文書にも印判の導入を図ったと考えられる。なお、信長はそのうち通常の外交書状にも花押を用いず、印判を押捺するようになっていく。これは中央政権の主宰者としての意識の表明として注目される。

④の取次の副状は、外交文書にはなくてはならないものであった。天正一六年に、北条氏の伊達《だて》氏担当取次北条氏照《うじてる》が、伊達氏側の取次片倉景綱《かたくらかげつな》に送った書状が興味深い（「片倉家文書」『戦国遺文後北条氏編』三三二〇五号）。

> このたび（伊達）政宗《まさむね》から、（北条）氏直《うじなお》へわざわざお手紙をいただきました。以前から定まっていたにもかかわらず、貴方の副状がありませんでした。（氏直が）一段と御心許なく思われていたところ、（貴方は）境目《さかいめ》に御在城で（留守で）あったとのことでした。ひとしお御苦労のいたりと存じます。今後は、貴国と当国が、無二に御入魂《じっこん》の関

係であるように、特別に御取り成しいただければと思います。こちらの戦争については、どんなことでも（伊達）政宗のお考え通りに行おうと思っております。そのため、お手紙をお送りしました。恐々謹言。

卯月十四日（天正一六年）　　氏照（北条）（花押）

片倉小十郎（景綱）殿　参

これによると、伊達政宗から北条氏直へ書状が送られてきたが、いざ書状を受け取ってみると、取次片倉景綱の副状がない。氏直が非常に不安に思っていたところ、境目（国境地帯）の城郭に在城していて不在であったため、副状が出せなかったという事情が判明し、安堵したという内容である。ここからは、戦国大名の外交文書には、取次の副状が不可欠であったことを確認できる。

一例として、武田勝頼が上杉景勝と結んだ甲越《こうえつ》同盟に際する武田勝頼書状写と、取次小山《おやま》田《だ》信茂《のぶしげ》の副状写をみてみよう（「杉原謙氏所蔵文書」『戦国遺文武田氏編』三〇三三号・『歴代古案』同三〇三〇号）。内容は、武田勝頼が仲介した上杉景勝と上杉景虎《かげとら》の和平の破綻を嘆いたものである。

珍しい書状をいただき、喜んでおります。承りましたように、去る夏以来、思いがけない経緯で申し談ずることとなり、本懐に思っています。（景虎との）和平のことは、様々諫言したのですが、双方に色々と思うところがあり、落着しませんでした。嘆かわしく存じます。（私の）帰陣以後、ますますお備《そな》えを堅固になさっているとのこと、大切なことです。上方《かみがた》の情勢は変わりなく、思い通りにいっておりますので、ご安心下さい。詳しくは小山田左衛門大夫《さえもんのたいふ》（信茂）から申させますので、細かい話は記しません。恐々謹言。

（天正六年）九月廿四日　（武田）勝頼

上杉弾正少弼殿（景勝）

貴方の書状を拝見いたしまして、過分の至りです。そこで（景虎との）和平のことを（勝頼が）様々意見なされましたが、双方に思うところがあり、落着しませんでした。（勝頼も）嘆かわしく思っておられます。（武田）勝頼の帰陣以後、御備えは堅固とのこと、肝心至極と存じます。当方も、上方の情勢はますます思い通りとなっておりますので、ご安心下さい。詳しくは御使者両名の口上に頼みましたので、細かい話は記さないということを御理解下さい。恐惶謹言。

（天正六年）九月廿三日　小山田左衛門大夫　信茂

（上杉景勝）春日山　貴報人々御中

これが、大名の書状と、取次の副状の組み合わせである。まず大名書状の末尾に、「猶《なお》○○申すべく候」「委曲《いきょく》○○申すべく候」といった文言が記される。「詳しくは○○から伝えます」という意味である。この○○に入るのが取次の名前であり、ここでは小山田信茂である。この文言を、筆者は「取次文言」と呼んでいる。よく勘違いされるが、取次文言に記された人物は使者として赴くわけではない。たまに使者の名前が記される場合もあるが、多くは副状を発給する取次の名前が記される。

このように、外交書状は「詳細は取次（または使者）から伝えるのでこの書状には記しません」といった言葉で結ばれることが多い。そして最終的には、交渉の詳細は使者が口頭で伝えるのである。このため、外交の使者には機転が利き、弁舌に優れた人物が選ばれた。領国内寺院の僧侶が使僧《しそう》として派遣されることが多い理由のひとつは、ここにある。もっとも、必ずしも適任者がいるわけではない。使者が「脚力《きゃくりき》」「飛脚」などと書かれている場合は、身分の低い人物である。

『御内書要文《ようぶん》』という史料によると、将軍御内書に「□□差し下し候、○○申すべく候也」（使者として□□を派遣する、副状は○○が出す）という文言が入るようになったのは、「近年」つまり戦国初期のことで、もともとは使者の名前しか記さなかったのが、副状発給者の名前も記すように変化したという。だいたい一一代将軍足利義澄《よしずみ》期（在位一四九四～一五〇八）が該当するらしい。つまり副状発給者を明記して書状を出す、という発想そのものが、戦国期に生じた考えなのである。最初に将軍御内書に生じた変化が、戦国大名の外交文書に波及したと考えられる。

勝頼書状と小山田信茂副状を比較すると、書かれている内容に大差はなく、いささか拍子抜けしてしまう。これはひとつには、詳細は書状には記さず、使者の口頭伝達に任されることが多いためである。それでも戦国大名の外交文書には、取次の副状の存在が不可欠であった。副状にどのような内容が書かれているかではなく、取次が副状を付しているという事実のほうが重要なのである。つまり取次の副状なくして、外交文書は成りたたないものであったといえる。

極端な例として、天文二一（一五五二）年に細川晴元《ほそかわはるもと》が長尾景虎《ながおかげとら》（上杉謙信）に送った書状をみてみよう。細川晴元書状は四月八日付で作成されている（「上杉家文書」『上越市史』別編六〇号）。ところが、波々伯部《ほうかべ》宗徹《そうてつ》の副状が作成されたのはなんと二ヵ月後の六月一三日であった（同前七八・七九号）。このため、使者は副状が執筆されるまで出立することはなく、書状が届けられたのは六月二八日のことであった。外交文書において、副状が不可欠であることを教えてくれる事例である。

前掲書状の書札礼をみると、明らかに小山田信茂のほうが丁寧な書式（小路名）を用いている。これは当然の話で、武田家宿老《しゅくろう》の小山田信茂が、大名である上杉景勝に書状を出す場合には、厚礼な書式を用いるのである。なお、甲越同盟の取次は、他に勝頼側近である跡部勝資《かつすけ》と長坂光堅《ながさかこうけん》（釣閑斎《ちょうかんさい》）が務めている。彼らは側近に過ぎないから、宿老である小山田信茂よりもさらに厚礼な書札礼を用いた。具体的には、家臣宛ての披露状を出すことが基本であったのである。

なお、この際宿老である小山田信茂と、側近である跡部勝資・長坂光堅が取次を務めている点に注目してもらいたい。これは同時期に結ばれた佐竹義重《よししげ》との同盟でも同様である。武田氏と佐竹氏の同盟を、筆者は「甲佐《こうさ》同盟」と呼んでいる。「甲佐」というのはいささか奇妙な表現だが、史料用語である。第一章で述べたように、戦国大名は国の名前の一字をとった略称で呼ばれることが一般的である。しかし北関東から東北においては、名字から一字をとって略称に用いることが慣例化していた。したがって、武田氏の略称が「甲」であるのに対し、佐竹氏の略称は「佐」なのである。史料上両国は「甲佐」と呼ばれているため、甲佐同盟と命名された。この甲佐同盟における取次も、一門武田信豊《のぶとよ》（勝頼の従兄弟）と側近跡部勝資が務めている。

このように、一門・宿老格の重臣と、当主側近がペアを組んで取次を務めるというのが、武田氏外交のひとつの特徴であった。なぜこのような事態が生じたのか。この理由は、次章で検討する。

「二重外交」への危惧

さて、このように戦国大名の外交とは、取次が間に介在して交渉を進めるものであった。しかしここでひとつの疑問が湧く。現代でも、国会議員による外交が、「二重外交」などと批判を浴びることはよくある。つまり、首相官邸や外務省とは別個に、議員外交が行われるという事態が、外交交渉を混乱させる、という批判である。そこで、取次の書状は常に戦国大名の意図に沿ったものなのか、という疑問が生じるのである。

こうした懸念は、戦国大名も抱いていたし、現実に外交問題に発展することもあった。永禄一三（一五七〇）年正月、越相同盟に際して北条氏側の取次遠山康光《やすみつ》は上杉氏側の取次山吉豊守に必死の弁解をしていた（「上杉家文書」『戦国遺文後北条氏編』一三七六号）。

山吉の書状は、同盟に際して行われた国分《くにわけ》（領土協定）について、「前切《まえぎり》」（以前の状態に遡って国境を定める）にすることを北条氏側から申し出たはずなのに、まったく履行されないと違約を責めたものであったらしい。それが、上杉謙信が武田領攻撃を中止した理由であるという。

しかし遠山康光が確認したところ、北条氏康・氏政ともにそのように申し入れたおぼえはないという。当然、康光もそのような申し出はしていない。康光は念のため、もうひとりの取次である北条氏邦《うじくに》に尋ねたところ、やはりそのようなことは申し入れていない、という返事であった。

ここで注目されるのは、越相間で生じた同盟条件の認識相違に際し、取次である北条氏邦が大名の意向と食い違った発言をしていないか、確認が行われたということである。北条氏邦は、武蔵鉢形《はちがた》（埼玉県寄居町）城主であり、普段は本拠地小田原《おだわら》には在城していない。そうしたことが発言内容の確認を必要とした一因なのだろう。大名からすれば、取次は常に大名の意向に沿って動くとは限らない。外交相手の意向を汲んだ動きをしてしまう危険性を孕《はら》んだ存在であった。

特に越相同盟に際しては、国分をどこで行うかをめぐって紛糾した。上杉謙信は、永禄三年の上杉氏最大勢力時（謙信がはじめて本格的な関東出陣をし、翌四年に小田原包囲を成功させた時点）を基準とするよう主張し、上野《こうずけ》に加えて北武蔵の一部まで割譲せよと求めた。これに対し、北条側は武蔵は伊豆・相模《さがみ》同様に自力《じりき》で獲得した国であると難色を示した末、武蔵の部分割譲で決着したはずであった。それが蒸し返されたのである。

このような重要案件で、もし取次が上杉方の意向に沿ったような「失言」をしていては一大事である。それでわざわざ遠山康光は、鉢形に使者を送って北条氏邦に事実関係を糺《ただ》したのである。おそらく実際には、上杉謙信が武田領攻撃を避けるために行った外交上の駆け引きである可能性が高いのだが、北条氏としては無下《むげ》に扱うわけにはいかなかったといえる。

同じ右筆が書いた外交文書

このような危険性があるため、外交書状の作成には一定の配慮が払われていた。たとえば、天正七年に結ばれた甲佐同盟に際して、武田側が出した書状を比べてみると面白いことがわかる。天正八年八月一六日、武田勝頼は北条氏に対する「手合《てあわせ》」（軍事協力）について協議するため、佐竹義重に書状を送った（「千秋文庫所蔵文書」『戦国遺文武田氏編』三四〇四号）。この時の交渉では、同じ八月一六日付で取次跡部勝資が佐竹氏側の取次佐竹義久《よしひさ》に、一九日付で取次武田信豊が佐竹義重に副状を送っている（「奈良家文書」同三四〇五

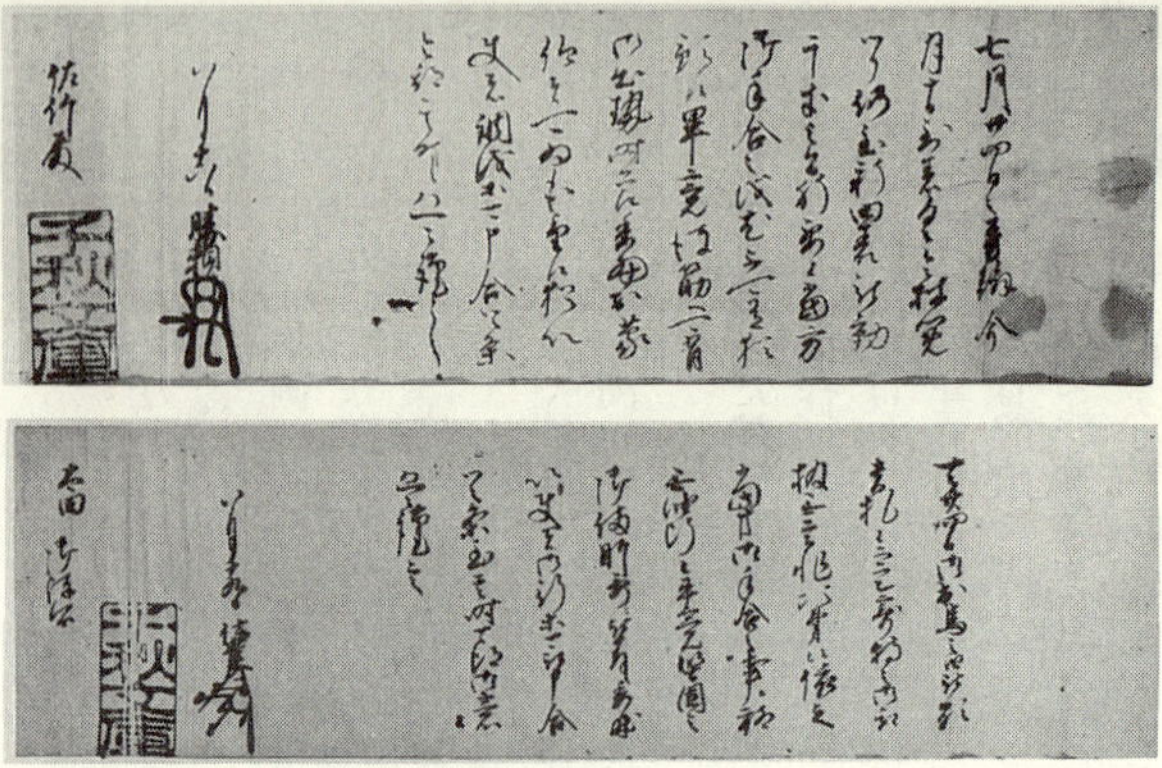

武田勝頼書状（上）と武田信豊書状（副状）（下）（ともに千秋文庫蔵）
いずれも切紙である

号・「千秋文庫所蔵文書」同三四〇八号）。武田信豊の副状は三日ずれているが、おそらく三通とも同じ使者が携帯して佐竹氏のもとへ運んだのであろう。つまり勝頼の使者は、一九日以降に出発したものと考えられる。武田信豊の副状だけ日付が遅れているのは、勝頼とは別の場所に出陣していたためであろう。

ここで注目したいのは、この三通の筆跡である。実はこの三通の書状は、日付がずれている信豊副状も含め、すべて同じ右筆《ゆうひつ》が記している。筆跡を確認すると、武田氏の右筆の一人であるとわかる。つまり勝頼書状だけではなく、取次の副状まで勝頼の右筆が執筆しているのである。側近である跡部勝資はまだしも、一門として別に家を構えている武田信豊まで勝頼の右筆に副状を書かせているのはどうしたことだろうか。

武田信豊が、勝頼の右筆に副状を書かせ

た、というのは正確な表現ではないだろう。おそらく実際の手順はこうであったと思われる。まず、勝頼と側近跡部勝資が話し合って、佐竹氏に送る書状の文案を考えた。そこで、勝頼の右筆に命じて、勝頼書状と跡部勝資副状を執筆させた。そのうえで、武田信豊副状まで作成してしまい、信豊には花押を据えること（つまりサインすること）だけを求めたのである。信豊が到着した時点で、既に信豊副状に何が書かれるかは決まっていた――このように考えるしかない。

こうなってくると、取次の副状には、存在が不可欠というだけではない、別の視点を持つことが必要になってくる。つまり取次に求められている最大の役割とは、「取次がこの案件に賛同し、大名と同じ意見をもっていること」を示すことだ、というものである。これは言い換えれば、取次が大名の発言を保証するということになる。

取次は、積極的に交渉を主導する場合もたしかに存在するのだが、時と場合によっては、大名の主張をそのまま書面化して、その信頼性を保証する場合もあったといえる。実際、取次の副状には大筋で大名の書状と同じ内容が記されることがしばしばみられる。もちろん、大名の書状よりも詳しいことも少なくないし、取次が独自に書状を出す場合もあることは、本書において詳しくみていくが、大名の意向を踏まえて外交書状を作成する場合もある、ということなのである。

外交書状の内容指示

以上を踏まえたうえで、取次の外交書状がどのように作られるか、いくつかの事例を検討してみよう。まず取り上げるのは、北条氏直と徳川家康の第二次相遠同盟である。ここで隠《いん》居《きょ》の北条氏政が、弟の北条氏規に出した書状を検討してみたい（『秋田藩家蔵文書』『戦国遺文後北条氏編』二九五一号）。

（徳川）家康へは、あれ以来長いこと書状を送っていませんので、このたび一筆申し入れることにしました。あまり手紙だけというのはどうかと思い、珍しい物ではありませんが、江川《えがわ》（伊豆の酒）と白鳥を贈るように、貴方に御頼み申します。御苦労とは思いますが、使者を一人、有能な人物の手配を御願いします。一、十郎《じゅうろう》（北条氏房《うじふさ》）の所へ以前（家康から）御書状がありました。（氏房から）「使者を派遣して御礼を言ったほうがよいでしょうか」と尋ねてきましたので、「使者は無用です。あなたも忙しいでしょう。わたしも出陣で慌ただしく、しかるべき使者がいません。「一騎合《いっきあい》」のような者では失礼かと思います。私は、濃州《じょうしゅう》（北条氏規）に依頼することにします」とこのように申し付けました。そうしたところ（氏房から）、馬と鷹を送ってきました。書状については、（氏房から）「判紙《はんがみ》」を送ってきましたので、私がこちらで書いておきました。書状の内容は、「はじめてご挨拶申し上げます。（そちらさまに贈るのに）丁度よい馬と鷹がありません。何とかお贈りできたのは、以前贈ったものと似たようなものですが、このような事情ですのでいたしかたありません」というものです。（徳川家臣の）朝弥（朝比《あさひ》奈《な》泰勝《やすかつ》）のところまで、貴殿が一筆書き送って、内々に「使者を派遣して十郎（氏房）が自分で御礼を申し上げるべきところですが、取りこんでいる時期に大した用件がないのにそれはどうかということで、今回は濃州（氏規）に頼むということですので、このようになりました」と仰って下さい。鷹匠と馬牽きは十郎（氏房）のところの者です。
一、松玄（松平家清《まつだいらいえきよ》）に先日のお手紙は祝着、とこのたび書き送ります。あちらのお好みのまま、江川と白鳥など一組を贈ることにしました。このことを御心得になって、御伝達をお任せします。

氏政（北条）（花押影）

卯月廿四日（天正一四年カ）

濃州（北条氏規）参

書状を送られた北条氏規は、徳川氏に対する取次である。まず北条氏政は、徳川家康に進物を贈るので、有能な使者（「宰料同前之者」）を手配して欲しいと頼んでいる。ここまでは珍しくはない。

その次が興味深い。北条氏政の子氏房（武蔵岩付《いわつき》城主、埼玉県さいたま市）から氏政に来た問い合わせと、それに対する氏政の返答が記されている。それによると、徳川家康が北条氏房に書状を送ってきたらしい。氏房はまだ若い。自分でどうしたらよいか判断ができず、父親である氏政に「使者を派遣して御礼を言ったほうがよいでしょうか」と問い合わせたのだという。それに対し氏政は、氏房自身が使者を派遣する必要はない。自分も出陣間際で忙しく、使者に相応しい人間がいないため、使者を送れない、と回答したと述べている。ここで出てくる「一騎合」とは、出陣に際し、馬に乗った本人と、従者一人の二人組みで参陣する武士を指す。つまり、北条氏の家臣のなかでも、かなり身分が低い人物である。そうした者しか手の空いているものがいないが、それでは徳川家康に失礼なので、北条氏規に使者の準備を依頼することにする、と氏房に返答したのだという。冒頭で、氏規に有能な使者を手配して欲しいと言ったのは、どうやらこのためであるらしい。

　そのように父氏政から言われた北条氏房は、さすがに何もしないのはまずいと思ったのだろう。氏政のところに家康に贈る馬と鷹を送ってきたという。

　さて、問題となるのは氏房の返書である。まさか若くて右も左もわからないうえ、忙しいから返事を出さないことにする、というわけにはいかない。これでは家康に対してもっと失礼なことになる。当然、返事は出すのである。問題は誰が書くかであって、ここで「「判紙」を送ってきましたので、私がこちらで書いておきました」という一文に注目して欲しい。「判紙」（はんがみ・はんし）というのは、白紙の紙に花押だけを据えた文書を指す。つまり本文は何も書かずに、サインだけを済ませておいて、書く内容は送った相手に白紙委任するというものである。

　戦国大名の外交では、この判紙が用いられることがあった。永禄八年に上杉謙信は河田《かわだ》長《なが》親《ちか》に判紙二〇枚を送り、上野厩橋《まやばし》（群馬県前橋市）城代《じょうだい》北条高広《きたじょうたかひろ》と相談して、関東の国衆との外交に適宜使用するよう委任している（「五十嵐弘氏所蔵文書」『上越市史』別編四六四号）。上杉謙信は、側近でもある河田長親を深く信頼し、河田なら不用意な行動を取らないと判断したのであろう。いずれにせよ、相当な信頼関係がない限り使用されることはないものである。もっとも、今回のケースでは息子が父親に頼んでいるうえ、ただの礼状なので問題はない。

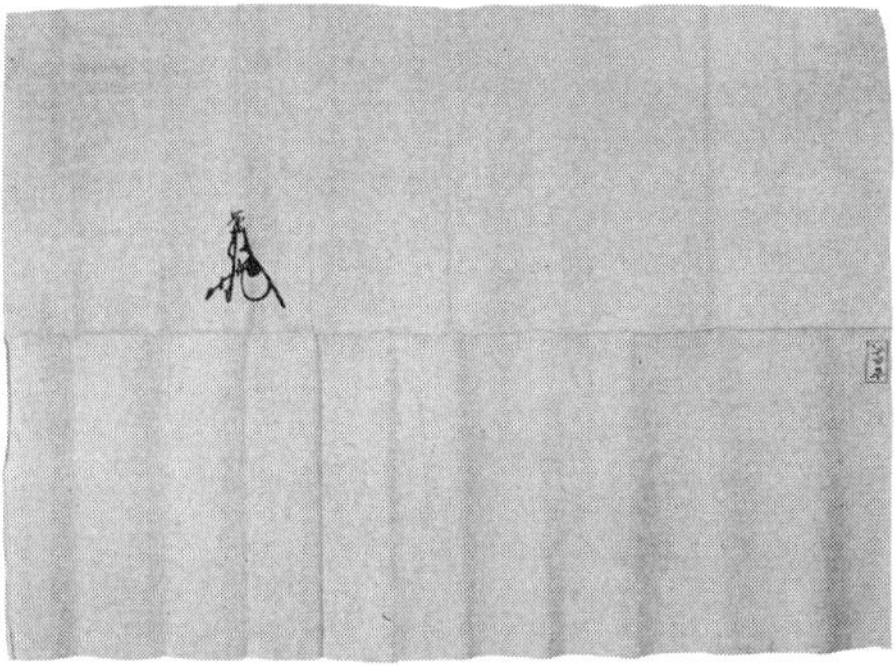
判紙の例　真田昌幸の署判と花押のみが折紙の末尾に記されている（真田宝物館蔵「真田家文書」）

　判紙を受け取った北条氏政が、氏房の書状を代わりに書いてあげることとなった。もちろん、書くのは右筆であるが、文案を氏政が考えるのである。それが「はじめてご挨拶申し上げます」に始まる文章である。これを花押の位置がちゃんと日付の下に来るようにうまく右筆が行間を調整した書状を仕上げ、北条氏政代理作成の北条氏房書状ができあがったという次第である。

　はじめて手紙を送るのに「以前と同じような馬と鷹で」と断っているのは変な話だが、ようするに氏政が贈ったことのある馬・鷹と似たようなものを氏房が用意したらしい（おそらく産地が同じなのであろう）。氏房がもし自分で書状を書いていたら、父がどのような馬や鷹を贈ったことがあるか知るわけはない。ただ、徳川方が「前と似たような馬と鷹が贈られてきたな」と思う可能性があるので、氏政は右筆にそう書かせてしまったのである。これでは、氏房が書かせたものではないとばれてしまうのではと思うが、判紙を使う事例は多くはないので、氏政も筆が滑ったのであろう。

氏政は続けて、徳川家康の家臣で、使者として往来している「朝弥」に書状を送るよう氏規に指示している。「朝弥」というのは、「朝比奈弥太郎《やたろう》泰勝」という人物の略称である。中近世社会では、名字と通称の最初の一字をとって、名前を省略表記することがしばしば行われた。今でいえば、俳優の木村拓哉を「キムタク」、松本潤を「松潤」と呼ぶようなものである。

注目されるのはその次の文章で、朝比奈宛ての書状に書いて欲しい内容を記している。つまり、本来なら氏房が自分で使者を派遣して御礼を述べるのが筋だが、取りこんでいるため氏規に使者派遣を任せることになった、という経緯を内々に伝えておいて欲しい、というのである。家康に失礼と思われないようにという配慮だが、氏規が書くべき内容があらかじめ指示されている。つまり北条氏規は、この氏政書状を読んで、朝比奈泰勝宛ての書状を書くことになるのである。

これは最後に書かれた松平家清宛ての書状についても同様で、氏政はこういう内容の礼状を書いたので、氏規からも一筆書き送って欲しいと頼んでいる。これは単なる贈答儀礼に関するものだから、詳しい文案までは書いていない。副状の作成を指示するだけで済ませている。それで、氏規ならきちんとした副状を作ってくれるだろうと氏政は考えたわけだ。

この氏政書状を受け取った氏規は、指示を踏まえて、朝比奈泰勝宛て書状、松平家清宛て副状を作成したはずである。家康宛ての副状も作成したと思われるが、その点に関する指示はない。氏政は、はじめての返書となる北条氏房書状について、家康に失礼が生じないよう、氏規に内々に話を通しておくよう依頼し、かつそこでどのような内容を書き記すか、詳細な指示をしたのである。松平家清宛て書状についても、わざわざ言及しているからには、あまりやりとりがない相手であったのだろう。

取次に対する副状作成案提示

このように、大名はトラブルが起きる可能性がある案件については、取次に対してどのような書状を作成するか、詳細に指示することがあったといえる。

同様の事例は、他でも確認できる（東京大学所蔵「白川家文書」『戦国遺文後北条氏編』五〇七号）。

白川《しらかわ》（晴綱《はるつな》）より書状が到来しましたので、ただちに返事を書きました。「案文《あんもん》」を御覧になって、貴方の返書の内容を考えて送って下さい。佐竹（義昭《よしあき》）と、当方が交流を持つなどありえません。（常陸という）遠国《おんごく》から使者を送ってきたので、一度だけ書状を返したに過ぎません。（佐竹と北条が）縁近くなる関係を取り結ぶなど、思いもよらないことです。白川方（晴綱）については、（同盟国の）結城方《ゆうき》（政勝《まさかつ》）が非常に親しくされている相手ですので、他の者とは一緒にできません（特別な関係です）。おおよそこのように御理解下さい、と書き送って下さい。恐々謹言。

三月十七日（弘治元年）　　氏康（北条）（花押）

左衛門大夫殿（北条綱成）

北条氏康が陸奥《むつ》国衆白川結城晴綱に返書を送るにあたって、担当取次の北条綱成《つなしげ》に出した書状である。文中「「案文」を御覧になって」という部分がある。「案文」にはいくつか意味があるが、ここでは「写」というニュアンスである。つまり、北条氏康が白川晴綱に送る書状の写をよく読んで、という意味になる。北条氏と白川結城氏は友好関係にあり、取次を北条一門の北条綱成が担当していた。当然、氏康書状には、取次である北条綱成の副状が必要になる。

ところがこの時の交渉は、非常に込み入った案件であった。佐竹義昭と北条氏康が同盟を結んだという噂が、白川結城氏のもとに届いていたらしい。白川結城氏と佐竹氏は、しばしば南陸奥で軍事衝突を繰り返していた。その佐竹氏が北条氏康と手を組んだという話を聞いた白川晴綱は、驚いて北条氏康に事情を問い質したのである。それで北条氏康は弁明の書状を送ることとなった。つまり、佐竹義昭から使者が来たことは間違いない。氏康としては佐竹氏と友好関係を結ぶつもりはないが、遠方からの使いを追い返すのも失礼なので、一回だけと思って挨拶したのだという。

この問題に、北条氏康は相当気を遣っていたらしい。取次北条綱成に、自分の返書の写を読んで副状を書け、と指示しながら、その後に副状に書くべき内容を書いてしまっている。これでは二度手間であるが、そこまでしなければならないほど、氏康は神経質になっていた。北条綱成は、相模玉縄《たまなわ》（神奈川県鎌倉市）城主として小田原不在の人間である。したがって、どのような返書を書くか、氏康は確認できない。そこで自分の書状の写を見せ、かつ本文中で指示を加えることで、綱成が作成する副状の内容をコントロールしようとしたのである。氏康からみれば、綱成は取次として独自に白川結城氏と関係を構築しており、内々の話をしかねない存在と映っていたのだろう。

氏康から指示を受けた北条綱成は、どのような副状を作成したのか（東京大学所蔵「白川家文書」『戦国遺文後北条氏編』五一三号）。

仰せのように、先日以来遠路のため、おりおりの挨拶もしておりませんでした。わかっていながらも、無沙汰の至りです。さて、去年の夏、唐人《からひと》が（小田原まで）やって来た際に、お便りに預かりました。彼はこの春（白川へ）下向しましたので、書状を預けました。きっと届いていることと存じます。そうしたところ、再び脚力を派遣されて、御考えを仰せ越されて下さいました。詳しく（北条）氏康に伝達いたしました。そこで佐竹方（義昭）のことですが、小田原と縁近くなっているという話を承りました。努々《ゆめゆめ》そのようなことはない案件です。決して、私が虚言を弄するなどということはありません。あの方面のことは、脚力に口頭でお伝えしました。そこで、（佐竹氏の本国である）常陸に対し、この夏中に、氏康が攻撃を加えたらどうか、というお話を伺いました。（氏康は）結城政勝と（常陸国衆の）大掾方《だいじょう》（貞国《さだくに》）が行う戦争の援軍として、軍勢を派遣するお考えです。なお遠路であろうとも、おりおり氏康へ使者を派遣したいとのこと、私としても本望に存じます。さて、房州《ぼうしゅう》（里見氏）のことですが、特に問題はありません。何か変わったことがありましたら、書状をお送りします。詳しくは脚力に口頭でお話しさせますので、ここに書き記すことは致しません。恐々謹言。

北条左衛門大夫

綱成（花押）

（弘治元年）三月廿日

謹上　（晴綱）白川殿　御報

ここから、氏康が綱成に入念な指示をした経緯がはっきりする。白川晴綱の使者は、直接小田原を訪れたわけではなく、取次である北条綱成の居城玉縄を訪ねて、佐竹氏との関係を問い質したのである。これでは、綱成が何をいうかわからない。それで、氏康は入念な指示をくだしたのである。そうして作られたのがこの綱成副状ということになる。綱成は、氏康に指示された内容を書き記したばかりか、自分が嘘をいうわけはないと強調し、かつ結城政勝と大掾貞国が佐竹氏と戦う際に援軍を派遣する予定だ、という氏康の意向を書き加えている。この時氏康が白川結城氏に出した返書は残されていないが、関係書状からすると、氏康書状にも同様の内容が記されていたようである。いずれにせよ、氏康の意向を十分に汲み取った副状といえる。

外交書状の運ばれ方

もうひとつ、興味深い点がある。それは使者の往来のあり方である。白川晴綱との前回のやりとりは、去年の夏のことで、唐人つまり中国人が小田原を訪れた際に、晴綱が託した書状であった。この返書を、綱成はすぐには返していない。年が明け、春になって、唐人が再び陸奥に向かう時に、返書を託したというのである。随分と悠長な話だが、急ぎの用件ではなかったのであろう。

実は唐人に託したという綱成の返書が、東京大学所蔵「白川家文書」に残されている(『戦国遺文後北条氏編』五二三号)。それをみると、五月二六日付の白川晴綱の書状を、七月二二日に受け取ったという。そして、書状を受け取った七月二二日付で、返書を書いている。したがって綱成が去年の夏、といっているのは唐人が小田原に来た時期ではなく、白川晴綱書状の日付である(旧暦では夏は四月から六月を指す)。内容をみると、房総における戦況を報告するとともに、今後は結城政勝を通さずに直接自分に書状を送って欲しいなどとあるが、たしかに急ぎのものではない。そして七月二二日付で書状を書いておいて――そのまま唐人が白川に帰る春まで放置されたのである。つまり、綱成書状の日付は七月二二日付だが、実際に出されたのは翌年春ということになる。そのうえ、この書状では「今年の秋中に書状をやりとりする際に、鷹を所望したいと思っています」などと書いている。ところが、この返書が送られたのは秋を過ぎて翌年春なのだから、随分間抜けな話である。

そして、綱成がここに掲げた二回目の返書を作成したのは三月末である。旧暦の春とは、正月から三月までを指すから、唐人に託した返書を出して間もない時期に、再び白川晴綱からの書状が訪れたことになる。これは「脚力」つまり飛脚が運んだというから、白川結城氏が緊急に送ってきた書状であった。時系列を考えれば、白川晴綱はまだ唐人に託された返書を見ていないだろう。だから春に返書を送ったにもかかわらず、この書状でも「無沙汰之至」と述べているのである。

このように、大名同士の外交というのは、書状を出す↓受け取る・返書を出す↓受け取る・返書を出すという形で進んでいくわけでは必ずしもない。出した返書が相手に届かないうちに、次の書状が送られて来る、ということも頻繁にあったのである。外交書状において、「先日の書状は届きましたか」という言葉がしばしば記されるのは、このためである。書状が届いたかどうか、確認する術はない。相手が返書を出してくれるか、派遣した使者が戻ってこない限り、わからないのである。

戦国時代は、現代社会とは違う。電話やメールですぐ相手と連絡が取れたり、郵便を出せば数日中に届いたりするわけではないのだ。外交書状を読む際には、そうした時代背景も念頭に置く必要があるといえる。

取次の決定経緯

さて、どうも晴綱の不安は相当なものであったらしい。今まで一度も音信を交わしたことのない氏康側近岩本定次《いわもとさだつぐ》にも書状を送って、事実関係を問い質した（「仙台結城家文書」『戦国遺文後北条氏編』五〇九号）。定次は北条綱成と話し合って、書状の内容を氏康に披露したと述べているから、やはり書状は北条綱成経由で届けられたのであろう。

この書状で岩本定次は、「今後こちらに御用がある際は、私に仰って下さい」と述べている。つまりこの返書において、白川晴綱に対する取次を務めると宣言しているのである。どうやら白川結城氏に対する取次は、当初は玉縄城主北条綱成だけであったようである。ところが、白川晴綱はそれでは北条氏康の真意を知るには心許ないと考えたらしい。そこで、氏康の側近は誰かを調べ上げ、岩本定次にも連絡を取った。そこで書状を受け取った定次が、今後のことは任せて欲しいと宣言したために、取次となったのである。ここには大名の意思が介在した様子は見出せない。あくまで岩本定次の自発的な意思が先にあり、それを北条・白川結城両氏が追認することで取次となったと考えられる。

このように、外交取次というのは、最初から整っているものでも、制度的なものでもない。関係が深まっていくにつれ、徐々に誰が担当するか決まっていくものであるといえる。また必ずしも大名が「お前が取次になれ」と家臣を任命するわけでもない。書状を受け取った人間が、「私がお引き受けしましょう」と言い出して、大名がそれを追認する。そういったことがしばしばみられたのである。取次とは、制度ならざる存在なのであり、私的に取り結んだ一種の契約を、公式な外交交渉に転用したものといえる。また契約だからこそ、取次は相手との交渉がスムーズに行えるよう尽力し、時には交渉相手の意向を踏まえた発言をすることもあった。外交交渉を無事に成立させることが、交渉相手と取り結んだ、取次としての責務だからである。ただしこれはあくまで私的な関係を大名が活用したものであり、制度ではない。この点は極めて誤解されやすいが、注意が必要である。

取次副状案の外交相手への転送

白川晴綱はさらに慎重であった。北条氏の従属国衆で、武蔵岩付城主である太田《おおた》資正《すけまさ》にも北条氏康と佐竹義昭の関係を問い質したのである。できるかぎり幅広く、情報を集めて真偽を確かめようという晴綱の姿勢がうかがえる。なお太田資正は、北条氏に粘り強く抵抗した人物として著名だが、この時期は北条氏康に従属していた。晴綱は、太田資正なら、ある程度北条氏の事情に通じており、かつ嘘をつかずに事実を教えてくれるだろうと判断したのだろう。

しかし太田資正は慎重な対応をとった。送られてきた白川晴綱の書状を、北条氏康のもとに転送したのである。驚いた氏康は、自分がどのような説明をしたのかを資正に伝え、それと同様の返事をして欲しい、と頼んでいる（東京大学所蔵「白川家文書」『戦国遺文後北条氏編』五一五号）。太田資正は、氏康の要望を踏まえて返書を出した（東京大学所蔵「白川家文書」『白河市史』五巻八三四号）。

先日は御書状をいただきましたので、ただちに御返事をいたしました。さて、以前（北条）氏康に御書状を出された際に、御使いは直接（北条氏のもとへ）向かってしまったので、氏康の考えを知ることができませんでした。しかしそれでは無沙汰のように思いましたので、小田原に使者を派遣して、状況を報告しました。すると、佐竹（義昭）と当方（北条氏）の間に縁談があるなどという話は、まったく事実ではないということです。今後も、（佐竹氏には）そうした対応をとるという書状を、資正のところに送って来ました。お見せするために、ただちにお送りします。こちらで相応の御用がある際は、なんなりと遠慮無く、申し付けて下さい。決して疎略にはいたしません。このことを御理解いただければと思います。恐々謹言。

　　　　太田美濃守
（弘治元年）四月十二日　　資正（花押）
白川（晴綱）
　　人々御中

この返書を読むと、事実関係はより明確になる。白川晴綱は、北条氏康への使者（綱成経由）と、太田資正への使者を別に派遣していたらしい。太田資正は、受け取った書状を読んで、自分の知っている限りの話を返書で書き送った。ところが、後になって、これは手落ちがあったかな、と思い直した。つまり、氏康に事情を確認せずに返事をしてしまったのは問題だ、と考えたのである。そこで、北条氏康に白川晴綱からの書状を転送して、「私のところにこのような書状が来ました。どういう事情ですか」と問い合わせをしたというのである。それで慌てた氏康が太田資正に送ってきたのが、先ほど本文で言及した書状である。

さて、太田資正の書状をみると、二つのことがわかる。まず、佐竹と北条が「縁近く」なることを異常に白川晴綱が警戒していた理由である。この書状には「縁辺《えんぺん》」と書かれており、誤報の内容は縁談が進んでいるというものであった。これでは、白川晴綱が狼狽《ろうばい》するのも無理はない。姻戚関係の構築は、同盟の重要な要素だからである。

もうひとつは、太田資正が自分のもとに送られてきた北条氏康書状を、白川晴綱に転送しているという事実である。これは、一見すると奇妙な行為である。つまり、氏康から太田資正に宛てた書状は、「佐竹氏とは何の関係もないので、貴方からもそう説明して欲しい」と頼んだいわば内々の書状である。ところが、太田資正はこの書状を何のためらいもなく白川結城氏に転送してしまっている。

実は、これは取次北条綱成も同様であった。北条綱成に送られた氏康の書状は、やはり白川結城氏のもとに伝わっているのである。このことは取次北条綱成が、氏康から副状作成を指示された書状を、白川晴綱に転送したことを示す。

何とも不思議な話である。取次が大名から、「この返書はこのような内容で書け」と命じられた文書を交渉相手に見せてしまえば、自分の書状が大名の命令通りのものであることが露顕してしまう。

しかしながら、取次にとってはこれで何の問題もないのである。つまり、北条氏康から自分に宛てられた書状を転送することで、この案件については、大名ときちんと意思疎通をしたうえでお返事していますよ、私の個人的意見ではありません、ということを説明しているのである。

つまり大名の書状が、取次の副状によって信頼性を担保されたのと同様に、取次の副状も、大名の書状によって信頼性を保証されるものなのである。大名の書状と取次の副状は、相互に発言の内容を保証し合うことで、信頼性を高め合う関係にあるといえる。これにより、大名の家中《かちゅう》の考えが一致していることを相手に示すわけである。

なお、この時白川晴綱は、結城本宗家にあたる下総《しもうさ》の結城政勝にも事情を問い質す書状を送っている。結城政勝は、白川晴綱に返書を出すとともに、北条氏康と北条綱成から自分に送られた書状の案文（写）を作成し、晴綱に転送している（東京大学所蔵「白川家文書」『白河市史』五巻八二八・八三二号）。結城政勝も、自分の発言の信頼性を高める手法をとったといえる。その際、結城政勝が、正文《しょうもん》（原本）ではなく、案文（写）を作成して送った理由が興味深い。結城政勝によると、万が一北条氏が約束を違えた際、氏康に正文を提示して抗議するために、送らなかったのだという。結城政勝も、佐竹義昭と北条氏康の関係には無関心ではいられず、いわば一筆とっておいた、そういう心づもりなのである。花押を据えた外交文書そのものが、いざという時の保証文書として機能する、そういう側面も有していたといえる。その際、氏康書状だけでなく、北条綱成副状も残しておいたことに注目したい。取次こそ、外交上の発言に対し、責任を負う立場にいたことを示しているからである。

第四章　取次という外交官

1　武田氏・北条氏の取次の構成

武田氏外交の取次

前章において武田《たけだ》勝頼《かつより》と上杉《うえすぎ》景勝《かげかつ》・佐竹《さたけ》義重《よししげ》の同盟を対象に、武田氏の取次について簡単に触れた。その際、上杉景勝に対する取次が宿老《しゅくろう》小山田《おやまだ》信茂《のぶしげ》と側近跡部《あとべ》勝資《かつすけ》・長坂《ながさか》光堅《こうけん》（釣閑斎《ちょうかんさい》）、佐竹義重に対する取次が一門武田信豊《のぶとよ》と側近跡部勝資という組み合わせをとっていることを指摘した。

このように、武田氏の外交では一門・宿老といった重臣と、当主側近がペアを組んで取次を務める事例が多くみられるのである。

この点を、交渉相手ごとに一覧表化してみよう。なお、時期的変遷を追うために、信《しん》玄《げん》初期（晴信《はるのぶ》期）の取次に①、信玄後期の取次に②、勝頼期の取次に③を付した。[補註15] なお、親子・兄弟関係にある人物が取次を継承している場合は、名字の記載を省略している。

外交相手（本国）	一門・宿老	側近	境目《さかいめ》の城代《じょうだい》
今川《いまがわ》氏（駿河《するが》）	①穴山信友《あなやまのぶとも》→②信君《のぶただ》 ①板垣信方《いたがきのぶかた》	①②駒井高白斎《こまいこうはくさい》	
北条《ほうじょう》氏（相模《さがみ》）	①小山田出羽守信有《でわのかみのぶあり》 →②弥三郎《やさぶろう》信有 （→②③信茂？） ②甘利《あまり》信忠《のぶただ》	①②駒井高白斎 ①向山又七郎《むかいやままたしちろう》 ①②飯富《おぶ》左京亮《さきょうのすけ》	
里見《さとみ》氏（安房《あわ》・上総《かずさ》）	②小山田信茂	②土屋《つちや》昌続《まさつぐ》→③昌恒《まさつね》	
蘆名《あしな》氏（陸奥《むつ》）		②山県昌景《やまがたまさかげ》	③真田《さなだ》昌幸《まさゆき》
佐竹氏（常陸《ひたち》）	②甘利信忠 →③武田信豊	③跡部勝資	
小田《おだ》氏（常陸）	②甘利信忠		
宇都宮《うつのみや》氏（下野《しもつけ》）	③武田信豊	②土屋昌続	③真田昌幸
佐野《さの》氏（下野）	③武田信豊		
上杉氏（越後《えちご》）	③小山田信茂	②③跡部勝資 ③長坂光堅	②内藤昌秀《ないとうまさひで》 ③春日虎綱《かすがとらつな》→③信達《のぶたつ》

斎藤《さいとう》氏（美濃《みの》）	②甘利信忠		①秋山虎繁《あきやまとらしげ》
徳川《とくがわ》氏（三河《みかわ》→遠江《とおとうみ》）	②③穴山信君	②山県昌景→②土屋昌続	
織田《おだ》氏（尾張《おわり》→美濃→近江《おうみ》）	③武田信豊	③跡部勝資	①②秋山虎繁
朝倉《あさくら》氏（越前《えちぜん》）	②穴山信君		
浅井《あざい》氏（近江）	②穴山信君		
六角《ろっかく》氏（近江）	②③穴山信君		
松永《まつなが》氏（大和《やまと》）	②③一条信龍《いちじょうのぶたつ》		
本願寺《ほんがんじ》（摂津《せっつ》）	①板垣信方→②穴山信君	②板坂法印《いたさかほういん》、③長坂光堅、③森本蒲庵《もりもとほあん》	
雑賀《さいか》衆（紀伊《きい》）		③山県昌景	
三好《みよし》氏（河内《かわち》→和泉《いずみ》→阿波《あわ》）	③穴山信君		
足利《あしかが》将軍家（山城《やましろ》→備後《びんご》）	②③穴山信君→③武田信豊	多数	
毛利《もうり》氏（安芸《あき》）	③武田信豊	③跡部勝資、③長坂光堅	

このようにみてみると、多くの大名に対する外交を、一門・宿老と側近がペアを組んで交渉を行い、それに境目（国境地帯）の城代が関係してくる様子をみてとることができるだろう。

北条氏外交の取次

同様に、北条氏の外交取次についても検討してみよう。やはり便宜上、元亀年間以前（おおむね氏康《うじやす》生前）の取次に①を、天正年間（氏政《うじまさ》・氏直《うじなお》期）の取次に②を付す。

外交相手（本国）	一門・宿老	側近	境目の城代・国衆《くにしゅう》
今川氏（駿河）	①北条宗哲《そうてつ》（幻庵《げんあん》）、①北条綱成《つなしげ》		①大藤政信《だいとうまさのぶ》
武田氏（甲斐《かい》）	①②北条氏照《うじてる》、②北条氏邦《うじくに》	①桑原盛正《くわばらもりまさ》、②依田康信《よだやすのぶ》、②垪和《はが》康忠《やすただ》	①大石道俊《おおいしどうしゅん》
伊達《だて》氏（出羽《でわ》）	①北条氏堯《うじたか》→②北条氏照	①大草康盛《おおくさやすもり》	②成田《なりた》氏長《うじなが》
蘆名氏（陸奥）	①北条綱成→②氏繁《うじしげ》、②北条氏照		
白川結城《しらかわゆうき》氏（陸奥）	①北条綱成→②氏繁→②氏舜《うじきよ》	①岩本定次《いわもとさだつぐ》、①石巻康堅《いしまきやすかた》	①太田《おおた》資正《すけまさ》

	①遠山綱景《とおやまつなかげ》→政景《まさかげ》		
里見氏（安房・上総）	①北条為昌《ためまさ》→①綱成 ②松田憲秀《まつだのりひで》	②幸田定治《こうださだはる》	
上杉氏（越後）	①北条氏照、①北条氏邦	①遠山康光《やすみつ》	①由良成繁《ゆらなりしげ》
徳川氏（三河→遠江→駿河）	①北条綱成、①②北条氏照 →②北条氏規《うじのり》	②山角定勝《やまかくさだかつ》	②笠原政晴《かさはらまさはる》
織田氏（近江）	②北条氏照	②笠原康明《やすあき》、②山角康定《やすさだ》	

北条氏の場合でも、武田氏と同様の傾向がみられる。やはり一門・宿老と当主側近がペアを組んで外交にあたる事例が多いのである。ただし、北条氏の場合は、一門により多くの比重が見出せ、武田氏と多少相違する。これは、武田氏と北条氏の権力構造の差異であろう。北条氏の場合は、一門が中央の政策決定に関与することが多く、側近よりも一門に主導性が見出せる場合があるのである。これは、御家騒動を繰り返した歴史を持つ武田氏と、一門の団結が強固であった北条氏の差であろう。

ただし、前章で述べたように、別に制度としてこのような外交体制がとられたわけではない。外交関係が進むにつれ、このような形が整っていったのである。したがって、取次が一名しかいない交渉相手も存在するし、一門・宿老と側近という組み合わせが取られている交渉相手も存在する。また非常に大勢が外交に関与している場合もある。あくまでこうした組み合わせが取られる場合が多い、という傾向を示すに過ぎない。いずれにせよ、このような組み合わせが取られることが多かった理由はどこにあるのであろうか。まずは当主側近層の外交参加のあり方からみてみたい。

2　当主側近の外交参加

側近による外交書状の披露

武田信玄晩年の外交態勢について、『甲陽軍鑑《こうようぐんかん》』に興味深いエピソードが記されている。武田家では、毎年の年末に宿老衆が集まって、来年の軍事について談合を開くという慣習があったという。この慣習は、信玄死後も続いていた。ただし相違点は、当主である勝頼が参加せず、宿老衆が自発的に談合を開いていたという点である。

ところがそこへ、勝頼の側近である跡部勝資・長坂光堅が、自分たちも談合に参加させろと姿を現した。内容からすると、天正二（一五七四）年末の談合であったらしい。それに対し、宿老内藤昌秀は次のように答えて、跡部・長坂の要望を拒絶したという（『甲陽軍鑑』）。

他の談合とは異なり、御備《おそな》え（軍備）のことは深く隠し通せと信玄公のお考えで続けてきたのだ。であるのだから、あなたがた両人は、他国への御使者の往来の世話、御公家衆・出家衆（僧侶）など客来の際の談合にこそ、長坂釣閑老（光堅）・跡部大炊《おおい》殿（勝資）、立ち入りなさい。今まで、御備えの談合には立ち入って来なかったでしょう。一昨年、酉年（元亀四年・天正元年）の四月一二日に、信玄公は御他界し、その年一二月二八日に、馬場《ばば》美濃守（信春《のぶはる》）の屋敷で、先陣を仰せ付けられた年寄共が集まって、来たる戌年（天正二年）のお備えを、信玄公御代のように談合した。その際、「御代替わりとなったので、誰であろうとこの談合に加わりたい者がいるでしょう」と書付を作成し、土屋惣蔵《そうぞう》殿（昌恒）を仲介に（勝頼へ）言上した。すると、「信玄公の御代と同じように、（談合への参加者を）減らすことも増やすこともあってはならない。弓矢（戦争）のことなので、迂闊なことがあって、他国へ漏れてしまっては大問題である」ということを、勝頼公の御自筆で各々へ下された。信玄公の御他界は、来年四月まで隠密であるため、右の御書は他人に見せることはしていない。そのため、馬場美濃殿（信春）に預けておいた。

だいたいにおいて、あなた方両人が管掌する客来についてては、われわれが口を挟んだことはない。信玄公の御代には、それぞれの居城の関係で、越中椎名《えっちゅうしいな》殿から使者が来た場合は、馬場美濃殿（信春）が世話をした。また、多賀谷《たがや》・宇都宮・安房の正木大膳《まさきだいぜん》・上田《うえだ》・万喜《まんぎ》などという関東の侍大将《さむらいだいしょう》衆が書状を送ってくる際は、まず私のところへ内々に話があった。それは、（私が）上野箕輪《こうずけみのわ》城に在城しているため、このような対応をとっているのだ。それでも、最終的に私が（信玄公の）御前に罷り出て、書状の内容を披露《ひろう》することはなかった。土屋右衛門《えもん》殿（昌続）、原隼人《はらはやと》殿（昌胤《まさたね》）、跡部大炊殿（勝資）は覚えがあるだろう。たびたび（披露を）頼んだものです。そなたの役割に、身共は口出しはしない。だから、こちらの談合への口出しも無用である。第一に、信玄公の御処置と相違があってはいかがかと思う。

内藤の主張を検討してみよう。従来の慣例を破ろうとする跡部・長坂に反発した内藤昌秀は、そもそも勝頼の内諾を得てわれわれだけで談合を行っているのだ、といって両名の臨席を拒絶した。そのうえで、内藤たちと跡部・長坂ら側近層の役割の違いを述べている。

その部分を要約すると、①跡部勝資・長坂光堅は他国からの使者や、公家・僧侶のような来客に際しての応対を担当していた。②越中椎名氏が使者を出す時は馬場信春、関東の侍大将衆（国衆の意であろう）が使者を出す時は内藤昌秀に最初接触を図る。これは内藤昌秀が上野箕輪（群馬県高崎市）城代（馬場信春は信濃牧之島《まきのしま》〈長野県長野市〉城代）であったという地理的事情による。③その際、内藤・馬場は信玄の御前に出て書状を披露することはない。④書状の披露は、土屋昌続・原昌胤・跡部勝資らに依頼していた、ということになる。

ここからは、武田家における外交文書の受理方法が読み取れる。まず、他国からの使者は、境目の城代に連絡を取り、領国通過の許可を得る。この部分で、境目の城代を務める宿老たちは外交に関与する。しかし、甲府に赴いて、信玄・勝頼に書状を披露することはしない。書状の披露は、土屋昌続・原昌胤・跡部勝資といった側近層に依頼していた、ということになる。

さて、ここでこれまでも参照してきた『甲陽軍鑑』という史料について述べておきたい。『甲陽軍鑑』は元和七（一六二一）年までに武田遺臣の軍学者《ぐんがくしゃ》小幡景憲《おばたかげのり》が編纂した軍学書《ぐんがくしょ》で、武田氏の歴史と軍制について記されている。同書の記述によれば、天正三年の長篠《ながしの》敗戦後、合戦不参加であったために生き残った宿老春日虎綱が、勝頼側近の跡部勝資・長坂光堅に苦言を呈し、信玄時代の理想的なあり方を教え諭すために記した書物であるという。天正六年の春日虎綱の死後は、その甥春日惣次郎《そうじろう》が書き継ぎ、それを小幡景憲が入手して編集し、刊行したことになっている。しかしながら、内容には事実と異なる記載が多く、鵜呑みにはできない。特に年代については誤謬が多く、信玄を理想化するために創作された逸話も存在する。またそもそも原記主とされる春日（香坂《こうさか》）虎綱の姓名を「高坂昌信《こうさかまさのぶ》」と誤っているなど、根本的な成立経緯にも問題が多い。

しかし、武田氏関係者でなければ記すことのできない記述も散見され、また近年の研究により、編纂者である軍学者小幡景憲の加筆はそれほど多くはないとも考えられるようになってきた。従来注目されていなかった写本系（木版印刷ではなく、筆写された本）の『甲陽軍鑑』には、「この先きれてみえず」（この先は原本が破れていて写せなかった）という注記が散見されることがわかったからである。また元和七年以前という成立年代は、武田遺臣が数多く生き残っていた時代であり、極端な嘘を記すことは難しい。したがって、春日虎綱の遺記という本文の記述を鵜呑みにはできないが、武田家臣の書いた覚書のようなものの集積という位置づけは可能と考える。

このように考えれば、書かれている内容をそのまま歴史的事実とみなすのではなく、類似した話が存在したであろうという使い方であれば、史料としての活用が可能となる。つまり、戦国期の人々の習慣などを読み解く材料とするのである。そこでこの部分の記述を検討すると、側近の顔ぶれや城代が任された城郭は、古文書から明らかとなる信玄死去段階の状況と一致する。内容の具体性からみても、それなりの事実を反映したエピソードと考えてよいだろう。

したがってこの逸話からは、外交書状の披露こそが、大名の側に常に侍っている側近に期待された役割の第一であったと評価することができる。当然のことだが、書状を披露してそれで終わりということにはならない。披露した書状をどう扱うか、どのように返答するか、といった外交政策の中枢に側近は位置していたのである。

これに対し、境目の城代の外交上の役割は、他国からの使者の受け入れ窓口というのが第一義であり、外交交渉そのものには深く立ち入らなかった。理由のひとつには、使者が来るたびに城代が国境地帯を放置し、本城に赴くわけにはいかないという事情があるのだろう。だから、城代たちはどうしても外交書状の披露を側近層に任せざるをえない。そして前章でも述べたように、城代を任せられるような重臣であっても、あくまで家臣である以上、大名に直接書状を送ることはできない。間に側近を取次役として挟んで、意見を申し述べるのである。多くの場合、取次役を依頼する側近（これを「奏者《そうじゃ》」と呼んでいる）は家臣ごとに固定されている。つまり自分と大名の間の意思疎通を担当する奏者に、書状の披露を依頼することになる。これは外交交渉においても変わりはない。したがって側近の外交参加は、必要性が高いものであったということができる。

外交相手にとっての側近の存在意義

外交相手にとっても、大名の真意を探るうえで側近が参加する意義は大きかった。ここでは、永禄一一（一五六八）年に始まる武田氏の今川領駿河出兵に際し、同盟を結んだ徳川家《とくがわいえ》康《やす》との間で生じた外交摩擦を取り上げたい。

永禄一二年二月二三日、徳川氏担当取次山県昌景は、相手方の取次酒井《さかい》忠次《ただつぐ》（徳川家宿老）に詳細な返書をしたためた。これは事前の約束に反して、共通の敵である今川方と無断で人質交換を行ったことへの抗議に対する謝罪であった。以下、山県の書状を検討してみよう（「致道博物館所蔵文書」『戦国遺文武田氏編』一三六九号）。

武田氏と徳川氏の同盟条件には、今川氏真《うじざね》と和睦交渉をする際には、事前に通告し合うという事項が含まれていたらしい。ところが、武田家臣武田信友《のぶとも》・朝比奈《あさひな》信置《のぶおき》・小原《おはら》伊豆守《いずのかみ》の三名が、今川方と人質交換をしたことが徳川方に伝わった。当然、外交問題に発展することとなる。

山県の弁明によれば、ことの発端は駿河安部山《あべやま》の今川方地下人《じげにん》（在地の有力者）の蜂起にあった。武田勢は鎮圧に動いたが、安部山の地形は険しく、残党は山奥に籠もっていた。そ

がっていた。その残党が、武田信友らを通じて降伏を申し出たという。その際に、条件として人質交換があったらしい。

降伏交渉を仲介した武田信友は信玄の弟だが、武田信虎《のぶとら》が駿河に追放されてから生まれた子息で、朝比奈信置と小原伊豆守は今川氏の旧臣である。つまり、人質交換を行った三名はいずれも武田氏の駿河攻略により、臣従したばかりの面々であった。彼らは信玄に報告もせずに、降伏仲介のために駿府《すんぷ》を動き回っていた。その話を聞いた信玄は激怒したという。そうしたところ、ようやく三日前に武田信友らから報告があがり、彼らが駿府に滞在している理由が明らかになった。

ところが、それがますます信玄を怒らせることとなった。信玄の怒りの原因は、①甲斐(つまり武田家)においては信玄の命令無しでものごとを進めてはいけないと定めている。②さらにこの案件は敵方との交渉であり、信玄の意向を確認して行わなければならない重大事である、という点にあった。これにより、実弟である武田信友は出仕《しゅっし》停止となり、朝比奈信置と小原伊豆守は、つい最近家臣となったばかりの人間であるため仕方がないと赦免されたが、自発的に謹慎して出仕を止めているという。

つまり山県昌景は、今川方との人質交換は、武田氏に服属したばかりの駿河衆が勝手に行ったもので、自分は一切あずかり知らぬことであり、信玄も激怒して関係者を処罰した、と弁明したのである。武田氏の攻撃で、今川氏真は駿府を追われたが、遠江懸川《かけがわ》城(静岡県掛川市)に退いて徳川家康と交戦中である。したがって、武田氏が今川氏と独自に和睦の動きをみせているという報告は、家康にとって無視できない。そこで担当取次の酒井忠次を通じて抗議がなされたのである。その際、武田氏の対徳川氏外交は、穴山信君（難読だが「のぶただ」と読む）と山県昌景が担当していたが、徳川氏が抗議相手として選んだのは山県であった。これはこの時点では側近としての性格を有していた山県昌景のほうが、穴山信君よりも事情を詳しく把握していると判断されたためであろう。たしかに、山県のもとには詳細な報告があがっており、事実関係を回答することができた。

山県昌景は、書状に記した内容を徳川方の使者である本多忠政《ほんだただまさ》に「誓言《せいげん》」をもって申し述べたというから、略式の誓いをたてたのであろう。さらに必要があれば「大誓詞《せいし》」つまり起請文《きしょうもん》を作成して送るとまでいっている。そのうえ甲斐に滞在している酒井忠次の娘を返還すると申し出た。これは駿府を占領したことで、今川氏が徴集していた人質を武田氏が保護した結果起こった事態とみられる。武田氏は酒井忠次の娘を甲府に引き取り、引き続き人質として処遇していたのだろう。ところが、徳川氏とのトラブルに慌てて返還を申し出たのである。このような緻密な駆け引きを行うことができるのは、側近ならではといえるかもしれない。

同様の事例は、武田勝頼と上杉景勝の甲越《こうえつ》同盟においても確認できる。武田・織田間の和睦成立との風聞を聞いた上杉氏が、事情を問い質した相手は側近跡部勝資であり、小山田信茂ではなかった。ここでも、勝資は詳細な弁明を書き送っている（『歴代古案』『戦国遺文武田氏編』三二八八号）。

この書状で跡部勝資は、①織田信長《のぶなが》との和睦（甲江和与《こうごうわよ》）の話は佐竹義重に仲介を依頼しているが、まったく進展していない、②交渉が進展すれば報告すると何度も約束したが、和睦がまとまらないのだから報告する内容がない、③信長の子織田信房《のぶふさ》を返還したのは佐竹義重の強い要望によるもので、交渉の進展とは無関係である、④もし信長との和睦が成立したら、上杉景勝も含めた三和の形をとりたいという約束は、きちんと織田方に伝えてある、などと述べ、景勝に軽率な判断をしないように要望した。そのうえで、⑤上杉景勝が信長のもとに使者を派遣しているという噂が伝わっているが、信用していないという話を持ち出して、上杉氏を牽制すらしている。なかなか巧みな外交手腕といえる。ここまで詳細な事情を把握した回答は、側近でなくては不可能であろう。

以上のように、側近は大名の考えを知悉《ちしつ》している存在と見なされており、これは本城を留守にしがちな支城主《しじょうしゅ》・城代には求めることができない利点であった。駿河出兵時の甲三《こうさん》同盟に関していえば、穴山信君は駿河興津《おきつ》城（静岡県静岡市清水区）の守備を任されており、信玄とは別行動をとっていた。甲越同盟の例では、小山田信茂は甲斐都留《つる》郡谷村《やむら》（山梨県都留市）城主であり、常に甲府に詰めている人物ではない。大名の側に侍り、大名の「内意《ないい》」を把握している存在――ここに側近が外交に参加するもうひとつの利点があったといえる。

したがって、側近が分国《ぶんこく》の城代に任命されて本城を離れれば、披露行為や大名「内意」の把握といった利点は失われてしまう。上杉氏の徳川氏担当取次は、途中で河田《かわだ》長親《ながちか》から直江《なおえ》景綱《かげつな》へ交代する。その理由は、河田長親が本城を離れ、越中に在国したためであった。上杉謙信《けんしん》の膝元を離れてしまえば、もう側近としての活動は行えない。この件は直江景綱から徳川氏に通達され、家康から了承と今後の取次依頼を求める回答が寄せられている（「上杉家文書」『上越市史』別編九四三号）。上杉氏の側が、十分な外交交渉を行えなくなることに配慮して、自主的に取次を交代させたのである。

3　一門・宿老の外交参加

「家宰」という存在

ここまでみてきたように、当主側近の外交交渉への参加は必要性が高いものであった。側近だけで外交が行えるといってもよい。しかしながら、武田氏にせよ、北条氏にせよ、一門・宿老格の重臣を交渉に参加させ、側近とペアで取次に任命している。なぜ、一門や宿老といった重臣の外交参加が求められたのであろうか。

様々な史料を検討すると、もともと大名・国衆家の外交を管掌していたのは、「家宰《かさい》」と概念化されている筆頭家老であったことがみえてくる。家宰とは、守護家において、領国支配・家臣団統制・外交などあらゆる権限を代行していた存在である。これは、室町幕府の守護が、京都または鎌倉に出仕しているのが原則であり、守護管国《かんこく》支配の責任者を別途置く必要があったことによる。通常、こうした存在は「守護代《しゅごだい》」と呼ばれるが、有力守護の場合、複数国の守護職を兼帯しており、当然守護代も複数人置かれた。そうした守護代を統轄する役目を任されたのが家宰と呼ばれる存在なのである。つまり室町期の守護家というのは、守護家当主が京都（または鎌倉）にあって中央政界での折衝を、家宰が在国して分国支配を担うという役割分担ができていたと表現できる。

しかしながら関東では享徳《きょうとく》の乱、京都では応仁《おうにん》・文明《ぶんめい》の乱が勃発すると、守護は京都や鎌倉を離れ、守護管国に在国するようになる。守護自身による直接支配の開始である。こうなると、従来分国支配を任されていた家宰と、その国の守護として公的な支配権を有する当主との間で、摩擦が生じるようになる。それはしばしば軍事衝突に発展した。その結果、守護が勝利した場合は守護が戦国大名化し、家宰が勝利した場合は家宰が戦国大名となっていく。後者が一般にいう「下剋上《げこくじょう》」である。

武田家における板垣・甘利氏――偏諱からみる家格

武田氏の場合、寛正六（一四六五）年に守護武田信昌《のぶまさ》と家宰跡部景家《かげいえ》が対立し、内訌《ないこう》の末に武田信昌が勝利して権力を確立した。ここに、武田氏が戦国大名化する基礎が築かれたと評価できる。したがって、武田氏には家宰と呼べるほど強い権限を有した重臣はいない。しかしながら信玄期には、信虎期から活動を確認できる宿老板垣信方―信憲《のぶのり》父子が筆頭家老のような地位にあり、初期の外交に幅広く関与していた。

天文一七（一五四八）年の上田原《うえだはら》合戦（長野県上田市）で板垣信方が戦死し、後を継いだ信憲が永禄四（一五六一）年に諏方郡司《すわぐんじ》（いわゆる郡代《ぐんだい》）としての怠慢と不行跡を理由に処断されて以降は（『甲陽軍鑑』・『開善寺過去帳』）、板垣信憲と同格の地位に登り詰めていた甘利信忠が外交の中枢に位置するようになる。甘利信忠は、虎泰《とらやす》の嫡男で初名を昌忠《まさただ》という。代々武田氏の通字《とおりじ》である「信」字を与えられていた板垣氏（信泰《のぶやす》—信方—信憲—信安《のぶやす》）に比べると、一段低い家格にあった。これは、虎泰が武田信虎から「虎」字を、昌忠が信玄から「昌」字を与えられた可能性が高いことからわかる。

主君から家臣に実名《じつみょう》の一字を与える偏諱《へんき》（一字書出《いちじかきだし》）というものは、主従関係を強化するための儀礼の一環で、一般に元服《げんぷく》に際して行われる。偏諱というのは、実名のことを別に「諱《いみな》」といい、その片方の一字を与えることに由来する呼称である。中近世社会における武士の諱（実名）は、漢字二文字で構成されるのが一般的で、そのうち一字を与えるので「偏諱」と呼ぶのである。漢字二文字で構成される実名のうち一字は、その家の歴代が使用する通字が用いられることが多い。武田家であれば「信」（信昌—信縄《のぶつな》—信虎—晴信—義信《よしのぶ》）、北条家であれば「氏」（氏綱《うじつな》—氏康—氏政—氏直）、上杉謙信の実家長尾《ながお》家であれば「景」（能《よし》景《かげ》—為景《ためかげ》—晴景《はるかげ》—景虎《かげとら》）である。

偏諱に際しては、自分の実名から一字を与えるのが基本である。その際、家の通字を与えるほうが、格式が高い。つまり武田家であれば、「信」字を与えられた家臣のほうが格が高いことになるのである。室町期以降、偏諱を受けた字は、実名の上の字に用いる形が一般化した。たとえば武田信玄の実名「晴信」の「晴」字は一二代将軍足利義晴《よしはる》から「晴」字の偏諱を受けて元服したものであるため、「晴」を上につけ、通字である「信」と組み合わせている。信玄の嫡男義信も同様で、一三代将軍足利義輝《よしてる》から、足利将軍家の通字である「義」字を与えられ、通字「信」と組み合わせて義信と名乗った。この場合、「晴」字を拝領した信玄元服時と比べ、武田家の家格が向上したことを示す。

なお、武田氏最後の当主勝頼は、当初高遠諏方《たかとおすわ》家を継ぎ、諏方氏の惣領《そうりょう》となったため、諏方家の通字である「頼」を実名に用いた。このため、武田家の通字「信」がつけられていない。晩年の信玄が、将軍足利義昭《よしあき》に勝頼への偏諱を求めたが、叶えられずに終わったという話は著名であろう。

したがって武田家臣では、「信」字を与えられているほうが家格が高いことになる。ただ、この際ひとつ問題が起こる。通常、目上から偏諱で与えられた字を、家臣に与え直すことはできない、ということである（鎌倉公方《かまくらくぼう》家など例外はある）。武田信玄の場合、実名晴信の「晴」字は、将軍足利義晴からの偏諱であるため、家臣に与えることはできない。そのため、通字「信」を与えるほど家格が高くない家臣には、別の字を与えることになる。

そこで信玄が選んだのが、曽祖父であり、武田家中興の祖である信昌の「昌」字や、自身の幼名《ようみょう》勝千代《かつちよ》の「勝」字であったようである。信玄の代の家臣には、「昌」字を上に冠する家臣が非常に多い。甘利昌忠などは、その代表格である。「勝」字については、実際に一字書出を行った文書が残されている。おそらく、勝頼の「勝」字も信玄からの偏諱なのであろう。また、信玄期の重臣には「虎」字を冠している者が意外に多く、中には信虎追放後に取り立てられた可能性が高い人物も存在する。したがって、初期には追放した父信虎の「虎」

字を宛行った可能性がある。父親の一字を与えるという行為は、肥前《ひぜん》の大名有馬義純《ありまよしずみ》が、やはり「義」字も通字「純」字も与えることができず、実父義直《よしなお》（後に義貞《よしさだ》と改名）の「直」字を与えた文書があることから、他例を確認できる。

さて、武田家では板垣信方・甘利虎泰両名を指して「両職《りょうしき》」と呼称し、国政のトップに位置したということがしばしばいわれる。しかしこれは文化一一（一八一四）年成立の『甲斐《かい》国志《こくし》』という地誌を出典とする誤解である。実際には、当初は板垣信方が筆頭家老の地位にあり、その死後、信方の子信憲と並ぶ地位に甘利昌忠が引き上げられた。これはおそらく武田信玄の政策的な処置で、板垣氏の大きすぎる権限を牽制するため、甘利昌忠を積極的に起用したのであろう。この時期に、板垣信憲・甘利昌忠の両名が「両職《りょうしょく》」と呼ばれている。ここでいう「職《しょく》」とは、検断権《けんだんけん》（警察権）の保持者という意味であり、国政上の重責を担う地位を意味したこと自体は間違いではない。武田氏は守護出身の家柄であり、守護の職務には検断権が大きな比重を占めていたからである。

そして板垣信憲の処断後、甘利昌忠は新たに「信」字の偏諱を受け直し、信忠に改名した。これにより、甘利氏の家格は武田家の通字を与えられるものへと向上することになる。これも、信玄による意図的な家格向上と判断される。この結果、板垣氏に代わって、甘利信忠が武田氏外交の中心に位置するようになった。

しかしながら、甘利信忠が外交の中心に位置するようになった時期には、今川氏との外交はほぼ穴山氏の専管となるなど、徐々に取次の分散化傾向がみられるようになっていた。その方向を決定づけたのが、永禄一〇年の甘利信忠の早逝である。嫡子信頼《のぶより》が幼少であったこともあり、甘利信忠の地位を引き継ぐものはいなくなった。「職」は信玄側近山県昌景が引き継いだようだが、「職」としては従来ほどの活動をみせた徴証がない。裁判や検断に関する奉行《ぶぎょう》制の整備が進んだこともあって、名誉職化していったようである。以後、外交取次は複数の一門・宿老が分割して管掌する役割となっていく。

一門・宿老の起用と大名書状の「保証」

では家宰をはじめとする有力者を排除した以後も、どうして一門や宿老が外交に起用され続けたのであろうか。この点を考えるうえで、ひとつのヒントとなるのが、天正六（一五七八）年の越後御館《おたて》の乱（上杉謙信死後、上杉景勝と景虎の間で起こった御家騒動）である。御館の乱に際し、武田勝頼は同盟国北条氏政の要請を受けて、一方の当事者である上杉景虎支援のために出陣した。景虎が北条氏政の実弟で、越相《えっそう》同盟に際して謙信の養子となった人物であったためである。ところが、進軍する武田勢のもとに、上杉景勝から和睦を求める書状が到来した。

その際、勝頼側近跡部勝資が返書を出したのは、上条政繁《じょうじょうまさしげ》以下の一一名にも及ぶ（「杉原謙氏所蔵文書」『戦国遺文武田氏編』二九八四号）。これは、武田氏の受け取った和睦要請がこの一一名の書状の組み合わせであったためと考えられ、彼らが御館の乱で上杉景勝を支持したメンバーであった。顔ぶれを確認すると、上条政繁が上杉氏一門で、吉江信景《よしえのぶかげ》が謙信以来の側近である他は、全員が本国越後の有力国衆である。ここで注意したいのは、上杉景勝の実家である上田《うえだ》長尾氏の家臣がひとりも確認できないという点である。それはおそらく、一連の書状で景勝が主張したかったことが、「これだけの重臣が自分を支持している」というところにあったためであろう。そのためには、実家上田長尾氏の家臣、つまり陪臣《ばいしん》では訴求力が足らない。一門・宿老層の連署状のほうが、景勝権力の支持基盤を誇示することにつながり、和睦交渉を成立に導くうえで得策と判断したと考えられる。この判断が功を奏したものか、勝頼は和睦に応じる決断を下した。

つまり大身の一門・宿老層が取次として外交に参加する背景には、彼らが大名の「対外的な顔」になり得るという判断が存在したと考えられる。また第一章で述べたように、戦国大名間外交においては起請文の交換が繰り返し行われ、その際には当主だけではなく有力家臣からも起請文が提出されることが多かった。永禄一二年の越相同盟成立に際し、上杉氏は北条氏に対して「年寄《としより》共同心《どうしん》」を示すと述べている（「上杉家文書」『上越市史』別編七一二号）。このことは外交の場において、家中《かちゅう》の意思統一の有無が重視されていたことを示すものであるだろう。そもそも中世後期の武家権力とは、一門や被官《ひかん》の合意形成によって成り立つものであった。多少難しい表現になるが、室町期に用いられた言葉に「中央《ちゅうおう》の儀《ぎ》」というものがある（『看聞日記』他）。これは主君を除外して、家臣団だけでものごとを決めてしまい、それを主君の意思として対外的に表明してしまう行為を指す。

このような前提がある以上、戦国大名としては、自身の意思と家臣団の意思が一致していることを表明する必要があったのだろう。とりわけ外交交渉においては、その書状の内容が、大名の個人的意見ではなく、家中の合意を経たものであるという事実を、取次が「保証」することが求められたと考えられる。その際、取次の副状についても、大名の意向通りであることを示す必要があったことを前章で述べた。つまり外交文書には、大名の私案でもなければ、家臣の私案でもない、大名家で一致した意思の表明であると証明することが求められたのである。その役割を果たすのが取次であった。

戦国大名の一門・宿老というのは、非常に人数が多い。しかし、外交担当の取次としての活動を確認できるのは、ごく少数名に限られる。彼らは、大名家当主に対しても、家中に対しても、一定以上の発言力・規制力を確保した別格の存在であった。したがって、一門・宿老が外交取次を務めたのは、大名の発言を「保証」するという大きな役割を求められた結果と考えることができる。これは、決して側近には果たすことができない役割であった。側近は、その存立基盤を大名の個人的信頼においている。だから側近は大名の個人的意向を反映・説明することはできても、家中の支持の有無を示すことはできない。おそらく側近層の出した副状だけでは、交渉の信頼性を保証する意味で不十分な面があったのではないだろうか。

また、外交には儀礼的な側面がつきまとう。しかし側近は、総じて家格が低い。一門・宿老という重臣を起用することで、外交に必要な格式を満たしてもらおうという発想もあったのだろう。

一門・宿老の安定性

もうひとつ、交渉の安定性・継続性といった観点からも、一門・宿老層の参加は望ましいものがあった。側近層というのは、当主の交代で顔ぶれが一変することが多い。武田氏においても、信縄・信虎期における楠浦《くすほ》昌勝《まさかつ》、信玄初期（永禄前半まで）の駒井高白斎は側近として広汎な活動が指摘され、外交取次としての活動も同様である。しかしこうした活動は、自身一代に限定されるもので、後継者には継承されていない。信玄期の外交は山県昌景・土屋昌続が中心になって務めているが、勝頼期には跡部勝資への集中が指摘できる。いずれも有力側近の変遷に対応したものである。

たとえ当主の交代がなくても、側近は当主の勘気や家中との軋轢《あつれき》によって失脚することもある不安定な存在であった。たとえば信玄の側近原昌胤は、一時立場が危うくなったことがあったらしい。上野箕輪城代内藤昌秀が下総《しもうさ》の武士宍倉兵庫介《ししくらひょうごのすけ》に出した書状には、「先日そっとお話ししました原隼人のことですが、御取り成し頂いたために御屋形《おやかた》様から赦免されました」という一文がある（「宍倉安衛家文書」『千葉県の歴史』資料編中世3八三二頁）。ようするに原昌胤が勘気を蒙った際、宍倉兵庫介の口添えで赦免されたのだという。宍倉兵庫介は、下総国衆臼井原《うすいはら》氏の家臣であり、同姓である原氏同士の縁で、このような口添えをしたのだろう。年代は確定できないが、元亀元（一五七〇）年から三年の間のものである。この時期、原昌胤は駿河富士郡大宮《おおみや》（静岡県富士宮市）城代に任じられ、富士郡支配の責任者として活動しているから、勘気を蒙ったとしても極めて短期間のできごとであったのだろう。いずれにせよ、側近には失脚の危険性があったことを教えてくれる。

この点がさらにはっきりするのが、肥後《ひご》相良《さがら》氏と周防《すおう》大内《おおうち》氏の外交である。天文一四年、相良義滋《よししげ》は大内義隆《よしたか》と交渉するにあたり、義隆側近の相良武任《たけとう》に取次を依頼した。武任が義隆の信任厚い存在であったばかりか、相良氏の同族であり、武任の祖父正任《まさとう》も取次を務めていたという経緯を踏んだものとみられる。ところが、武任は相良氏からの書状を披露せず、放置してしまった。大内氏の使僧安国寺《あんこくじ》真鳳《しんぽう》は、武任の性格を「賢《さか》しき仁立ち」と非難すると同時に、取次を任せられない理由を具体的に述べている（「相良家文書」『大日本古文書家わけ 相良家文書』三七八号）。それは、相良武任は失脚して遁世《とんせい》を遂げており、その近親も政治活動を行える状況にはないというものであった。取次に選択した側近の失脚は、外交関係に悪影響を及ぼしかねない事態であったといえる。

これに対し、一門・宿老層は没落することが少なく、継続して外交交渉を任せることができる。武田氏外交の取次としての活動をみれば、穴山信友―信君、小山田出羽守信有―弥三郎信有―信茂、板垣信方―信憲といった血縁による交渉の継承を確認することができる（板垣信憲は前掲の表には登場しないが、伊勢神宮への取次を務めており、外交に関与していたと考えてよい）。

たしかに先述したように、宿老板垣氏が信憲の代に処断され、勝頼期に武田信豊が頭角を現して穴山信君の役割が低下するという変化はあるものの、側近層に比べれば変遷は少ない。信玄期に活動した宿老のうち、甘利氏は信忠没後に勢力を縮小させるが、これは信忠が早逝し、子息信頼が幼かったためでありやむを得ない。穴山信君の外交面での発言力低下についても、取次相手の滅亡（今川氏・朝倉氏・浅井氏他）や敵対（徳川氏）が要因であり、偶然の産物である。この点からみても、一門・宿老層は、大名発言の信頼性を保証するうえで、有効な存在であったということができるだろう。

このように、側近だけでも外交交渉が可能でありながらも、一門・宿老を起用せざるを得ない点に、戦国大名権力のひとつの特徴があったということができるだろう。戦国大名とは、一門・宿老という大身の支持によってはじめて、対外的な発言の正統性を保証された権力であったのである。

さて武田氏の場合、一門・宿老層については、外交担当先に地域分布が存在するという特徴がある。小山田氏はもともと武田氏従属以前の北条氏との外交関係から北条氏担当取次を務め、その後里見氏との交渉を担当した。いわば、南関東担当の取次である。穴山氏は、やはり武田氏従属以前の関係から今川氏との外交を担当し、それを起点として、徳川氏を担当している。いわば東海地方の担当である。そして元亀年間以降は、六角氏・朝倉氏・浅井氏・三好氏および室町幕府（足利将軍家）といった畿内外交を主に担当している。また天正期における武田信豊は、佐竹氏・佐野氏・宇都宮氏といった北関東諸氏を中心としている点に特徴があり、北関東担当といえる。

取次という存在は、大名が一方的に指名するものではなく、相互の合意によって関係が成立するものである。したがって、地理的に距離が近い存在に仲介を依頼したり、外交相手同士が政治的に友好関係を取り結んだりした結果、特定の人物に集中しやすい。たとえば武田信豊が北関東の外交を担当しているのは、彼が東信濃から上野にかけて影響力を有しており、北関東との連絡に有利であったこと、北関東諸氏に佐竹氏を中心とした同盟関係が成立していたことが大きな理由だろう。しかし小山田氏と上杉氏や、穴山氏と畿内勢力の場合などは、使者の移動経路と取次の所在の関連性は低い。武田氏の側で、地域区分を含めた役割分担を行った可能性を指摘できる。

もうひとつの理由――「指南」と「小指南」

武田氏や北条氏において、一門・宿老という重臣と、側近の組み合わせで外交取次を担ったのには、もうひとつ理由がある。それは両大名においては、従属国衆に対する取次が、同様のペアによって構成されていたためである。従属国衆に対する取次のことを「指南《しなん》」「小《こ》指南《しなん》」と概念化して呼んでいる。これは北条氏の白川結城氏担当取次岩本定次を、白川結城氏側が「小指南」と記した史料文言を転用したものである（國學院大學所蔵「白河結城家文書」『白河市史』五巻八四六号）。白川結城氏は北条氏に従属した存在ではなく、外交関係にある相手だが、戦国大名と国人クラスの権力という身分差があったため、自家に対する北条氏側の取次を「小指南」（振舞を指導してくれる人物）と呼称したのである。白川結城氏に対する取次は、一門北条綱成と側近岩本定次の組み合わせであり、側近岩本定次が「小指南」と呼ばれたならば、一門北条綱成は当然「指南」と呼ばれたであろうという推定からの命名となる。

一門・宿老が務める指南は、従属国衆に対する軍事指揮権を保持するとともに、国衆の進退を保証して保護を加え、国衆の意思を大名に取り次ぐ役割を果たした。これに対し側近層からなる小指南は、大名の命令を国衆に伝える役割を果たしたのである。

先述したように、一門・宿老であっても直接大名に書状を送ることはできず、側近層に奏者を務めてもらうことを基本とする。そこで多くの場合、指南は自分の奏者に小指南を務めてもらった。つまり大名の命令は指南を通じて従属国衆に通達されるが、指南に対する通達はその奏者（この人物がしばしば小指南と一致する）によって行われ、また大名が小指南を介して直接従属国衆に命令を発する場合もあるということである。

文章にするとややこしいが、図で示せばさほど複雑なものではない。

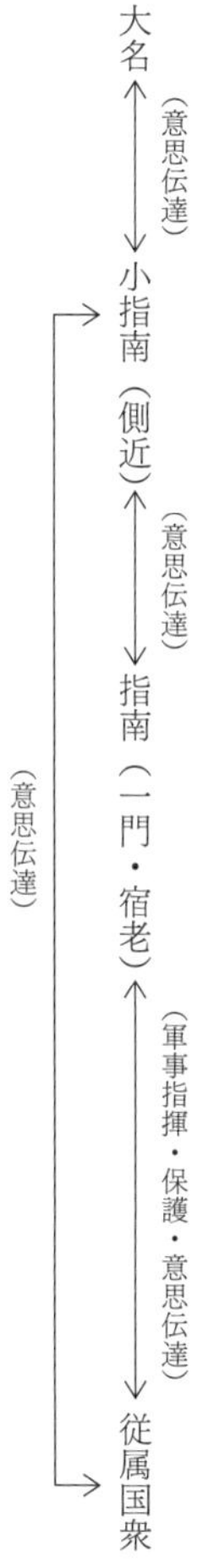

これとまったく同じ仕組みが、外交でも活用されていると考えられるのである。[補註16] 実は、外交相手の大名や国衆が従属した場合、従来の取次が指南・小指南にそのままスライドすると

いう現象を確認できる。これは経緯からいって当然であろう。それまでの外交交渉担当者が、大名・国衆の従属後は責任をもって進退保証を行い、意思伝達を担うのである。したがって、武田氏や北条氏において、外交取次も同様の構成をとるようになっていったのは、ある意味で自然なことであった。

4 「取次権の安堵」

分国法と取次の権限

さて、ここまでは大名にとっての取次の役割をみてきた。それでは、大名の家臣や従属国衆にとっては、取次となることにはどのような意味があったのであろうか。この問題を考えるうえでまず確認しておく必要があるのは、戦国大名の多くが、分国法《ぶんこくほう》で国外勢力との無断交渉を禁止していたということである。

武田氏の場合、『甲州法度之次第《こうしゅうはっとのしだい》』に「内儀《ないぎ》を得ずして、他国へ音物《いんもつ》・書札《しょさつ》を遣わす事、一向停止《ちょうじ》し畢《お》わんぬ」という条文がある。他国との交渉には、信玄の許可が必要だと定めたこの法令は、適用事例が確認できる条文である。先述した武田信友や朝比奈信置が今川氏旧臣と独自に服属交渉を行い、人質交換をして謹慎を命じられたことや、自主的に謹慎したという事例がそれである。彼らは外交交渉権を認められていなかったにもかかわらず、無断で交渉を行ったとして処分を受けたのである。

同様の条文は、『今川仮名目録《かなもくろく》』や『結城氏新法度《しんはっと》』においても確認できる。一般的に戦国大名は、勝手な他国との交渉を禁止するという建前を有していたとみてよいだろう。ただし『甲州法度之次第』には付則があり、信濃在国者が計略のために信濃国内に書状を出すこと、また境目の居住者で日常的な往来がある場合は、禁止対象に含めない、とされている。信濃と書かれているのは『甲州法度之次第』が武田氏の信濃進出過程で制定された分国法であるためで、この付則はその後西上野や駿河においても同様に機能したことであろう。

これは、境目の領域支配者に、対外活動における多少の裁量権が認められていたことを示す。これこそが、取次として認められたことによる例外措置である。ここでは、①大名は外交権を独占する志向性を有していた、②したがって大名から取次に任ぜられることは、領国外の相手との交信を公的に許可されることを意味する、という二点を確認しておきたい。

取次同士の内々の交渉

実際の交渉に際しては、取次は自身の判断で動くことも少なくない。それどころか、交渉相手の意向を家中で代弁する役割をも担った。この点は、第七章で詳述するので、ここでは少しだけ事例を挙げておきたい。永禄八（一五六五）年、京都で将軍足利義輝が三好・松永勢によって殺害されるという事件が勃発した。いわゆる「永禄《えいろく》の政変」である。政変を知った上杉謙信は、同盟国朝倉義景《よしかげ》に情報の提供を求めた。ところが、朝倉氏の動きは鈍く、謙信は詳しい情報を提供するよう催促した。朝倉氏の対応の鈍さが、謙信を怒らせてしまったのである。

この事態に困惑したのが、朝倉氏側の取次である朝倉景連《かげつら》であった。朝倉景連は、まず現在確認の取れている政変の情報について、上杉側の取次である直江景綱に書状で書き送った。そのうえで、別にもう一通非公式の書状を直江景綱に送っている。そこで景連は、情報提供が遅れた理由を弁明するとともに、自身が朝倉家中の反上杉派を抑え込んできたという実績を強調している（「上杉家文書」『上越市史』別編四六〇号）。すなわち、上杉氏と朝倉氏の関係がうまくいっているのは、取次である自分のお陰なのだという現実を突きつけて、これ以上の関係悪化を避けようと試みているのである。そのうえで、この書状の内容は「ただいま御披露に及ぶ間敷《まじく》候」つまり当面は謙信には報告してくれるな、内密にして欲しい、と述べている。取次同士の内々の交渉の存在をうかがわせる書状である。

これは武田家臣跡部勝資も同様である。次掲の文書は、元亀二（一五七一）年の越相同盟崩壊に際し、上杉方から持ちかけられた和睦交渉に対する返書である（「高橋大吉氏所蔵文書」『戦国遺文武田氏編』一七六二号）。

思いもかけなかったところ、先日はご書状をいただき珍重に思っております。さて、御密談をしたいので、雨宮存哲《あめのみやぞんてつ》を遣わして欲しいというお話を伺いましたので、ご指示に従い、内藤修理亮《しゅりのすけ》（昌秀）と談合のうえで派遣いたしました。すると三ヶ条の御書付を頂戴し、承った内容は承知いたしました。ただし彼の修理（内藤昌秀）がいうには、以前に殖野《うえの》陣において相互に話し合った内容と変わらず、信玄・勝頼に申し聞かせる必要はないということでしたので、黙止しております。おおかた現在は、甲（武田氏）・相（北条氏）は入魂《じっこん》の間柄で、無二に申し合わせているのですから、（北条氏を含めた）三和一統の他は、成就しがたいと思います。このことを、よく御考えになって下さい。詳しくは、金井《かない》淡路守《あわじのかみ》から報告させます。恐々謹言。

跡大（跡部）　勝資（花押）

（元亀二年）十二月十七日

北丹（北条高広）

同弥（北条景広）

御宿所

上杉氏の重臣で、厩橋《まやばし》（群馬県前橋市）城代として上野支配の責任者を務める北条高広《きたじょうたかひろ》・景広《かげひろ》父子から、信玄側近の跡部勝資に同盟の申し入れがあったらしい。この時期上杉謙信は、北条氏政と上杉謙信のどちらが先に武田氏と同盟を結べるか、「相越運くらべニ候」と北条高広に書状で述べている（「新潟県立文書館所蔵文書」『上越市史』別編一〇六八号）。したがって交渉内容は、甲越同盟を成立させて一緒に北条氏政を攻めよう、というものであったとみて間違いない。これに対し、跡部勝資は武田氏の西上野支配の責任者である箕輪城代内藤昌秀と相談したうえで、使者を派遣した。ところが、使者雨宮存哲が持ち帰ってきた上杉方の条件を内藤が確認したところ、以前のものと変化がなかった。そのうえ既に甲相同盟は復活しており、武田氏には北条氏を攻撃する意思がないから、交渉の前提自体がなりたたない。「三和一統」（武田・上杉・北条の三国同盟）以外はありえない、といっているのはそういうことである。

そういう事情を勘案したうえで、跡部勝資は「信玄・勝頼に申し聞かせる必要はない」として、上杉氏からの書状を黙殺してしまったというのである。これは一種の外交上の駆け引き、ブラフ（脅し）かもしれず、実際には信玄に報告をしているのかもしれない（実際、信玄は上杉謙信が同盟を求めてきていることを承知していた）。ただ、このような発言ができること自体に、内々の交渉を積み重ねる取次のあり方が表れているといえるだろう。

また武田勝頼は、駿河江尻《えじり》（静岡県静岡市清水区）城代穴山信君に対し、徳川家康から外交の働きかけがあったと聞いたが、事実かどうかと質している（「武田家文書」『戦国遺文武田氏編』三三〇七号）。この時、武田・徳川両氏は戦争状態にあったが、穴山信君はもともと徳川氏との外交を担当していた。おそらく穴山氏は敵対関係に陥った徳川氏との交渉経路を、開戦後も保持していたのであろう。勝頼もそれを咎める姿勢はまったくうかがえず、単純に事実関係の報告を求めているに過ぎない。この背景には、勝頼が家康との関係改善を模索していたという事情もあるが、取次が敵対後も担当大名との交渉経路を維持することは、一般的にみられたものであったのだろう。

取次に対する進退保証

このため取次と交渉先の大名は、内々に起請文を取り交わすこともあった。たとえば徳川家康は、天正一〇（一五八二）年に北条氏直と同盟を結ぶにあたって、北条方の取次北条氏規に次のような起請文を与えている。かな書きであるため、敢えて原文を載せる（「北条家文書」『戦国遺文後北条氏編』四四九二号）。

きせう《起請》文之事、
何事においても、氏のり《氏規》御しんたい《進退》のき《儀》、ミはなし《見放》申候間敷候事、
右、此むね《旨》そむく《背》におゐてハ、日本国中大小の神、ふし《富士》・白山・天満天神・八満大ほさつ《八幡大菩薩》・あたこ《愛宕》の御はつ《罰》をこむり《蒙》、来せ《世》にてハ、一こ《期》申ねんふつ《念仏》、む《無》になり可申候者也、仍如件、
十月廿四日《天正一〇年》　三河守
家康（花押）
みのゝかミ殿《美濃守、北条氏規》　参

どのようなことがあっても、氏規の進退、つまり身柄の安全は保証するというものである。もしこの約束を破れば、日本国中の神々、富士・白山《はくさん》・天満天神・八幡大菩薩・愛宕《あたご》権現の罰を蒙り、来世においても、一生かけて唱えた念仏が無になるという罰を受ける、というのである。徳川家康と北条氏規は、若年時に今川氏のもとで人質として過ごしたという共

通点があり、かな書きで記されているのはそうした親しい関係が背景にあるのかもしれない。

このように、大名の目の届かないところで、取次が外交相手と内々の交渉を持つことはしばしばみられたのである。彼らは、公的に外交交渉権を認められた存在であるために、非公式の交渉をも積み重ねていったといえる。

取次権の知行化と安堵

このような取次の立場をはっきり教えてくれるのが、天正一三年に上杉景勝が真田家臣矢《や》沢綱頼《ざわつなより》(頼綱)に与えた知行宛行状である(「矢沢頼忠家文書」『上越市史』別編三〇六七号)。矢沢氏に与える知行地を書き連ねた文書だが、その中に「関東中奏者・取次之事」という変わった一文がある。矢沢綱頼は、真田昌幸の叔父と伝わり、上野沼田《ぬまた》(群馬県沼田市)城代を任されていた。この文書は、その矢沢氏(ひいては真田氏)が上杉景勝に従属する際に、関東の大名・国衆との外交交渉権を安堵されたことを示す。矢沢氏は、真田昌幸のもとで、様々な外交を担ってきた。景勝はその立場を尊重し、矢沢綱頼を頼って上杉氏への接触を図ってきた者については、引き続き矢沢氏経由で交渉を行うこと、また矢沢氏が積極的にその役割を担うことを認めたのである。

ここで注目したいのは、取次行為の承認が、知行地の宛行と同列に認識されていたという事実である。これは取次となることが、所領の知行と同等の権益と評価されていたことを示すものだろう。多少難しい表現になるが、「取次権の知行化」「取次権の安堵」とでもいうべき事例である。

一般に取次役というものは、情報の集中、大名権力を背景とした権勢、取次相手の立場を代弁することによって得られる発言力、贈答で得られる物品的利得、といった様々な利点が存在する。事例として挙げた矢沢綱頼については、境目の城代として保持する外交交渉権に過ぎない。しかし「取次権の知行化」という事態は、一門・宿老や側近層がなる取次についても同様であっただけでなく、より重要な要素であったと考えられる。外交取次への就任は、大名家の外交政策決定の場における発言力に直結するものであったからである。

取次変更のトラブルと配慮

取次に権益という要素が生じていたからこそ、取次の変更は軋轢を招きかねないものであった。文明年間（一四六九〜八七）、古河公方足利《こがくぼうあしかが》氏に対する新田岩松《にったいわまつ》氏の「奏者」（取次）は、佐々木温久《ささきおんきゅう》→簗田持助《やなだもちすけ》→印東《いんとう》氏と交代した。この交代は岩松氏の家宰横瀬《よこぜ》氏の強い要望によるもので、佐々木氏はまったく役割を果たさない、簗田氏は訴訟を一向に披露してくれないためであったという。表現は異なるが、ようするに岩松氏・横瀬氏の要求を満たす働きをしてくれなかったというのである。横瀬氏の要請を受け、新田氏の菩提寺である長楽寺《ちょうらくじ》の住持松陰《しょういん》が奏者交代を手配した（『松陰私語』）。

ところが数日後、簗田持助から松陰のもとに厳しい抗議が寄せられた。これに対し松陰は、①奏者交代はすべて自身の独断であって岩松氏はあずかり知らないこと、②岩松家には固定した奏者契約を結ぶ慣例はなく、その都度適当な相手に依頼をしていること（だから今回の変更にも他意はない）、③今回の奏者変更は、単に陣所の遠近という物理的な不便さによるものだ、という釈明を行ってその場を収めている。簗田氏も、この説明を受けて引き下がった。話をおおごとにする気はなかったのであろう。ともあれ、取次となることが権益化していた以上、不用意な交代はトラブルの種となったのである。

したがって、取次の変更には慎重な配慮が必要であった。『甲陽軍鑑』には、武田信玄が織田信長に対する取次を定めた際の経緯が記されており、エピソードとして非常に興味深い。それによると、信長の使者津田一安[補註17]が、「もし自分が多忙で甲府に来られなくなり、佐々《さっさ》権左衛門《ごんざえもん》や赤沢十郎左衛門《あかざわじゅうろうざえもん》が使者として派遣された場合は、誰を通して言上すればよいでしょうか」と長坂光堅を通じて信玄に尋ねた。すると信玄の回答は、「高坂弾正《だんじょう》（春日虎綱）を通して申せ」というものであった。

これを聞いた津田一安は、「高坂弾正殿は川中島に在城しておられます。弾正殿が甲府にいることができない時、川中島まで赴くのはいかがでしょうか。些細な理由で、大名（大身の意）である弾正殿をこれまで（もう取次としては無用）とは申しにくいですから、御膝元において（新たに）奏者を仰せ付けて下されば、そのうえで、あらましの話を高坂弾正殿へ報告することにしたく存じます」と言上したという。

なかなか配慮が行き届いた返答といえる。春日虎綱は、信濃海津《かいづ》（長野県長野市）城代として、上杉氏との国境を守備しており、甲府にいるほうが珍しい。もし虎綱だけを取次と定めれば、岐阜から甲府に赴く際に、海津城を経由するために、大きく迂回をしなければならない。毎回春日虎綱を通さなければ交渉ができないというのでは、あまりに不便である。しかし、春日虎綱との関係を「これまで」とするのは礼を失する。そこで、新たに甲府での取次を追加で任命するという体裁をとってもらい、春日虎綱にも、交渉の概要を別途報告するという形をとりたいと願い出たというのである。これなら、虎綱の体面も維持されることになる。この結果、原昌胤と跡部勝資が新たに取次として任命されたという。

実際に信長に対する取次として活動しているのは、信濃大島《おおじま》（長野県松川町）城代秋山虎繁（一般には信友の名で知られるが、誤伝）であり、春日虎綱が関与したとは考えにくい。したがって、このエピソードそのものは事実とは認められないが、少なくとも不自然な話ではないと受け止められたのだから、このような事態が起こりえるものであったという評価はしてもよいであろう。たとえ大名の決定であっても、解任された取次が不満を抱く可能性は否定できない。不満を抱いた元取次が、自家に不利な発言をするようになっては、元も子もないのである。

こうした配慮は大名の側も行っていた。先述した上杉氏の徳川氏担当取次変更の事例では、取次交代を告げられた徳川家康は、「(今後も）毎篇《まいへん》河田豊前守《ぶぜんのかみ》（長親）へも申し達します」と上杉側に伝えている。前任の取次河田長親の体面に配慮を示した結果と考えてよい。

武田信玄が、穴山氏を今川氏担当取次、小山田氏を北条氏担当取次として起用したのも、同様の文脈で理解できる。武田信虎に従属する以前、穴山氏は今川氏と、小山田氏は北条氏と結んで武田氏に抵抗していた。その関係を、信玄は今川・北条両氏との外交に活用したのである。これも一種の「取次権の安堵」であった。

当たり前の話だが、「取次権の安堵」を行う背景には、当然大名側の思惑が存在する。先述したように、中世社会においては、中人制《ちゅうにんせい》という第三者による交渉仲介の仕組みが存在した。こうした点を踏まえれば、新規に服属した国衆が、他大名への取次を務めてくれることは望ましいことであったと考えられる。おそらく、武田氏が本国甲斐の国衆である穴山・小山田両氏を取次として起用した最初の目的は、今川・北条両氏に対する中人として活動してもらうことにあったのであろう。武田信玄と北条氏康の最初の和睦交渉が、小山田出羽守信有の本拠谷村で行われたのは、小山田氏が武田氏の従属国衆でありながらまだ第三者的性格を有しているとみなされ、その領国が武田・北条両氏にとって、擬似的な「中立地帯」と評価された結果と考えられる。

「取次権の安堵」の事例が、新規に服属した国衆に多くみられるのは、彼らに中人としての役割を求めたという理由に基づく。ただし従属国衆の中人としての立場は、必ずしも維持され続けるわけではない。特に大名の本国内国衆の場合は、徐々に譜代《ふだい》家臣としての性格を帯びていくことが指摘されている。穴山・小山田両氏は武田氏の本国内国衆であり、武田氏権力内において一門・宿老という位置づけを与えられていく。これは両氏が第三者的性格を失ったことを意味する。穴山・小山田両氏の交渉相手は徐々に拡大していくが、それはあくまで武田氏から命じられた権限であった。そのときの彼らは、中人としての取次から、武田氏権力の構成員としての取次へと転化していたのである。

第五章　外交の使者

1　使者の人選

武田氏外交の使者

第三章で外交の使者には弁舌に優れた人物が求められた、ということを述べた。実際に戦国大名の使者には、どのような人物が起用されているのだろうか。

武田《たけだ》氏の歴史を記した軍学書《ぐんがくしょ》『甲陽軍鑑《こうようぐんかん》』（以下、『軍鑑』）には、「諸国へ御使衆六人」として、信玄《しんげん》晩年の外交において、使者を務めた家臣の名前を書き上げた箇所がある。記されているのは、重森因幡守《いなばのかみ》、日向源藤斎《ひなたげんとうさい》、初鹿存喜《はじかのぞんき》、秋山十郎兵衛《あきやまじゅうろうひょうえ》、西山十右衛門《にしやまじゅうえもん》、雨宮《あめのみや》ぞんてつの六名である。

このうち、初鹿存喜と秋山十郎兵衛についてはよくわからない。しかし残りの四名については、使者としての活動を確認できる。

最初に記された重森因幡守は最初の一字が抜けていて、正しくは八重森《やえもり》因幡守といい、実名《じつみょう》を家昌《いえまさ》という。毛利《もうり》氏や本願寺《ほんがんじ》、紀伊《きい》雑賀《さいか》衆といった西国方面への使者を務めている。日向源藤斎も宛字で、出家して玄東斎宗立《げんとうさいそうりゅう》と称した人物である。安房《あわ》里見《さとみ》氏のもとに派遣されたほか、本願寺や越前《えちぜん》朝倉《あさくら》氏への使者も務めた。『軍鑑』によると、結城《ゆうき》・多賀谷《たがや》・宇都宮《うつのみや》といった北関東の国衆《くにしゅう》や、比叡山《ひえいざん》へも派遣されたという。西山十右衛門は甲越《こうえつ》同盟に際し、上杉景勝《うえすぎかげかつ》のもとへ使者として派遣されている。雨宮存哲《ぞんてつ》は受領名《ずりょうめい》を淡路守《あわじのかみ》といったと思われ、元亀二（一五七一）年に上杉家臣北条高広《きたじょうたかひろ》のもとに派遣されたほか、北条氏政《ほうじょううじまさ》の所にも赴いている。『軍鑑』は、浅井長政《あざいながまさ》・長宗我部元親《ちょうそかべもとちか》への使者を務めたともいうが確認できない。ただ全般的には、この記述はある程度信頼できるといえるだろう。

ただし、実際に使者を務めた人物はもっと多い。武田氏の使者として活動が散見されるのが、浄土真宗本願寺派（一向宗《いっこうしゅう》）の僧侶である長延寺実了師慶《ちょうえんじじつりょうしけい》である。長延寺はもともと相模《さがみ》にあった寺院だが、北条氏が一向宗を禁止した際に、甲斐《かい》に移住した。『軍鑑』には「御とぎ衆」とあるが、実際には「諸国へ御使衆」の一員に近い。本願寺派の僧侶という立場から、摂津《せっつ》の石山《いしやま》本願寺と頻繁に往復している他（『軍鑑』は伊勢長島《いせながしま》の一向一揆《いっこういっき》にも派遣されたと記す）、上杉氏のもとにも謙信《けんしん》の時代から派遣されていたようである。山内《やまのうち》上杉氏出身という伝承があり、上杉氏への使者を務めたのはそうした出自が関係しているのかもしれない。実弟の本郷八郎左衛門尉《ほんごうはちろうざえもんのじょう》は武田家の足軽大将となっており、武田氏に深く関わった人物であった。

武蔵岩付《いわつき》（埼玉県さいたま市）の国衆で、後に常陸《ひたち》佐竹《さたけ》氏に亡命した太田資正《おおたすけまさ》のもとには、高尾伊賀守《たかおいがのかみ》が派遣された。また東美濃《みの》の国衆で、武田氏と織田《おだ》氏に両属《りょうぞく》していた遠山《とおやま》氏には、秋山万可斎《ばんかさい》という人物が派遣されている。この万可斎は、尾張牢人《おわりろうにん》出身というから（『甲乱記』）、やはりそうした出自が関係しているのだろう。武田勝頼《かつより》が重用した側近秋山昌成《まさなり》の父親にあたる。

織田信長《のぶなが》に対する使者は、ほぼ一貫して市川十郎右衛門《いちかわじゅうろうえもんのじょう》尉が務めている。永禄一二（一五六九）年には、「長々岐阜《ぎふ》に止まり候」と述べられているから、交渉が複雑化した際には長期間信長の本拠岐阜に滞在することもあったようである（「信玄公宝物館所蔵文書」『戦国遺文武田氏編』一四八六号）。なお、『軍鑑』は信長への使者を秋山十郎兵衛と記すが、存在を確認できない。ひょっとしたら市川十郎右衛門尉と混同しているのかもしれない。

このように、武田氏は外交相手によって、派遣する使者を使い分けていたといえる。取次同様、使者にもこの大名にはこの人物、という役割分担があった可能性が高い。顔なじみの使者のほうが、交渉がスムーズに進むことは間違いないからである。

この点は、決して軽視することはできない。天文二三（一五五四）年、遠江《とおとうみ》国衆《くにしゅう》天野景泰《あまのかげやす》が、近隣の信濃《しなの》国衆和田《わだ》遠山氏が武田信玄に攻められそうだという話を聞いて、降伏の仲介を申し出た際に、交渉窓口として選んだのは信玄側近の長坂光堅《ながさかこうけん》（釣閑斎《ちょうかんさい》）であった。その理由は、「先年駿府《すんぷ》で会ったことがある」というものであったらしい（「天野家文書」『戦国遺文武田氏編』四一一号）。戦国時代に、直接会ったことがある他国の人物というのは非常に数が限られる。面識があるという人間関係は、極めて貴重なものであったのである。

なお、重要な交渉に際しては、取次が自身で赴く場合もあった。甲相《こうそう》同盟締結に際し、甲斐都留郡《つる》の小山田《おやまだ》領で武田側の取次駒井高白斎《こまいこうはくさい》と北条側の取次桑原盛正《くわばらもりまさ》が直接対談しているのは、その一例である。越相《えっそう》同盟に際しても、北条方の取次遠山康光《やすみつ》が半途《はんと》まで出向いて交渉を進めている。

将軍上使の起用

さらに武田勝頼は、思いがけない人物を使者として起用している。それは毛利氏のもとに亡命していた将軍足利義昭《あしかがよしあき》の家臣であった。まず確認されるのが、成福院《じょうふくいん》という僧侶である。この人物は、足利義昭の使僧《しそう》でありながら、甲斐に長く滞在しており、一〇〇貫文《かんもん》もの知行まで与えられていたという(『甲陽軍鑑末書《まっしょ》』)。勝頼は、成福院を上杉景勝に派遣している。その際には、「雇《やとい》」という表現が用いられており、頼んで使者を務めてもらった、という関係が文書上に表現されている。なお、義昭の家臣としては、他に大和淡路守《やまとあわじのかみ》という人物も甲斐に滞在していたという。武田氏滅亡に際しては、成福院と大和淡路守は恵林寺《えりんじ》(山梨県甲州市)に逃げ込んだらしい。織田信長が恵林寺を焼き討ちした際の罪状として、両名を匿《かくま》ったことが挙げられている(『甲乱記』)。

もうひとり注目されるのが、大蔵院《おおくらいん》という僧侶である。この人物も甲越同盟に関わっている。足利義昭の使僧で、比叡山延暦寺《えんりゃくじ》出身の僧侶に大蔵院日珠《にちじゅ》という者がおり、同一人物の可能性が高い。

このように、武田勝頼は甲斐に亡命してきた将軍近臣を使者として起用することで、交渉を優位に進めようと図ったものと考えられる。

在京雑掌

一部の戦国大名は、室町幕府との連絡を密にするため、京都に「在京《ざいきょう》雑掌《ざっしょう》」を常駐させていた。在京雑掌は守護の在国が恒常化する戦国期に姿を現すもので、①京都周辺で得られた動静の報告、②京都における政治交渉、つまり外交官としての役割、③本国と京都における書状や進物の取次、④公家や連歌師などとの文芸的な接触による人脈の拡大などを果たした。いわば京都における戦国大名の大使館である。

もっとも著名なのが越後《えちご》上杉（長尾《ながお》）氏の在京雑掌神余《かなまり》氏である。また関東管領《かんとうかんれい》上杉氏や駿河《するが》今川《いまがわ》氏・周防《すおう》大内《おおうち》氏・豊後《ぶんご》大友《おおとも》氏・筑前《ちくぜん》少弐《しょうに》氏といった遠国《おんごく》の守護は、京都との連絡を密接にするためであろう、室町期から在京雑掌を置いていた。戦国期における例としては、若狭《わかさ》武田氏・越前朝倉氏・出羽《でわ》大宝寺《だいほうじ》氏・陸奥《むつ》伊達《だて》氏・岩城《いわき》氏・能登《のと》畠山《はたけやま》氏・尾張織田氏・美濃土岐《とき》氏・近江《おうみ》六角《ろっかく》氏・河内《かわち》畠山氏・播磨《はりま》赤松《あかまつ》氏・但馬《たじま》山名《やまな》氏・出雲《いずも》京極《きょうごく》氏・安芸《あき》毛利氏などが確認されている。

肥前《ひぜん》有馬《ありま》氏の場合は、天文八年に従属国衆である大村純前《おおむらすみあき》に雑掌を任せた他、桑宿斎周《そうしゅくさいしゅう》桂《けい》という人物にそれを補佐させている（『大館常興日記』・『親俊日記』）。ただしこの場合は、たまたま大村純前が上洛していたためで、継続して在京雑掌をつとめたわけではない。しかしこの時の交渉で、有馬氏は七月に将軍義晴《よしはる》より「晴」字偏諱《へんき》（晴純《はるずみ》・晴直《はるなお》と親子で与えられる）と修理大夫《しゅりのだいぶ》任官を許されるなど、大きな成果を挙げている。これに対しては一二月に大友義鑑《よしあき》から在京雑掌勝光寺光秀《しょうこうじこうしゅう》と龍眠庵東興《りゅうみんあんとうこう》を通じて妨害が入ったが（『大友家文書録』『大分県史料』三二巻一二三頁）、遅きに失していた。

なお大村純前を補佐した周桂は肥前出身の連歌師であり、文芸面での人脈拡大を重視したのだろう。有馬氏は戦国期に入ってはじめて肥前守護に任じられた大名で（おそらく明応《めいおう》の政変で京都を追われ、周防に亡命していた一〇代将軍義稙《よしたね》から補任されたものと思われる）、義晴への御礼言上もこの時が初めてであった。そこで人脈を強化するために、周桂を起用したものと考えられる。

さらに有馬氏は翌天文九年になると「義」字拝領を求めた。将軍の通字《とおりじ》を求めたのだから、さらなる家格向上を図ったのである。今度も大友氏の在京雑掌勝光寺光秀から横槍が入った（『大館常興日記』）。大友義鑑の主張によれば、有馬氏は少弐氏の被官にすぎず、将軍偏諱など相応しくないというのである。有馬氏への「義」字偏諱を許してしまうと、大友氏と同じ家格になることになり、到底許せる話ではなかった。しかしこの時も妨害は失敗したらしく、有馬晴直は「義」字偏諱を受け、義直《よしなお》（のち義貞《よしさだ》）に改名している。なおこの二年後、天文一一年の有馬氏の在京雑掌は堯佐《ぎょうさ》という人物で、やはり連歌師であろうか（『親俊日記』）。

在京雑掌は、すべての大名が設置したわけではない。京都との関係が疎遠になっていった大名も存在し、幕府への対応は一様ではなかった。しかし在京雑掌は、大名の代わりに在京して幕府との折衝にあたった存在であり、戦国大名が、室町幕府との関係になお注意を払っていたことを教えてくれる。この点は、戦国大名にとっての将軍の位置を考えるうえで重要である。

山伏の派遣

武田氏や北条氏は、使者として山伏《やまぶし》（修験《しゅげん》）を起用することがあった。山伏は「客僧《かくそう》」とも呼ばれ、武田信玄は客僧衆つまり山伏に対し、「遠国への使」を務めるよう命じている（「武田家文書」『戦国遺文武田氏編』七〇七号）。その際には、規定の路銭《ろせん》つまり旅費が支給された。また「遠国への使」を務める見返りとして、棟別普請役《むなべちふしんやく》（家屋単位で賦課される普請役）免除特権を与えている。

「遠国への使」には危険な任務が含まれていたようである。永禄一二年、武田信玄は覚円坊《かくえんぼう》という山伏を安房里見氏のもとへ派遣した。しかし里見領に行くには、敵国である北条氏の領国を通過しなければならない。そこで使者としての務めを果たして帰国した暁には、覚円坊が希望している「甲州当山之山伏年行事《こうしゅうとうざんのやまぶしねんぎょうじ》」に任命すると約束している（「武田家文書」『戦国遺文武田氏編』一四四九号）。山伏には本山派《ほんざんは》と当山派の二つがあったが、当山派はまだ教団組織としては成立していなかった。それを甲斐においては、覚円坊を「年行事」つまりトップとする組織を作ってやろう、というのが信玄の恩賞であったらしい。山伏には、しばしば敵国通過という危険な任務が与えられたのである。

北条氏が山伏を使者として起用したのは、初代伊勢宗瑞《いせそうずい》が熊野《くまの》に船を遣わした際、山伏を派遣したのが始まりであるという（雑色吉臣氏所蔵城明院『年行事古書之写』『新横須賀市史』資料編古代・中世補遺三二〇一号）。その後、戦乱により山伏の本来の役割である伊勢・熊野参詣道者の案内が困難になったため、使者を務める機会が増えたらしい。その際には、やはり路銭が支給されている。山伏はこれを「御国役《くにやく》」と認識していた。ただし、北条氏の場合、相模の山伏ばかり使者を務めさせられて、武蔵の山伏には「御国役」がかけられていないという不満が出ている。

北条氏は本山派修験玉滝坊乗与《ぎょくりゅうぼうじょうよ》を使僧として重用した。また山伏を使者として派遣した早い例は、氏綱《うじつな》の代に確認できる。氏綱は大永四（一五二四）年から五年にかけて、越後の長尾為景《ためかげ》（上杉謙信の父）に書状を送る際に、「出羽山伏」を派遣している。ところがこの人物は「不弁《ふべん》之者」つまりあまり賢い人物ではなかったらしい（「上杉家文書」『戦国遺文後北条氏編』六五号）。それでも出羽山伏を起用したのには理由があった。相模と越後の間には、扇谷《おうぎがやつ》上杉氏・山内上杉氏という敵国が存在しており、「路次《ろじ》断絶」つまり安全な交通路が存在していなかったのである。そのため、氏綱は家臣を派遣することを躊躇《ちゅうちょ》し、この際仕方がないと出羽山伏を派遣することにしたらしい。そのせいか、この書状は比較的長文になっている。ようするに、本来なら使者に口頭で説明させるのだが、それを出羽山伏には期待できないため、書状に詳しく記すことにしたのである。ここでも、危険な交通路を通過する使者として、山伏が起用されている様子がうかがえる。

2　使者の危険性と路次馳走

使者捕縛指令——使者通過の困難さ

元亀二（一五七一）年一二月、武田信玄は北条氏政との甲相同盟を復活させ、上杉謙信と対立姿勢を強めた。翌元亀三年正月二七日、信玄は厩橋《まやばし》（群馬県前橋市）と沼田《ぬまた》（同沼田市）の間を往復する者を討ち取るか生け捕った場合は、どのような身分の者であろうと、恩賞を与えるという通達を上野《こうずけ》国衆に出している（「石北家文書」『戦国遺文武田氏編』一七七四号他）。

厩橋と沼田は、どちらも上杉氏の上野における拠点城郭である。したがって、信玄の指令は、両城の間を往復する上杉氏の使者を捕まえろ、というものであった。当然のことだが、厩橋と沼田の間は上杉氏の制圧下にある。しかしそれでも、何とかして使者を捕縛しろ——信玄はそう命じているのである。たとえ自領であっても、敵国に近接する限り、使者の通る道は安全なものとはいえなかった。

いうまでもないことだが、同盟国は必ずしも隣接しているわけではない。しかし重要な交渉であれば、重臣を使者として派遣しなければならない事態も当然でてくる。

元亀三年一一月に敵対する織田領国を通過し、越前朝倉氏の陣へ使者として往来した日向宗立（玄東斎）に対し、武田信玄は恩賞として知行七〇貫文を宛行っている（記録御用所本

『古文書』『戦国遺文武田氏編』一九九三号）。中世における一貫文はおおよそ一〇万円に相当するから、七〇〇万円の年収を得られる所領の加増となる。それほど、戦国期の使者の往来は危険が伴うものであった。

天正九（一五八一）年に武田勝頼が上総《かずさ》の里見義頼《よしより》のもとに派遣した使者跡部《あとべ》昌忠《まさただ》は、常陸佐竹氏麾下《きか》の梶原政景《かじわらまさかげ》のところまで到達した。昌忠の役割は、里見氏との同盟交渉であったから、何としても直接交渉にあたりたい。そこで梶原政景は、案内者として三橋宗玄《みはしそうげん》をつけて昌忠を送り出したが、昌忠は下総《しもうさ》の北条氏勢力圏を通過することはできず、何度も引き返す羽目になった（『武州文書』『千葉県の歴史』資料編中世4五三二頁）。一方、里見領との往来に馴れていたためか、案内者の三橋宗玄は無事里見領に到達している。困惑した昌忠は、里見氏に外房《そとぼう》を海路で渡海できるよう対応して貰えないかと打診した（同前五三三頁）。

しかしこれでは交渉が進まないのも事実である。やむを得ず、跡部昌忠は勝頼の書状を三橋に預けて伝言を頼んでいる。こうした使者の往来はできているのだから、北条領をどうしても通過できないわけではない。しかし跡部昌忠は武田氏の重臣であり、軽率な行動をとるわけにはいかなかったのである。結局、跡部昌忠は里見領に到達できなかったらしい。勝頼はせっかく重臣を派遣しておきながら、結果として同盟国佐竹氏の使者に交渉を代行して貰う羽目になってしまったといえる。

境目の城代の路次馳走

したがって、使者の往来には交通路の安全をいかにして確保するかが重要な意味を持った。これこそが、境目《さかいめ》の領域支配者たちが外交に携わる大きな理由であった。

天正八年に下野《しもつけ》の宇都宮氏が武田勝頼に使者を派遣した際、跡部家吉《いえよし》という人物に「路次中之儀」の「馳走」を求めている（「小田部庄右衛門氏所蔵文書」『戦国遺文武田氏編』三四〇二号）。跡部家吉は、本来の名字を倉賀野《くらがの》という国衆である。武田氏のもとで重用され、重臣の名字である跡部姓を与えられていた。居城の倉賀野（群馬県高崎市）は、武田領西上野の南端に位置する。いってみれば武田領国の入り口に位置した交通上の重要拠点であり、それゆえに重用されたのであろう。

翌天正九年、武田勝頼は上野箕輪《みのわ》（群馬県高崎市）城代《じょうだい》で西上野支配を管轄する内藤昌月《ないとうまさあき》に対し、同盟国佐竹氏の使僧の安全を保証するよう指示を出した（「龍雲寺文書」『戦国遺文武田氏編』三五六九号）。この使僧が「路次不合期」、つまり交通路を確保できずに下野佐野《さの》（栃木県佐野市）にとどまっていたため、跡部家吉と談合して安全な交通路を手配するよう命じたのである。佐野から武田領に入るには、敵対する北条氏の勢力圏を通過せざるを得ず、無事に使者が到着できるか懸念される状況にあった。そこで西上野支配の責任者である内藤昌月と、境目の倉賀野城主である跡部家吉に対処が委ねられたのである。

これが、「路次馳走」なのである。つまり領国に到達するまでの安全な交通路を軍事・外交上の様々な手段を用いて確保し、辿り着いた使者に対しては宿所などの手配をして本城まで送り届ける。境目の領域支配者たちには、そうした役割が求められていた。そのためには、彼ら自身が国外勢力と交渉を持つ必要が生じる。つまり境目の城代や国衆には、一定の外交交渉権が付与されるのである。

天正九年、武田勝頼は上野沼田城代真田《さなだ》昌幸《まさゆき》に対し、陸奥における使者通行について、佐竹・蘆名《あしな》両氏と交渉するよう指示している(「真田家文書」『戦国遺文武田氏編』三五五八号)。昌幸が城代を務めた上野沼田は、陸奥方面への交通の要所であり、やはり武田領国の東端に位置する。昌幸も境目の責任者として「路次馳走」を行う存在であり、それに基づいて外交交渉権を付与されたのである。

武田氏滅亡後、本姓である倉賀野に復姓した倉賀野家吉は、上総武田氏に対して書状を出した(『藩中古文書』『戦国遺文後北条氏編』四四九一号)。これは織田家臣で関東方面を担当した滝川一益《たきがわかずます》の命を受け、織田政権への服属を呼びかけたものであった。家吉は自分が書状を出した理由について、先代から「東筋《ひがしすじ》馳走」つまり関東方面との外交を担っていたためと述べている。先代とは、武田氏従属時代を指すのだろう。家吉は、自身を武田氏の関東方面の外交責任者と自任していたことになる。

境目の責任者たちの判断

境目の城代の役割は、単に「路次馳走」に限定されていたわけではない。境目地域の責任者として、周辺領主との関係を円滑化する役割を担っていたからである。また、彼らの発言はいわば「現場の意見」であり、交渉に一定の影響を与えたと考えられる。元亀年間の武田・上杉間交渉が、両国の境目に位置する上野箕輪城代内藤昌秀《まさひで》の意向を聴取したうえで行われているのは、その一例であるだろう。

ただし境目の城主の外交交渉権は、無限定に認められるものではなかった。特に重要なのが交渉の開始段階であり、境目で使者がとどめられる場合があった。たとえば永正三（一五〇六）年に、伊勢宗端が信濃小笠原《おがさわら》氏に派遣した使者大井宗菊《おおいそうぎく》は、国衆関春光《せきはるみつ》のもとで通行をとどめられている。

やむを得ないと判断した大井宗菊は、関春光に宗端の書状を渡して口上の内容と併せて伝達を依頼し、自身も書状を書き起こして小笠原氏に送っている（「小笠原家文書」『静岡県史』資料編7四一三号）。おそらく関春光は今まで交渉のなかった相手からの使者を通すことが果たして妥当なのか、判断に迷ったのであろう。新しい外交関係を構築することは、従来の外交関係に影響を及ぼす。つまり使者の通過を許可するかどうかそのものが、ひとつの政治判断なのであり、城代や従属国衆が安易に決められるものではなかったのである。

また天正七年に箕輪城代に着任した内藤昌月は、周辺の諸領主、特に北条氏の家老から書状を受け取った際は、武田勝頼に判断を仰ぐよう命じられている（「小山田多門書伝　平姓小山田氏系図写」）。これは、昌月の箕輪派遣自体が、北条氏との開戦に備えた西上野の防衛強化を目的としたためと考えられる。その際に勝頼は、内藤昌月が北条氏政と不用意に接触することを懸念したのであろう。境目の城代や国衆に、どの程度の外交交渉権が与えられるかは、ケースバイケースであった。

第六章　外交の交渉ルート

1　越相同盟の成立と二つの手筋

越相同盟における二つの「手筋」

さて、ここまで戦国大名の外交において、大名の家臣たちが取次という外交官として様々な活動をしてきたことをみてきた。本章で検討したいのは、そうした取次たちによって作られた交渉ルートの問題である。

戦国時代、交渉ルートのことを「手筋《てすじ》」と呼んだ。具体的には、手筋の前に人名などを付して「○○手筋」と呼称したのである。これにより、○○氏を仲介した交渉ルートということを意味した。

この手筋が複数存在したことが明らかになっているのが、永禄一二（一五六九）年から元亀二（一五七一）年にかけて、上杉《うえすぎ》氏と北条《ほうじょう》氏の間で結ばれた越相《えっそう》同盟（越後《えちご》と相模《さがみ》の同盟）である。この同盟においては、「由良《ゆら》手筋」と「北条《きたじょう》手筋」という二つの手筋が存在したことが明らかにされている。なお、後者は「ほうじょう」手筋ではなく「きたじょう」手筋と読む。上杉氏旧臣毛利北条高広《もうりきたじょうたかひろ》を仲介とした手筋であるため、このように呼んでいる。非常に紛らわしいが、御用捨願いたい。

「由良手筋」は上野国衆《こうずけくにしゅう》で、新田金山《にったかなやま》（群馬県太田市）城主由良成繁《ゆらなりしげ》を仲介とする交渉ルートである。由良成繁は、一時上杉氏に属したこともあったが、その後北条氏に従属した国衆であった。「由良手筋」は、北条氏康《うじやす》の四男北条氏邦《うじくに》（武蔵鉢形《はちがた》城主、埼玉県寄居町）が活用した。

一方の「北条手筋」は、上杉氏旧臣で上野厩橋《まやばし》（群馬県前橋市）城主である北条高広を仲介とする。北条高広は、越後国衆で、上杉謙信《けんしん》の重臣であったが、永禄九年に北条氏に寝返った人物である。このルートは、北条氏康の三男北条氏照《うじてる》（武蔵滝山《たきやま》城主、東京都八王子市）が活用した。

このように、二つの交渉ルートが併存したことが明らかになっている。なぜ越相同盟においては二つの手筋が生じたのだろうか。本章では、戦国大名外交の交渉ルートについて考えてみたい。

越相同盟交渉と関東政治史の大転換

永禄一一年一二月、武田信玄《たけだしんげん》は今川《いまがわ》氏との同盟を破棄して駿河《するが》に出兵した。この事態に、今川氏真《うじざね》は本拠地駿府《すんぷ》を放棄して遠江《とおとうみ》懸川《かけがわ》（静岡県掛川市）に退いた。武田・今川両氏と甲駿相《こうすんそう》三国同盟を結んでいた北条氏康は、自分の娘（今川氏真夫人早川殿《はやかわどの》）が徒歩で逃げ出したと聞いて激怒し、武田氏との同盟を破棄し、今川氏支援に踏み切った。しかしながら、この外交方針の転換にはひとつ大きな障害があった。北条氏は、関東で長年上杉謙信と戦争を続けており、このままでは武田・上杉氏と二正面作戦を迫られることになるからである。したがって、北条氏康にとっては、上杉謙信との関係改善が急務となった。ここに、関東戦国史の政治情勢を激変させる「越相一和《いっか》」構想が持ち上がったのである。「越相一和」は、北条氏当主氏政《うじまさ》の弟氏照と、氏邦の手で行われることとなった。両者の関係はどのように理解すべきものなのか。交渉開始時の動きをみてみよう。

　氏照の書状は永禄一一年一二月一九日付で（「春日俊雄氏所蔵文書」『戦国遺文後北条氏編』一一二七号）、北条高広の手で上杉謙信のもとに送られた。先述したように北条高広は元々上杉氏の重臣で、厩橋城代《じょうだい》として上野支配の中核を担っていたが、離反して北条氏に従属した人物である。北条氏照は指南《しなん》として北条高広を軍事指揮下におくとともに、北条氏康・氏政と北条高広を結ぶパイプ役を務めていた。自身の指南下の人間から、上杉氏内部の情報に詳しく、仲介役つまり中人《ちゅうにん》となりうる人物として選択したのであろう。北条高広の経歴は、上杉氏との交渉役としては必ずしも相応しいものではないが、氏照には他に選択肢はなかったのであろう。交渉にあたり、厩橋北条氏は上杉氏の上野沼田《ぬまた》（群馬県沼田市）在番衆に宛てて使者の通過を求める書状を出しており、使者は厩橋から沼田を経由するルートで越後に入ったようである。謙信側近の直江《なおえ》景綱《かげつな》のもとに氏照書状を届けるよう求めているから、直江景綱によって上杉謙信へ披露《ひろう》がなされたものと思われる。これが「北条手筋」であ

越相同盟関係図　□北条 ■武田 ○上杉 ●上杉方勢力 △今川（永禄12年正月時点）

る。

一方氏邦の書状は、上野国衆由良成繁を経由して沼田在番衆に送られた。由良氏も上杉氏から離反して北条氏に従属した経緯をもつ国衆で、北条氏内部では氏邦の指南下にあった。由良成繁を仲介役つまり中人とすることからこちらは「由良手筋」と呼ばれる。氏邦の出した書状自体は伝存しておらず、詳細は不明であるが、隠居の北条氏康が出した永禄一二年正月二日付の書状から、おおよその流れを把握できる（『歴代古案』『戦国遺文後北条氏編』一一三四号）。

氏康は、子息氏邦が「越相一和」について申し届けたところ、懇切な返事を頂いて本望の至りであると述べている。書状の宛所に記された松本景繁《まつもとかげしげ》・河田重親《かわだしげちか》・上野家成《うえのいえなり》の三名は上杉家臣で、国境地帯である上野沼田に在城していた人物（沼田在番衆）である。氏康の書状は、彼ら沼田在番衆からの氏邦宛て返書を受けて出されたものとなる。氏邦ではなく氏康が返書をしたためているのは、氏邦が駿河薩埵山（静岡県静岡市清水区）に出陣して不在であったためであった。沼田在番衆が返書を出していることからみて、氏邦は書状を沼田在番衆に送った可能性が高い。おそらく、沼田在番衆の奏者《そうじゃ》である山吉豊守《やまよしとよもり》を通じて上杉謙信に披露がなされたのであろう。既に書状が一往復した後の氏康返書が永禄一二年正月二日付なのだから、氏邦の書状は前年一二月中のものと判断される。なお伝存する書状の年次は、北条氏照のものがもっとも日付が早いため、氏照が最初に交渉を開始したと思われがちだが、このような時間的経緯をみれば、氏邦が先に書状を出したと考えるのが自然である。

北条氏照の独自行動

氏康・氏照・氏邦、この三者は双方の交渉をどのようにみていたのだろうか。まず、氏邦の書状が隠居氏康の命令で出されたことは間違いない。交渉開始時点での北条氏当主は氏政であるが、越相同盟交渉の主導権は隠居氏康が掌握していた。問題は、氏照の位置である。氏康は書状中で、氏照の動きについて一切触れていないし、氏邦が氏照の書状について言及した形跡も見出せない。

では一方の氏照はどうだろう。氏照は永禄一一年一二月一九日付の第一信において「氏康父子心中存知《ぞんち》せず候と雖《いえど》も」と述べており、氏康・氏政の意向を踏まえない独断行動であることを断っている。こうした文言は、予備交渉段階・同盟打診段階においては修辞的に記される可能性があるものといえる。大名が直接乗り出して交渉に失敗したら面目丸つぶれとなるからである。したがって、これだけでは氏照の発言が事実かどうかわからない。しかし氏照の第二信をみると、おぼろげながら様相がわかってくる。

氏照の第二信は、上杉謙信に直接宛てた二回目の書状と、謙信の側近直江景綱に宛てた初信からなる。第一信は、上杉謙信に直接宛てたもので、同じ書状を持たせた使者を「幾筋も」つまり何人も派遣したが(「上杉家文書」『戦国遺文後北条氏編』一一三六号)、返事は一切返って来なかったらしい。そこで改めて、永禄一二年正月七日に書状を出し直したのである。この直江景綱宛ての初信を検討してみよう(同一一三七号)。

今までご挨拶したことはありませんが、お手紙申し上げます。そもそも駿（今川氏）・甲（武田氏）・相（北条氏）は離れがたい関係にあったところ、駿と越（上杉氏）が示し合わせて、信玄滅亡を企てているという言いがかりをかけて、このたび駿河に向かって信玄は軍勢を動かしました。こうなったからには、無二に貴国と当方が御一味して、長年にわたる鬱憤を散ずるしかないでしょう。御同意いただけるならば、当方のことは（私が）色々と懸命に働きますので、貴国においては、貴方が御取り成しいただければ幸いです。以前からの筋目（敵対関係）や、またこの度先んじて（和睦を）申し入れた者がいたとしても、氏照がここまで考えに考えて、このように申し届けたうえは、すべてを投げ打って、私に馳走をお任せいただければ本望です。ひとえに頼み入るしかありません。恐々謹言。

正月七日（永禄一二年）　氏照（北条）（花押）

直江（景綱）太（大）和守殿

この書状で氏照は、直江景綱に取次となることを依頼するとともに、以前からの敵対関係を白紙にし、かつ今回（自分以外に）先に和睦を申し入れた者がいたとしても、自分に交渉を任せてくれれば本望であると述べている。つまり、上杉側の取次は直江景綱に御願いしたい、こちらの取次は自分がやる、というのである。

ここで氏照が「先立而申入族《せんだってもうしいるるやから》」がいたとしても、と述べている点は非常に興味深い。この対象は、氏照に先んじて上杉氏に交渉を打診した人物、具体的には弟氏邦を指すと考えられる。つまり氏照は、上杉氏との外交で氏邦が活動していることに不快感を表明し、あくまで自分と交渉をするように求めているのである。これは修辞的文言とは到底思えない。北条氏内部の外交態勢が不統一であることを対外的に示すものであるうえ、氏邦（およびその背後の氏康）が進めている交渉の成果は継承しないと表明したに等しいからである。外交交渉上、有益な発言とはとても評価できず、氏照が虚偽を述べる必要はどこにもないだろう。ましてや越相間は長年敵対関係にあったのであり、上杉側に不信感を抱かせることは絶対に避けなければならなかった筈である。つまり、これは氏照の本音であったとみてよいのではないだろうか。氏照の動きは氏邦のそれとは独立した、まったく別個のものであったのである。このことは、氏照が隠居氏康・当主氏政に一切打診せず、独自に交渉を開始したことを示す。氏照は、大名の意向を完全に無視して、みずから取次に名乗りをあげたのである。

したがって交渉の開始段階においては、たしかに二つの手筋が併存し、両者が統一した意思を持たずに、別個に交渉を行っていたといえる。これに対し、上杉氏は氏邦書状に返書を出し、氏照書状は黙殺するという対応をした。上杉謙信にとっては、氏照の行動は奇妙なものと映ったのであろう。どう考えても、隠居である氏康が主導する外交のほうが北条氏全体の意思を反映したものであり、氏照の外交は孤立したものだったからである。これにより、氏康・氏邦を中心とした外交が開始されることとなった。

2　手筋の統合

新「由良手筋」の誕生

永禄一二（一五六九）年二月に入ると北条氏康・氏政父子が上杉謙信に起請文《きしょうもん》を提出し、同盟交渉が本格化する。この起請文自体が、沼田在番衆から氏康に出された要請に基づくものので、交渉は、明らかに氏康・氏邦の「由良手筋」によって進展していた。通説では、以降の北条氏は「由良手筋」活用を基本としつつ、「北条手筋」も残して交渉を展開していくとされている。はたしてその理解は正しいのだろうか。

永禄一二年三月三日、北条氏康は沼田在番衆に対し、氏照・氏邦の二つの手筋について説明を行った。どうもこれ以前に、両手筋の扱いをどうするのか、上杉側から問い合わせがあったものらしい。この問い合わせは当然である。長年の敵国から同盟交渉があったと思えば、まったく異なる主体からほぼ同時に話が打診され、上杉側も困惑していたのである。

北条氏康は両手筋の扱いについて、沼田在番衆に次のように説明した（『歴代古案』『戦国遺文後北条氏編』一一六七号）。

①北条氏邦には自分が申しつけて、由良成繁の仲介により交渉を行った。②しかし氏照についても奔走しており無視しがたい。③そこで使僧天用院《してんようういん》を派遣して起請文を差し出す際に、氏照・氏邦の扱いを統一し、両判（連名）によって副状を出すように申しつけた。④し

かし出陣中であるため予定より三日遅れてしまい、二月一三日になってようやく副状が到着した。⑤天用院は一〇日に当地を発っており、そのため両判副状は（間に合わず）さしおかれて氏康の手元に預かっていた、今回派遣する使者に持たせる。

これが氏康の説明であった。まず、ここから氏邦が氏康の命令で動いている一方、氏照の動きは独断によるものであることを確認できる。氏康にとっても、氏照の行動は予想外であったのである。ところが、氏康は氏照の独断を処罰しようとはしていない。氏照に配慮して、氏照・氏邦双方を取次とする、という判断を下したのである。それが、「両判」つまり氏照・氏邦連名による副状発給という措置であった。ところが、両名とも駿河薩埵山で武田信玄と対陣中であったため、この副状自体が氏康が派遣した使僧天用院の出発に間に合わず、上杉氏をさらに戸惑わせることとなったのである。

そして氏康は次のように続ける。⑥今後は氏照・氏邦両人とも取次として走り廻るべきか、またはその必要はなく、どちらか一人だけでよいか。何をおいても謙信のお考え次第である。⑦ただし自分の本心としては、両人とも走り廻れるようにできれば、より満足である。⑧氏照についても、今後は「由良手筋」をもって申し入れることとする。

つまり氏康は、氏照の扱いをどうすればよいか、上杉氏に問いかけているのである。謙信が「一人走り廻るべき」つまり氏邦だけで十分と考えているならそれに従う、という。しかし氏康は決して氏照を見捨てたわけではない。今後も氏照・氏邦双方を取次として外交交渉を進めたいという自身の意向を示している。そのうえで折衷案として、氏照も「由良手筋」

を利用させるという案を提示し、その受諾を迫っている。表面上は謙信に選択を求める姿勢をみせつつも、明らかに自身の意向を謙信に呑ませようという交渉である。

ここで氏康の提案をもう一度見直してみよう。氏康は、氏照・氏邦双方を取次として残す代わりに、交渉ルート・交渉内容に関しては一本化することを表明している。それが、氏照も「由良手筋」を利用して交渉に参加させるという提案であった。これは事実上「北条手筋」の利用停止と「由良手筋」への一本化、つまり手筋の統合を表明したものと捉えられる。

そもそも氏康の提案は、氏康書状・氏政書状に、副状として氏照書状・氏邦書状を付すというものである。これは、一括して同じ使者が携えて越後に持っていくことはいうまでもない。この四通の書状が組み合わさって、はじめて北条氏の公式な外交文書として機能する、そういう提案をしているのである。そうである以上、それはひとつの交渉ルート（「由良手筋」）に属して動いたほうが自然なのはいうまでもない。敢えて氏照書状だけ北条高広を介して送る意味はないからである。

このことは大名にとって、同時に動かす正式な交渉ルートは、一本に絞られていく傾向があることを示している。別個に動いている手筋を放置したまま交渉を進めれば、同じ用件について二重に協議することになるばかりか、両者が提示する交渉内容自体に矛盾や食い違いが生じる可能性がでてくる。上杉氏にとっても、北条氏にとっても、交渉に混乱・支障が生じる危険が大きいものであったのである。上杉氏が問題としたのも、その点であったのであろう。氏康が統合を決断したのも、当然の帰結であった。

実際、氏康が二月六日付でしたため、一〇日に出立した天用院に託した書状の宛所は、北条氏邦の交渉相手である沼田在番衆、北条氏照の交渉相手である直江景綱、そして柿崎景家《かきざきかげいえ》という上杉氏重臣であった。使僧天用院は、由良成繁の世話を受けて越後に向かっている。たしかに、「由良手筋」を利用して、氏照・氏邦双方の交渉相手に書状を送るという形をとっていることがわかる。本来は、この使僧に氏照・氏邦両判副状を託すつもりが、間に合わなかったというのは前述した通りである。いずれにせよ、北条氏康は二つあった手筋の統合をはかり、上杉側の反応を待ったのである。

さて、北条氏康の側近遠山康英《とおやまやすひで》は、別個に沼田在番衆に条目《じょうもく》を送って氏康の「内意《ないい》」を伝えていた（「上杉家文書」『戦国遺文後北条氏編』一一四七号）。それによれば、康英は父遠山康光《やすみつ》とともに由良成繁の居城金山に赴き、半途《はんと》での対談を要請している。ここでは、交渉仲介者である由良成繁が第三者として居城を提供し、国境の中立地帯という位置づけを与えられていることがわかる。氏康の意図は「由良手筋」への統合であったから、金山―沼田間で交渉が進展するよう意図したのであろう。ただしこの使節には「遠山康英では若年に過ぎる」という懸念がだされ、実際には遠山康光と垪和《はが》康忠《やすただ》が派遣されることとなった（「本間美術館所蔵文書」『上越市史』別編六六四号他）。

一方、上杉側では交渉窓口が沼田在番衆で確定したことを受け、沼田在番衆の奏者山吉豊守が外交交渉に参加するようになる。これと入れ代わる形で、直江景綱は交渉から姿を消す。したがって、氏康の提案は上杉方の取次交代を後押しすることになったといえる。ここに「由良手筋」を基本とした、新しい交渉ルートが出現することとなった。いわば、新「由良手筋」の誕生である。

取次のバランス――カウンターパートの設定

ところで、ここでなぜ柿崎景家という人物が新たに上杉側の取次として姿を現すのであろうか。

この点を、永禄一三年に同盟条件の一環として行われた、北条氏康の子息三郎《さぶろう》（後の上杉景虎《かげとら》）が上杉氏に養子入りする際の交渉を題材に検討をしてみたい。

北条氏が上杉謙信と養子縁組を結ぶ話は、早くに決まっていた。当初は、当主である北条氏政の次男国増丸《くにますまる》が養子入りするはずであったが、氏政が難色を示したため、氏政の弟（つまり氏康の子息）である三郎へと切り替えられた。しかしながら、北武蔵における国分《くにわけ》問題や、謙信の武田領西上野への出兵問題など別の案件で駆け引きが続き、実施が先延ばしになっていた。

そうしたなか、ようやく北条三郎の養子入り問題が現実化した。ただし北条氏康・氏政は、三郎の支度が調うまで、代わりに北条氏邦を派遣するので、引き替えに柿崎景家か、それが叶わなければその子息晴家《はるいえ》を派遣して欲しいと求めている（「上杉家文書」『上越市史』別編八八八号他）。実は上杉謙信は、武田領西上野攻撃の条件として、氏照・氏邦いずれかが同陣することを求めていた。これに対し氏康・氏政は、三郎養子入りまでのつなぎとして氏邦派遣を受け入れる代わりに、柿崎景家またはその子息の派遣を要求したのである。これは養子となる三郎の「御迎」という名目がつけられているものの、実質的には人質であった。

北条氏にとってみれば、三郎を養子入りさせることは、ある意味で一方的に子息を差し出すということになる。これもいわば人質である。そのため、相応の重臣を人質として提出するよう求めたのである。謙信もこれを受け入れ、柿崎景家の子息晴家を派遣し、末代まで小田原に留めることを認めた。末代まで、というのは謙信側からの申し出であるから、相当気を遣っていることがわかる。

なお、謙信は姪を差し出すともいっているが、これは三郎に姪を嫁がせるという意味であろう。この後、三郎（上杉景虎と改名）には、謙信の姉婿である上田《うえだ》長尾《ながお》政景《まさかげ》の娘が嫁ぐことになる。つまり、謙信の姪にあたる女性である。

上杉側からの人質として柿崎景家の子息晴家が選ばれたのは、景家が取次として交渉に参加していたからである。ここで注意したいのは、北条氏の要求が、はじめから柿崎父子に絞られ、もう一人の取次山吉豊守は候補にあがっていないことである。この人質はただの人質ではない。氏康の子息である氏邦・三郎との交換相手という意味を持つものであった。このことは、柿崎景家（譲歩して晴家）が、氏康子息に匹敵する重臣と認識されていたことを示す。

柿崎景家は、越後本国の有力国衆であり、子息の一人は、謙信の実家である長尾氏の一門長尾土佐守《とさのかみ》家の家督を相続している。したがって、景家自身も一門に準じるか、それに近い待遇を受けていた可能性がある宿老《しゅくろう》である。一方、山吉豊守は、謙信の有力な側近として大きな影響力を持つ人物ではあるが、その身分は旗本に過ぎなかった。柿崎景家と山吉豊守の間には、宿老と側近という明確な家格の差異があったと考えられる。

この点は、北条氏の側も同様である。一門内でも氏康子息という特に高い家格を誇り、政治的・軍事的にも支城主《しじょうしゅ》として重要な役割を果たしていた氏照・氏邦と、宿老遠山氏の一族とはいえ、庶流《しょりゅう》家に過ぎず、氏康・氏政の側近であった遠山康光の立場には大きな違いがある。

つまり越相同盟交渉は、一門・宿老として北条氏照・氏邦と柿崎景家が、側近層として遠山康光と山吉豊守が対応する形で、外交が行われていたものと思われる。おそらく柿崎景家が取次に起用された理由は、そこにあったのであろう。北条氏照・氏邦に対するカウンターパートとして、宿老格の人物が必要とされたのである。外交というものの性質上、相手に合わせた人間を用意して、双方のバランスをとる必要があったことを指摘できる。

その際、細部の交渉が、側近層である遠山康光や山吉豊守によって進められた点にも注目しておきたい。交渉の主導権は基本的に大名が把握し、それを側近が代弁する役割を担ったのである。ここにともすれば独自の動きをしかねない一門・宿老層からなる取次と、側近の取次を通じて主導権を確保しようとする大名のせめぎ合いを見出すことができる。

手筋統合の実態

さて、氏康が主張した手筋統合の実態はどのようなものなのだろうか。この点を、まず五月に北条氏が派遣した使節団の構成からみてみたい。この使節団は、使僧天用院を中心としたもので、上杉家臣進藤家清《しんどういえきよ》が、構成員について直江景綱らに報告をしている（「本間美術館所蔵文書」『上越市史』別編七二六号）。それをみると、天用院に続いて枕流斎《ちんりゅうさい》という人物が挙げられている。この人物は北条氏照の使者で、「例式《れいしき》の方」と呼ばれているから、何度も越後に赴いたことがあったらしい。次いで、志津野《しづの》一左衛門《いちざえもん》という北条氏邦の家臣が挙げられる。注目したいのは、この人物が「院主案内者」つまり使節団トップの天用院の案内を務めており、宿所も天用院と同じである、と記されている点である。つまりこの使節団を主導したのは、北条氏康―氏邦ラインであり、氏照ではなかった。

ついで、翌閏五月末から六月頭にかけ、上杉氏が小田原に返礼の使者を派遣した際の交渉を検討してみたい。この交渉は、五月に派遣された使節団が上杉謙信から起請文を受け取ったことに対応したものであったうえ、北条氏からの起請文提出と北条氏政次男国増丸の養子入りについて定めた重要な交渉であった。北条氏側の返書は六月九日から一一日付で作成されており、隠居氏康・当主氏政に加え、取次として氏照・氏邦、そして一門の北条氏繁《うじしげ》が書状を出している。宛所は、上杉謙信または側近の取次山吉豊守である。なお、取次ではない北条氏繁まで書状を出した理由は、謙信が北条一門に幅広く起請文提出を求めたためである。

たしかに氏康の言明通り、「両判」を命じられた氏照・氏邦が揃って副状を出している。北条氏の外交文書は、隠居・当主の書状に氏照・氏邦の副状が組み合わさって、はじめて機能するものとなっていた。上杉氏使節への返礼としては当主側近である遠山康光が派遣され、由良氏の使僧と合流したうえでの越後入りを図っている。文書上からは、氏照・氏邦が取次として活動し、共同で新「由良手筋」を利用していたことになる。

ところが上杉氏の目にはそうは映らなかった。北条氏照は上杉氏使者の応対に際し、「走《はし》廻《まわ》」らなかったという抗議を受けたのである。実はこのときの交渉に関する文書だけからみれば、氏照の出した文書のほうが氏邦より多く残されている。しかしそれはあくまでたまたま氏照書状のほうが多く残されたという偶然性の問題と、書類上の話であって、実際の働きはそれとは異なっていたらしい。使者の応対や現実の交渉の場においては氏照の影は薄く、氏邦が前面に出ていたのであろう。

これに対し北条氏照は、取次としての自覚はある、しかし「由良手筋」で外交が行われたため、自分の出番がなかったのだと弁明した（「上杉家文書」『戦国遺文後北条氏編』一二八七号）。

たしかに由良成繁を交渉の仲介役とする以上、由良氏の指南として氏康・氏政への取次役を務める氏邦が外交の中心となるのは、自然ななりゆきといえる。しかし両国の合意は氏照も新「由良手筋」に属し、氏邦とともに取次として活動することであった。したがって、氏照の弁明は通用するはずがない。上杉側はあくまで氏康の提案に沿った活動を氏照に期待し、要求したのである。

ここに越相同盟交渉の取次の実態が示されているといえる。取次北条氏照は副状発給という形で、形式的には外交交渉に参加したものの、実際の影響力は大きなものではなかった。これ以降、同盟に関する氏照の発給書状はわずかしか残されていない。時間の経過とともに、形式的な文書発給の面においても交渉から外れていったものと推測される。

3　越相同盟の崩壊

北条氏照書状の回覧

ここまでの検討で、「北条手筋」は交渉が本格化した時点で利用が停止され、また氏照が現実の交渉では影が薄かったことを指摘した。しかしながら、不思議なことに上杉謙信は、北条氏照に別の役割を見出していた。それは何かというと、北条氏照の書状を、関東の上杉方国衆に回覧するという行為である。

越相同盟は、関東の上杉方国衆にとっては、驚天動地のものであった。彼らは、上杉謙信の支援を得て、北条氏康・氏政と戦っていたからである。そこで、上杉謙信は関東の国衆に対し、越相同盟について意見を聴取することとした。つまり、上杉方国衆の意向を無視して、同盟を結ぶことはしない、というポーズをとったのである。その際に回覧されたのが、北条氏照書状案と北条高広書状案であったのである。「案《あん》」という言葉にはいくつか意味があるが、ここでは同時代に作られた写を指す。

回覧に供されたという氏照書状案は伝わっていないが、永禄一二（一五六九）年二月一一日付の太田《おおた》資正《すけまさ》書状などからその存在を確認できる（「山吉家文書」『上越市史』別編六五八号他）。それによれば、同年正月一二日の山吉豊守書状に付される形で、回覧されたのだという。なお、残念ながらこの山吉豊守書状も残されていない。

ここで注目していただきたいのは、北条氏照・北条高広書状の写を回覧した山吉豊守書状の日付が正月一二日であったことである。この意味を考えるために、越相同盟開始段階の書状の動きを、時系列で確認してみよう。

まず、北条氏邦は永禄一一年一二月中に書状を沼田在番衆に出し、その回答は同年末から翌永禄一二年正月二日までに北条氏康の手に渡っている。ところが、同時期に上杉謙信に書状を出した北条氏照は、永禄一二年正月七日の段階でまだ返事をもらえておらず、「無事に届いているでしょうか」という問い合わせを行っている。氏照が確実に上杉氏から返書をもらえたことがわかるのは、実は永禄一二年三月九日まで下るのである。これは、氏康が手筋を「由良手筋」に統合することを約束し、氏照も取次として認めて欲しいと上杉側に依頼した後のことであった。つまり氏康の要請なくして、氏照は取次と認められなかった可能性が高いといえる。

上杉氏外交と氏照書状の位置

それでは、なぜ上杉謙信は、氏照書状案を回覧対象として選んだのだろうか。

まず確認しておきたいのは、関東の上杉方国衆は、越相同盟締結に反対であったという事実である。謙信に求められていたのは、彼らの意見を聴取して交渉にあたるという体裁をとりつつも、同盟を納得させるという離れ業であった。そのためには、交渉の進展が露顕してしまう氏邦や氏康の書状を回覧してはいかにも具合が悪い。これでは、上杉方国衆の意見を無視して同盟交渉を進めていることがばれてしまう。謙信は、同盟交渉を本格化させた二月末段階にいたっても、同盟打診は拒絶したという虚偽の連絡をしているのである（「中村直人氏所蔵文書」『上越市史』別編六六九号他）。

そこで謙信は、まったく返事をしていない北条氏照書状に目をつけた。この氏照書状が、どれを指しているのかは定かではないが、第二信でも「（返事が返ってきませんが）無事に届いているでしょうか」という文言があり、氏照書状を門前払いしている様子を示すことができる。時系列を考えれば、第一信を回覧した可能性が高いが、どちらにせよ、氏照書状というのは、同盟交渉がまだ白紙段階にあるという「嘘」を示すのに格好の材料であったといえる。このことを示すように、上杉氏は、関東の国衆層に対して、北条氏邦書状の存在についてはまったく触れていない。

もうひとつ、氏照自身が上杉方の国衆層と軍事的に直接対峙していたことも考慮にいれる必要がある。特に、氏照は下総《しもうさ》国衆簗田《やなだ》晴助《はるすけ》の本拠関宿《せきやど》城（千葉県野田市）を攻撃中であり、攻略は間近であった。先述した書状でも、太田資正は「南方《なんぽう》（北条氏のこと）は不利になると何をおいてもこのようにするのです。もちろんまともな話と思し召しになれば、すべてこんな筈ではなかったとなるでしょう」という見解を示している。関東の上杉方国衆は、越相同盟に反対であっただけではない。北条氏の交渉態度そのものを信用していなかったのである。彼らを説得するには、戦争当事者である氏照の書状を添付したほうが、説得力を増すと期待されたのではないか。つまり、①越相同盟は北条氏照が持ちかけてきたものだ、②だからこれを受諾すれば、氏照を関宿から撤退させることができる、③この条件なら同盟交渉を進めてみてもよいのではないか、という三段論法が可能になるのである。

　このように、回覧対象として「北条手筋」の北条氏照書状が選ばれたのは、あくまで上杉氏側の一方的な事情に基づくものと考えられる。ここに、戦国大名外交の虚々実々の駆け引きを読み取ることは許されるだろう。

　実際、北条氏照は越相同盟の条件を踏まえて、上杉謙信の要求を受け入れ、関宿攻撃を中止している。その際の交渉経路を確認すると、「北条手筋」に属する人物は一切登場しない。手筋統合後の、新「由良手筋」に属する人物が交渉に関わっており、手筋の統合を確認できる。そのうえで、氏照は指南下においていた北条高広の上杉氏復帰問題について上杉氏と交渉し、武田氏との戦争状況を連絡している。前者については指南としての責任に基づくものであり、氏照が越相同盟交渉に参加した背景のひとつと捉えられる。

北条氏照への配慮

ここまでの検討で、上杉謙信が北条氏照書状を巧妙に利用したことはわかった。それではなぜ北条氏康は、手筋を統合したにもかかわらず、氏照を取次として残したのだろうか。

これは氏康が「源三事も（略）指し置き難き間」と述べているのを素直に受け取り、北条氏照の不満を抑えるためと捉えるべきであろう。つまりこれは第四章で述べた「取次権の安堵」なのである。先述したように、取次とはそれになること自体がひとつの権益であり、ましてや外交取次ともなれば、軍事・外交政策上の発言権と絡んで、重要な地位であったと思われる。上杉氏との同盟は、永禄末期における北条氏の外交政策の中心に据えられていたのだから、なおさらである。また氏照は越後国衆本荘繁長《ほんじょうしげなが》や、厩橋の北条高広など、上杉氏から離反した重臣層との交渉を以前から担当しており、特に北条高広はみずからの指南下においていた。このような経緯から、対上杉氏交渉は、当然自分が任されるものと考えていたのではないか。彼にとって、上杉氏担当の取次から外されることは、北条氏内部での立場を弱めることになると判断したのであろう。ここからは、大名の意思による統制というよりも、家臣側の自律的な動きが読みとれる。

一方大名にとっては、交渉ルートが統一され、安定した外交関係が確保されていれば、取次が複数いることはあまり問題とはならない。そのうえで、氏照の役割は副状の発給及び以前からの職責・役割に絡んだ事項に限定されていたといってよい。越相同盟交渉における交渉ルートの変遷は、氏照の自発的動きと、その事後処理の結果であったと評価できる。

越相同盟交渉の頓挫

ただし現実の交渉にあたっては、複数の交渉ルートを確保しておいたほうが、外交交渉上有益な場合もあった。このことをよく教えてくれるのが、越相同盟末期に行われた交渉である。

元亀元（一五七〇）年八月、上杉謙信は小田原に使者として大石芳綱《おおいしよしつな》を派遣した。これは北条氏が武田領西上野攻撃を求めたのに応えたもので、北条勢の「同陣」という条件がクリアされれば受け入れると回答しようとしたものであった。ところが、大石芳綱は謙信の書状・条目を北条氏政に披露することはできなかった。というのも、遠山康光父子は伊豆韮山《にらやま》城（静岡県伊豆の国市）に、北条氏邦は居城鉢形に在城していて小田原を留守にしており、書状を披露して貰える取次がいなかったためである。そこで芳綱は「別の御奏者にては、御状・御条目渡し申す間敷《まじき》」と言上して、交渉開始を拒絶した（「上杉家文書」『上越市史』別編九二九号）。

この対応を、上杉側の硬直した姿勢とする見解があるが、芳綱の対応は外交儀礼上当然のものであった。上杉氏の使者である大石芳綱としては、契約を結んだ取次である北条氏邦・遠山康光を無視して、外交交渉を行うわけにはいかなかったのである。そこで芳綱は、取次北条氏邦が小田原にやってくるのを待ったうえで交渉を行うこととした。しかし、北条氏邦は側近ではないため、書状を披露するという役割を果たすことができない。そこで披露役として、氏政側近の山角康定《やまかくやすさだ》・岩本定次《いわもとさだつぐ》が指名され、臨時に取次を代行することとなったのである。

したがって、元亀元年八月の交渉は、上杉氏が新「由良手筋」以外に交渉ルートを保持していないことが原因でトラブルが生じたといえる。しかし外交ルートをひとつに絞ることは珍しいことではない。では、なぜこの交渉では問題が生じてしまったのか。

それは、北条氏内部における主導権争いが関係してくる。もともと北条氏において、越相同盟を主導したのは隠居の氏康であり、当主氏政ではなかった。実は氏政は、正室が武田信玄の娘黄梅院殿《おうばいいんでん》であったこともあり、どちらかというと越相同盟に消極的であったらしい。それどころか、同盟交渉初期の段階から、交渉が破綻した場合に備えた裏工作を進めていた。氏康は、氏政の態度が消極的であると、上杉謙信に謝罪したことすらある。謙信の養子に、当初予定していた氏政次男国増丸を送ることを「親子の憐愍」を言い出して中止させ、氏政の弟の三郎に切り替えたのも消極姿勢ゆえである。そうした氏政にとって、上杉謙信はどのように映っていたのだろう。謙信は、同盟のそもそもの目的である武田領攻撃を一向に行おうとしていない。それどころか、条件を次々と上積みしてくるのである。もともと消極的であったところに、このような謙信の姿勢をみせられては、氏政が不信感を抱いたのも無理はない。

そうした状況下で、北条氏康が病に倒れたのである。大石芳綱の報告によると、北条氏康は重病に冒されて、自分の子供が誰かもわからない状態になっていたという。それどころか、食事もご飯と粥を同時に差し出させ、食べたいほうを指で示すという有り様で、まともに話すこともできなくなっていた。したがって、この元亀元年八月の交渉は、当主氏政が主導権を奪回した状態での交渉となった。つまり、北条氏の外交姿勢そのものが消極的なものに転換していたのである。

このため、上杉側の要求はことごとく退けられた。まず上杉・北条勢の同陣について話し合いたいと提案すると、武田信玄が伊豆に攻め込んできており、そのような悠長なことは言っていられないと拒絶された。それならば同陣の代わりに、氏政の兄弟をひとり沼田へ（人質として）派遣して欲しいと述べ、もし疑心があるようならば謙信は血判を据えるといっているという取次山吉豊守の発言を伝えても、まったく氏政は納得しなかった。それではとハードルを下げ、北条庶流家である北条綱成《つなしげ》の子息か、宿老松田憲秀《まつだのりひで》の子息を沼田へ派遣して欲しいと条件を切り替えたが、これも駄目であった。氏政は逆に、上杉謙信の出陣があくまで先で、もし出陣が実現したら家老の子息であろうと兄弟であろうと二人も三人も謙信の陣所に派遣する、ただしその場合は上杉家よりも家老の子息を一人か二人、滝山（氏照の居城）または鉢形（氏邦の居城）に差し出せと、「公事《くじ》むき」に言い出したという。

「公事むき」というのは人によって解釈がわかれるが、「公事」には裁判という意味があるから、裁判でもしているかのように、つまり喧嘩腰に怒鳴りつけてきた、というニュアンスであろう。

大石芳綱を困惑させたのは、氏康の病状悪化と氏政の強硬姿勢だけではなかった。担当取次であり、交渉の主導権を握っていた遠山康光が韮山に遠ざけられているという事態であったのである。「殊《こと》に遠左（遠山康光）は踞《うずく》まられず候、笑止に存じ候」（とりわけ遠山康光は御前に祗候《しこう》しておらず、気の毒でなりません）という文言からすると、芳綱は遠山康光は左遷されたと理解したようである。韮山は武田氏と戦う最前線であり、そこから康光が帰還してくることは到底望めなかった。

つまり上杉氏は、北条氏に対する交渉チャンネルを失ってしまったのである。ここでは、交渉ルートを新「由良手筋」に一本化してしまったことが裏目に出た。上杉氏が頼みにできる取次は北条氏邦と遠山康光だけになっていたのである。そのうえこの交渉で、北条氏邦が大石芳綱を積極的に支援した様子は確認できない。したがって、外交関係の修復は絶望的であった。

同盟破棄と取次のその後

越相同盟は、その後も一年続くが、結局謙信が武田領を攻撃することはなく、実体を伴ったものではなかった。特に元亀二年一〇月の北条氏康死後は、「氏政から一途に書状が来ると思っていたが、そのようなことはなく、あまりの馬鹿馬鹿しさに何ともいいようがない」と謙信を嘆かせるありさまであった（「新潟県立文書館所蔵文書」『上越市史』別編一〇六八号）。その僅か二ヵ月後の元亀二年一二月、北条氏政は謙信に「手《て》切之《ぎれの》一札《いっさつ》」を送付し、同盟破棄を宣告した。氏政は、武田信玄との間に第二次甲相同盟を締結することを選択したのである。

越相同盟破棄は、北条氏内部にも大きな影響を及ぼした。大きなショックを受けたのが、交渉を仲介していた由良成繁であった。由良成繁は、話を聞いていないと厳重に抗議したが、氏政は家老にも同盟が成立してからはじめて教えた極秘事項だったのだ、と述べて成繁の怒りを懸命に抑えた。由良氏が不満を抱くのは当然だが、新「由良手筋」の中核である由良成繁に事前に秘密を漏らすわけにはいかなかったのも道理である。

取次北条氏邦も同様に、外交上の発言力を低下させたようである。これ以後、氏邦が北条氏の対外交渉に関わる事例はほとんどみられなくなる。逆に発言力を向上させたのが北条氏照であった。甲相国境の滝山城主である氏照は、武田氏との外交交渉を担当していた可能性が高く、第二次甲相同盟締結にも関与していた可能性がある。この後の北条氏の外交は、北条氏照と北条氏規《うじのり》（氏康五男）を中心に進められていくことになる。

もっとも立場を悪化させたのが、側近として取次を務めた遠山康光であった。彼は、越相同盟交渉の細部にまで食い込んでいたからである。越相同盟崩壊後、康光は北条家中《かちゅう》から姿を消す。どこへ行ったのかというと、越相同盟締結に伴い、北条氏から上杉謙信のもとに養子として送られた上杉景虎（北条三郎）のもとであった。遠山康光の北条家臣としての活動の終見は、元亀二年一〇月の上杉景虎書状だから、おそらく越相同盟破棄に伴い、景虎のもとに亡命したのであろう。以後、康光は上杉景虎の家老として活動するようになる。

つまり越相同盟を推進した取次は、同盟が破綻し、外交政策が反転する中で、かえって立場を弱める結果となったのである。他大名との関係が、家臣団内部の問題にまで波及する事態を生み出してしまったといえる。

同様の事例は他でも確認できる。たとえば徳川家康《とくがわいえやす》のもとで羽柴《はしば》（豊臣《とよとみ》）秀吉《ひでよし》に対する外交取次をつとめていた石川数正《いしかわかずまさ》は、秀吉との関係悪化を前にして、家康のもとを出奔し、秀吉に仕えている。出奔の直接の契機は、秀吉が求めた人質提出を、徳川氏が拒んだことにあった。そのうえ、ほぼ同時期に、石川数正が指南をつとめていた信濃《しなの》国衆小笠原貞慶《おがさわらさだよし》が、羽柴秀吉に寝返るという事態が起こった。外交上の失策が二つも重なった石川数正の徳川家中における評価は失墜したといってよい。ここに数正は徳川家中にとどまることができなくなり、出奔して交渉相手である羽柴秀吉のもとへの亡命を余儀なくされたのである。

本能寺《ほんのうじ》の変の一要因として、信長《のぶなが》が突如長宗我部《ちょうそかべ》元親《もとちか》との同盟を破棄し、三好《みよし》氏の復権を名目とした四国出兵を予定していたことが指摘されているのも、そのひとつといえる。織田《おだ》氏における長宗我部氏担当取次は明智《あけち》光秀《みつひで》であり、信長の外交政策転換は明智光秀の立場を低下させるものであった。そればかりか、光秀は四国攻略の軍事指揮者からも外され、完全に面目を失った形となった。取次は、外交相手と開戦という事態を迎えた時に、いわば責任をとる形で、その軍事指揮を任されることがしばしばみられるからである。もちろん、本能寺の変の原因は複雑なものであろうし、以上の記述も推論でしかないが、他の説に比較すれば説得力がある。一定の支持を得ている理由である。［補註18］

このように外交関係の変化は、取次たちの進退に大きな影響を及ぼすことがあった。だからこそ、第四章で述べたように、徳川家康は自家担当の取次北条氏規に起請文を渡し、進退保証を誓約したのである。これは、同盟関係が破綻した場合にも、取次である氏規を見放さない、と約束したことを意味する。取次は大名の政策の中枢に位置するからこそ、外交関係の破綻がみずからの立場に影響を及ぼすことがあったのである。

第七章　独断で動く取次

1　取次島津家久の独断

前章で扱った北条《ほうじょう》氏の上杉《うえすぎ》氏担当取次北条氏照《うじてる》は、大名の指示を仰ぐことなく、独自に外交交渉を開始した。しかし北条氏康《うじやす》・氏政《うじまさ》父子はそれを罰することはせず、むしろ氏照の体面を守るよう擁護する姿勢すらみせた。このことからは、取次は場合によっては大名の意図を超えた動きをすることがうかがえる。つまり外交取次とはある程度の自主性・自律性を有した存在なのであり、そこにこそ戦国大名外交の本質が隠されているということができるだろう。

本章では、取次が交渉相手の意思を尊重しすぎた結果、独断専行し、かえって大名の意思と乖離してしまった事例をとりあげる。ただ、取り扱うのは大名間の外交ではない。大名と国衆《くにしゅう》の従属交渉である。したがって、取次の独断というよりは、指南《しなん》の独断、といったほうがより正確かもしれない。ただまだ従属していない国衆との交渉であるため、外交取次の役割の一環と捉えたい。

検討対象は、薩摩《さつま》の戦国大名島津義久《しまづよしひさ》の家中《かちゅう》で起こった外交上の事件である。島津家には、『上井覚兼日記《うわいかくけんにっき》』という重臣の日記が残されており、交渉の裏面を知るうえで適した存在である。日記の記主上井覚兼は、天正四（一五七六）年頃に老中《ろうじゅう》職に抜擢された人物である。覚兼というのは実名《じつみょう》だが、読みが不明なため、出家したわけでもないのに音読みの「かくけん」で通称されている。天正八年八月に、日向宮崎《ひゅうがみやざき》（宮崎県宮崎市）の地頭《じとう》職を与えられた。これは日向佐土原《さどわら》（同前）城主島津家久《いえひさ》（島津義久の三弟）を補佐し、日向支配担当の老中に任じられた結果である。

以下では、天正期島津氏の国衆従属交渉をみていきたい。なお特記しない限り、史料の典拠は基本的に『上井覚兼日記』による。

阿蘇氏従属交渉と取次島津家久の予備交渉

はじめに取り上げるのは、天正一〇年に行われた肥後《ひご》国衆阿蘇《あそ》氏の従属交渉である。阿蘇氏は肥後阿蘇神社の大宮司家で、阿蘇郡を拠点に益城《ましき》郡にも勢力を有しており、当時の当主は阿蘇惟将《これまさ》であった。神主が国衆というと一見奇妙な気がするが、戦国期には一般的にみられた姿である。この頃は肥前《ひぜん》の戦国大名龍造寺隆信《りゅうぞうじたかのぶ》に従属し、勢力を維持していた。ところが南肥後を支配下に収めて北上してきた島津氏の圧力を受け、対応を迫られることになったのである。

この時点における島津氏の課題は、①肥後国中における戦争の展開、②肥前有馬晴信《ありまはるのぶ》の救援、③阿蘇領堅志田《かたしだ》（熊本県美里町）方面への対処の三点であった。当初の予定では、「肥州中へ御出勢たるべき」ということが課題であったらしい。阿蘇家よりは、繰り返し「罷り出でるべき由」つまり出仕を訴えてきていたが、島津氏は「御指し退き候」つまり門前払いにしていた。ところが、「先々召し出され候て然るべき」という風に方針転換がなされるようになってきたのである（『上井覚兼日記』天正一〇年一一月一七日条）。

そうした状況下の天正一〇年一一月二二日、阿蘇氏の家政を実質的に運営していた宿老《しゅくろう》の甲斐宗運《かいそううん》（御船《みふね》城主、熊本県御船町）が、島津氏への和睦（実質は従属）を申し出た。島津氏はこれに応え、鎌田政広《かまたまさひろ》と比志島国貞《ひしじまくにさだ》を半途《はんと》まで派遣した。両国の中間地点で交渉を行うという、外交の作法に則った対処である。

しかしここで宗運が、島津領国に点在していた阿蘇社の神領返付を条件として掲げたため、交渉は難航した。従属する側が条件を提示するのだから、当たり前の話である。鎌田・比志島の両名は、「とても無為《ぶい》（和睦）の事は罷り成る間敷《まじく》」と冷たく回答し、とりあえず阿蘇領堅志田に返書を送ることを約束して、「当座あいしらひ」つまりその場を取り繕って帰国した。堅志田は益城郡に位置し、阿蘇領の南端と考えられていたのだろう。これにより、阿蘇氏は危機に瀕することとなる。

しかし甲斐宗運は従属交渉を諦めず、再度使者を派遣した。その間の事情を、『上井覚兼日記』は次のように記す（天正一〇年一一月二四日条）。文中、「中書《ちゅうしょ》」とあるのは島津家久の官途名が中務大輔《なかつかさのだいふ》であったのを、中国風（「唐名《からな》」）に呼んだものである。

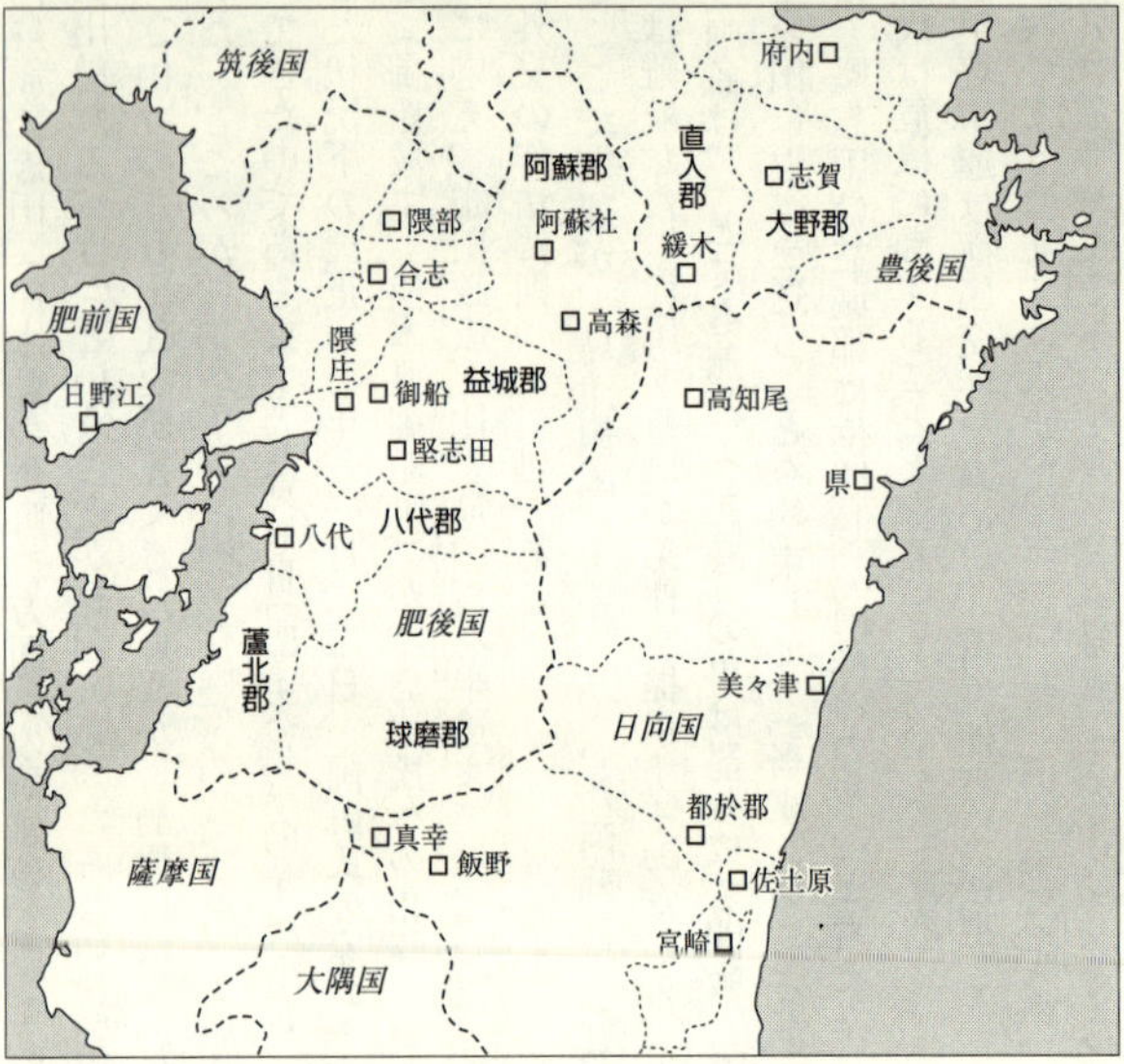

肥後・日向国概略図　郡名は本文中に登場するもののみを記した

この日堅志田へ、中書（島津家久）御前よりということで、延命院《えんめいいん》・本田城介《ほんだじょうすけ》を派遣して仰せられた。その内容は、「先日の無事《ぶじ》（和睦）のことについて、家久に対し懇望してきたので、御取成をすると定めたところ、「所領沙汰」を言い立ててきた。（島津氏の）家老衆はこれを聞いて、誰一人納得していない。その理由は、こちらからこそ所領を召し上げろと仰せられるべきだ、とまるで戦争を始めるかのような様子であった。しかしながら、この件は家久が仲介に入り、ひたすら和融の話を進めているところに、またまた所領のことを言い出している。これではいっこうに話が通らない。このままでは無事の件はまったく成立しない」と突き放した仰せであった。

堅志田は先述したように阿蘇領の南端にあたり、ここで交渉がなされた。島津領と阿蘇領の半途という認識であったのだろう。阿蘇氏側の懇望を受け、島津氏では当主義久の弟家久が「御取成」つまり取次に就任して交渉にあたることになった。使者として派遣された延命院と本田城介は家久の家臣である。

ここに記されている家久の返書によれば、島津氏の家老衆（「老名敷衆《おとなしき》」）は、「所領沙汰」つまり神領返付要求にまったく納得しておらず、それどころか逆に所領割譲を要求すべきだと言い出す始末で、攻撃をも辞さない雰囲気であるというのである。家久はせっかく自分が和睦を進めているのに、神領返付要求を繰り返すようでは話にならないとして、甲斐宗運に再考を求めた。

家久の話を聞いた甲斐宗運は、即座に神領返付要求を撤回した。延命院の報告によると、甲斐宗運の釈明は次のようなものであった（『上井覚兼日記』天正一〇年一一月二五日条）。

先日中書（島津家久）の家臣に日向美々津《みみつ》で申し入れた際に、御神領のことを御願いしました。その時使者が承った内容は、薩摩（島津氏）はことさら神慮への崇敬が厚く、きっと御神領は問題ないだろうというものでした。それを踏まえて申し上げたまでなのです。状況次第で、今後はお詫びを申し上げることもあるでしょう。今はとかく申すことはいたしません。まずは召し出されるよう（和睦交渉を受け入れてくれるよう）に中書（家久）に頼むばかりです。

つまり甲斐宗運と島津家久の家臣（「御内衆」）同士で予備交渉が進められており、宗運はそこでまとまった条件を正式な交渉の場に出したのである。この内容を家久が承知していなかったとは思えない。おそらく家久は阿蘇氏の従属が成立することを何よりも重視し、神領返付が条件に含まれていても、島津家中の賛同を得られると踏んでいたのだろう。たしかに甲斐宗運が交渉を始める直前、一一月一八日の談合では、阿蘇家は「堺目衆《さかいめ》」であるため、従属させるべきだという意見が出て、上井覚兼も同意していた。家久は、この流れなら多少条件が悪くても話はまとまると考えたとみられる。甲斐宗運が神領返付を従属条件として掲げたのは、このためであった。

　ところが家久の予測は外れた。島津氏の家老衆の間では強硬論が多数を占めていたのである。思えば、一年前に南肥後の相良《さがら》氏を従属させた際には、相良氏が領有していた三郡のうち、蘆北《あしきた》・八代《やつしろ》二郡を没収し、球磨《くま》郡のみを安堵している。したがって、阿蘇氏にも同様の対応をとるのが順当と考える家臣が多いのは、当然のことであったろう。

　つまり家久とその家臣は、島津家中の反応を、完全に読み間違えたのである。状況を理解した甲斐宗運の対応は素早いものであった。何としても和睦をまとめてもらいたいと家久に依頼するとともに、「御侘《おわび》」言上をも辞さないと一転して低姿勢に出た。

難航する交渉

　宗運からの丁重な回答を受け、島津氏は新たな条件を提示した。①甲斐宗運の子息を人質として差し出すか、それができないのならば②五日以内に龍造寺方の国衆隈部《くまべ》氏を攻撃せよ、この二条のどちらも実行しなければ、和睦は受け入れられないと応じたのである（『上井覚兼日記』天正一〇年一一月二五日条）。

　それに対する甲斐宗運の回答は、①人質については宗運の子息・孫ではなく、同名《どうみょう》（一門）中より有力者を差し出す、②隈部領攻撃は指示があり次第実施するというものであった（同一二月二日条）。書状を受け取ったのは最初に交渉に応じた鎌田政広と比志島国貞であったから、この両名が島津家久とともに取次を務めていたのであろう。なお、鎌田政広は、阿蘇氏から「中次《もうしつぎ》」と呼ばれており（『阿蘇家書礼』『大日本古文書家わけ 阿蘇文書』二巻七三八頁）、担当取次と認識されていたことは間違いない。

島津氏側が提示した条件は二つのいずれかを実行しろ、というものであった。したがって甲斐宗運は、隈部領攻撃によって要求を満たしたことになると判断したものと思われる。ところが島津氏内部では、宗運は現在従属している龍造寺隆信には孫を差し出しているにもかかわらず、島津氏には同名（一門）の提出で誤魔化そうとしており、交渉自体が偽りだという反対論が噴出した。

これには、島津家中における甲斐宗運の評価が、「平性種々武略人の事隠れ無く候」というものであったことが関係していたらしい。つまり日頃から謀略をめぐらせる油断ならない人物、という理解である。このため、今度の和睦申し出についても、人質の件で駆け引きを行っており、偽りであることは歴然という理解が主流となったのである。しかしながら宗運が違約を積み重ねてこそ、阿蘇氏に対する戦争に勝利できるという考えも島津家中には存在した。特に島津義弘《よしひろ》（義久の長弟）は、祖父日新斎《じっしんさい》（忠良《ただよし》）の「戦争を始める前に、まず先方に非を重ねさせ、島津家は約束を守ることで勝利は間違いない」という教えを主張してその場を収めたようである。後に島津氏家老伊集院忠棟《いじゅういんただむね》は、宗運に島津家中が紛糾した理由は人質問題であったと伝えるとともに、「神領に対し弓箭《きゅうせん》望み無きの由、太守《たいしゅ》（島津義久）も思し食し立たれ候」と公式見解を示している（『旧記雑録』『鹿児島県史料』旧記雑録後編一―七四八頁）。

こうした経緯からすると、島津家中において、阿蘇氏との和睦に積極的であったのは、取次の任にあった家久だけであったのであろう。しかしながら、それではこれまでの家久の努力を無駄にしてしまうという意見が出て、従属態度の見極めは隈部領攻撃の実施をみて判断することになった。人質についても、宗運の子・孫ではなく、甲斐氏一門中から然るべき人物を差し出させるという妥協案を受け入れたのである。この結果、阿蘇氏は島津氏に従属することになる。

もっとも、甲斐宗運は孫を龍造寺隆信に人質として出しているのだから、阿蘇氏は島津氏と龍造寺氏に両属《りょうぞく》する形をとろうとしたのであろう。このため島津氏は、甲斐宗運に龍造寺隆信との関係を断つよう強く求めた。最終的に、阿蘇氏が隈部氏への「手切《てぎれ》」を実施し、龍造寺氏からの離反を明確化させたのは一二月二八日のことである。ここに阿蘇氏は、島津家の従属国衆となった。

ここでは、甲斐宗運の回答が、島津側の要求を無視したわけではないという点に注目していただきたい。阿蘇氏は島津氏の要求を受諾しており、問題なく話がまとまるはずであった。ところが、島津家中では反対論が収まらなかった。それは人質の件で、龍造寺氏に対する姿勢と、島津氏に対する姿勢のバランスがとれていないという感情論である。

島津氏譲歩の背景

しかしながら、最終的には島津氏の家老衆は甲斐宗運の「一和《いっか》」要請を受け入れる方向で動いている。なぜ島津氏家老衆は不満をいいつつも、譲歩する姿勢をみせたのであろうか。それはこのままでは島津家久の行動が無駄になってしまう（「徒《いたずら》ニ罷成候間」）、という理由によるものであった（『上井覚兼日記』天正一〇年一二月二日条）。つまり島津氏家老衆は、家久の顔を立てるために、阿蘇氏の従属を受け入れる姿勢を示したのである。

このことからすれば、島津側が提示した従属条件も、家中の総意を経たものではなく、家久主導の私的な調停案という性格が強かった可能性がある。だからこそ、甲斐宗運がそれに応えても、島津家中は収まりがつかなかったのであろう。

このように、肥後国衆阿蘇氏の従属交渉は、阿蘇氏宿老甲斐宗運の働きかけで島津家久が取次を務めることになり、内々に予備交渉が進められた。ところが、家久が島津家中の総意を読み違え、意見のとりまとめに失敗したために、難航したものと評価することができるだろう。

この事例からは、島津氏の国衆従属交渉が、取次を務める一門・宿老の独断によって進められ、ある程度話がまとまってから家中の評議にかけられるものであったことを知ることができる。交渉の成否は取次の手腕にかかっていた。その際、交渉のとりまとめに失敗することが、取次の面目をつぶすものと受け止められたことは重要である。

有馬晴信と合志親重の従属

同様に、島津家久に取次を依頼して窮地を脱した人物がいる。それは肥前の有馬晴信であった。有馬氏は、父義貞《よしさだ》の代までは南肥前を掌握する戦国大名であったが、永禄六（一五六三）年の百合野《ゆりの》合戦で龍造寺氏に大敗し、以後は衰退の一途を辿っていた。天正一〇年の段階では、それまで従えていた国衆はほとんど離反し、その家格は戦国大名から一国衆へと転落していたのである。そのことを象徴するように、守護の家格を持つ大名が称する屋形《やかた》号の使用をみずから取りやめている（『日本諸事要録』『日本巡察記』三六頁）。近隣の大名・国衆を刺激することを怖れたのであろう。

天正一〇年一二月一七日、有馬晴信は龍造寺隆信の攻撃が間近であるとして、島津氏に救援を要請した。翌一八日、対応の協議がなされた。しかし有馬氏の領国である肥前島原半島には、肥後から海を渡らねばならない。そこに名乗りをあげたのが、島津家久である。家久は「有馬殿出頭《しゅっとう》之御取次」という経緯を主張し、自身の渡海を主張して止まなかったのである。家久にとって、有馬晴信は取次として保護を加えるべき対象であり、見捨てるわけにはいかなかった。有馬晴信が人質として舎弟新八郎《しんぱちろう》を家久のもとに提出したのも（『上井覚兼日記』天正一〇年一二月六日条）、このためであろう。家久は有馬晴信の取次であり、その進退を保証する役割を一身に背負っていたのである。

この時の家久出陣は「軽からざる事」と周囲から猛反対に遭い、また有馬氏救援自体見送られた。しかし天正一二年に救援が実施され、島津家久も渡海して龍造寺隆信を討ち取るという予想外の戦果を挙げることになる（沖田畷《おきたなわて》の戦い）。

逆に思いもかけないところで難航したのが合志親重《こうしちかしげ》の従属であった。合志親重は天正一〇年一一月二三日には従属を申し出ていたのだが、特に誰を取次とすることもなく、直接家老の寄合中《よりあいちゅう》に接触を図っていた。このため、「仕りにくき事多き物に候」と認識されてしまったのである。ただし合志親重の場合は、その後まもなく従属が認められたようである。合志氏の勢力は小さく、阿蘇氏と違って従属に際する障害が少なかったことが幸いしたのだろう。ただ、取次の存在が、従属交渉には重要なものであったことを示す話ではある。

2　島津家久の裏の動き

崩壊寸前の豊薩一和

続けて検討したいのが、豊後《ぶんご》国衆入田宗和《にゅうたそうわ》の従属をめぐる交渉である。

天正一二(一五八四)年に島津家久が龍造寺隆信を討ち取った結果、隆信の嫡男龍造寺政《まさ》家《いえ》は島津氏に従属を誓約した。このことは、九州の情勢を一変させるものとなった。なぜならば、九州における戦国大名は、島津氏と大友氏《おおどもし》を残すのみとなったからである。

大友・島津両氏は当時和睦中であったが(豊薩一和《ほうさついっか》)、たちまちその関係は不安定なものとなった。大友義統《よしむね》は、島津氏の龍造寺氏赦免自体に反対を表明した。大友氏の目的は、龍造寺氏に奪われていた旧領筑後《ちくご》の奪還である。したがって、大友氏は筑後に対する攻撃を継続した。

しかし龍造寺氏が島津氏に従属した以上、大友氏の動きは、島津氏への敵対と受け取られかねない。その結果、不安定化したのが日向や肥後の国衆の動向である。大友・島津領国の境目《さかいめ》にあたる北日向や北肥後の国衆には、両属という姿勢をとった者が少なくなかったが、大友氏・島津氏ともに一体どちらに従属するのか、態度を明確化させようとする動きが活発化するのである。

天正一三年八月、大友義統は日向高知尾《たかちお》（宮崎県高千穂町）の三田井《みたい》氏や肥後阿蘇氏に使者を派遣して、島津氏との手切と日向出兵が間近である旨を伝え、従属姿勢の明確化を求めた。大友氏の動きを察知した島津氏も、島津家久に県《あがた》（同延岡市）をはじめとする豊後国境を検分させ、境目の国衆に軍事圧力をかけている。三田井親武《ちかたけ》と県の土持久綱《つちもちひさつな》は島津氏に従属する意思を示したが、阿蘇惟光《これみつ》（惟将の甥）は島津方の城郭を攻撃して大友氏従属の姿勢を明確にした。もっとも阿蘇惟光は、この時わずか四歳であったから、実質的には甲斐宗運の子親英《ちかひで》の主導による離反であった。

このため、島津勢は閏八月に阿蘇領に出兵し、堅志田や甲斐氏の本拠御船、および隈庄《くまのしょう》（熊本県熊本市）を攻略した。閏八月一九日、島津氏は阿蘇惟光と交渉し、惟光の赦免を決定した。このように、境目の国衆の領国は、大友・島津両大名の緩衝地帯として、戦場となっていた。もし阿蘇氏に大友氏が援軍を派遣していれば、ただちに豊薩開戦となっていたであろう。しかしながら、大友義統は国境に軍勢を動かすにとどめた。このことが、辛うじて豊薩一和を支えていたのである。

そのうえ、この月には羽柴《はしば》（豊臣《とよとみ》）秀吉《ひでよし》による四国出兵が開始され、四国平定には時間はかからないだろうという噂が広まっていた。実際には四国平定は六月に始まり、七月末には長宗我部元親《ちょうそかべもとちか》が降伏して決着していたから、事態は島津氏の想定を越えたスピードで動き出していた。さらに秀吉は、大友義統を支援する姿勢をみせており、中央政権の動向が九州にも影響を及ぼしはじめていた。

入田宗和の従属申し出

こうした一触即発の状況下において、島津氏重臣で肥後に在番していた新納忠元《にいろただもと》のところに、入田宗和が従属を申し出てきたのである。入田宗和は大友氏の本国豊後南郡（大野《おおの》郡・直入《なおいり》郡）の国衆で、大友宗麟《そうりん》の父義鑑《よしあき》を殺害したとして処断された入田親誠《ちかざね》の子にあたる。五〜六年ほど前に帰参を遂げたものの、本領還付を許されず、処遇に不満を抱いていたという。そのことが大友義統に露顕して攻撃を受けたため、緩木《ゆるぎ》（大分県竹田市）に籠城していると伝えてきたのである（『上井覚兼日記』天正一三年一〇月一四日条他）。大友氏は、本国豊後に爆弾を抱えていたといえる。

新納忠元から報告を受けた島津氏は、この報告が事実ならば豊後攻撃もあり得ると考え、その準備を心がけるようにという廻文《かいぶん》を準備した。島津方は、入田氏の動静が大友氏との全面衝突に直結しかねないものとして、深刻に受け止めたのである。境目の国衆の帰属変更は、戦国大名の戦争の一大要因である。境目の国衆の帰属そのものが、戦国大名の戦争を引き起こす原因と言い換えてもよい。したがって入田氏の従属交渉は、豊薩手切をいつ実施するかという問題と直結する懸案となった。

天正一三年一〇月五日、新納忠元は入田氏に返書を出し、「一秣《ひとまず》馳走致すべき」ことを約束した（「入田氏系図」『宮崎県史』史料編中世1一五三頁）。次いで一一月一日には起請文を提出し、島津氏に従属するならば進退を保証することを誓約している（「入田家文書」同一二五頁）。同八日には、入田氏と島津氏の仲介役を務めた高知尾三田井氏の家老三名が、入田宗和に宛てて島津氏との交渉仲介を誓った（同前）。こうした水面下の交渉を経て、入田宗和は大友氏からの離反を決意したらしい。

もし入田宗和が大友氏から離反した場合、実際に援軍を送るのは日向衆である。そこで日向衆は、三田井親武のもとへ使者を派遣し、状況を確認することとなった。その中心となったのは、日向佐土原城主島津家久であったとうかがえる。ここでも、島津家久が取次として活動するのである。

これ以降、三田井・入田両氏との交渉は新納忠元を中心とする肥後方面のルートと、島津家久を中心とする日向方面のルートが併存することとなる。交渉ルートが二つある状態といってよい。三田井・入田氏からみれば、いわば肥後手筋《てすじ》と日向手筋が存在したことになる。

一一月二〇日、日向担当老中上井覚兼（宮崎地頭）のところに、高知尾に派遣した使者が帰還したという報告が入った。たまたま覚兼は宮崎を留守にしていたが、家臣が急報を伝えてきたのである。

帰国したのは島津家久の家臣田中筑前守《たなかちくぜんのかみ》で、入田宗和が島津氏に従属すると申し出たことは間違いがないという。入田の計画は具体的かつ切迫したもので、二四日に大友義統に対して手切を行うので、それにあわせて島津勢も豊後に攻め込んで欲しいというものであった。田中筑前守はただちに鹿児島滞在中の主君家久のもとへ報告に向かった。一方で翌二一日、上井覚兼のところへも、覚兼自身が派遣した使者が帰城した。大筋は第一報の通りであったが、入田宗和の手切予定日が、神慮を占った結果三〇日に延期になったという続報が含まれていた。

この事態に、上井覚兼は二二日に鎌田政近《まさちか》と善後策を協議した。鎌田政近は、日向担当中次の地位にあり、島津義久の命令を日向衆に伝える立場にあったからである。覚兼が相談したのは、入田宗和の手切を延期させることはできないか、ということであった。入田の島津氏従属の決意そのものは固いようだから、延期しても揺らぐことはないだろうというのが、覚兼の観測であった。であるならば、島津氏にとってより良い時期に手切を実施させたい、と考えたのである。

何よりも覚兼が懸念したのは、入田氏従属を理由とした和睦破棄では、島津氏の側から開戦したことになり、評判が悪い（「後判如何《こうはんいかん》」）というものであった。この当時既に、秀吉が九州出兵を計画しているという風聞が流れていたから、介入の口実となるのを恐れたのであろう。したがって、大友氏と開戦するのであれば、大友氏側に非がある形を作る必要がある、と覚兼は考えたわけである。

これに対し鎌田政近は、こちらから手切を命じたわけではないのだから、入田の判断で手切をするなら好きにさせればよいと回答している。ずいぶん冷たい考えだが、これには明確な戦略があった。後になって入田宗和と大友義統の和睦を斡旋するという方法もあり得る、というのである。

いずれにせよ、上井覚兼と鎌田政近の考えは基本的なところで一致していた。それは、入田宗和の動きが豊薩手切につながることを警戒しており、土持久綱から提案のあった日向県口からの豊後出兵には反対である、ということである。覚兼は鎌田政近と意見が一致したことには安堵したが、今後の動向には懸念を抱いていた。入田宗和が手切を三〇日に延期したこと自体、鬮《くじ》で吉日を占った結果と聞いており、明確な展望をもった動きとは思えなかったからである。

そのうえ上井覚兼は、島津家久の突出した動きに不満を抱いていたらしい。高知尾の三田井氏との連絡自体、島津家久の主導で行われ、上井覚兼は家久の指示で家臣を派遣したに過ぎなかった。入田の従属申し出についても、家久からは何の連絡も受けていない（「一も承り留める処これ無く候」）とかなり厳しい言葉を用いている。そこで覚兼は、大隅《おおすみ》正八幡宮（鹿児島神宮、鹿児島県霧島市）に参詣中の島津義久に使者を派遣して、援軍派遣に慎重な意見を上申した。また義久の長弟義弘にも、同様の使者を送っている。

田中筑前守の虚言と島津家久

ところが、一一月末に入ると、覚兼のもとに予想外の報告がもたらされることになる。

田中筑前守は島津義久に対して、入田宗和が一一月一六日に大友氏への「手切」を実施し、豊後南郡を残すところなく焼き払い、南郡は煙に包まれていると報告したというのである（『上井覚兼日記』天正一三年一一月二六日条）。これは覚兼の聞いた話とは、まったく異なるものであった。

あまりの朗報に喜んだ義久は、「日向攻略を成し遂げた時も大隅正八幡宮に社参をし、直ちに出陣したらうまく運んだ。いま同様の話が来ている。誠に佳例《かれい》であり、目出度《めでた》いことなので、早々に出陣しよう」と言い出したという。つまり、一度は豊後出兵を決断したのである。

しかしながら、義久は慎重な対応をとった。上井覚兼からも必ず報告があるだろうから、それを待とう、と考えを改めたのである。すると、覚兼の使者が訪れて、田中筑前守とはまったく異なる報告を行った。話を聞いた義久は冷静な判断を下した。覚兼が高知尾へ派遣した使者は、二日ほど遅れて帰還している。したがってこちらの情報のほうが正確であろう、と判断したのである。

そこで義久は、覚兼の進言をもっともであると受け入れ、境目よりどのようなことを言ってきても、鹿児島（義久）に報告することなく、粗忽に軍勢を動かすようなことがあってはならない、と厳命を下した。そのうえで、家久に対しても直接面談して、この決定を伝えたという。この結果、入田宗和の手切は延期されることとなったのである。

さて、ここで問題となるのが、島津家久家臣田中筑前守の言動である。田中筑前守は義久に対して、入田宗和に面談したと言上したという。しかし田中はあくまで高知尾に派遣されただけであり、豊後にいる宗和に面談したというのはおかしい。上井覚兼は怒りのあまり、日記に「言語道断、無首尾申す計りも無く候」と書きつけている。入田勢が一六日に豊後南郡を焼き払ったというのも、もちろん虚言である。そもそも手切の実施は二四日の予定であったのが三〇日に延期されたという話であり、一六日というのはあり得ない。入田が軍勢を動かしたという報告自体、伝わってきてはいなかった。

ではなぜ、田中筑前守はこのような虚偽の報告を行ったのだろうか。

実は田中筑前守の主君である島津家久は、天正一三年一二月九日に、入田宗和に書状を送っていた。「まだ申し馴れない関係ではありますが、ご挨拶申し上げます」という文言で始まるから、入田宗和に対する初めての書状である。この書状で家久は、自身が島津家中で取次役を務めることを誓約している。そのうえで、近隣の国衆への働きかけ（島津氏への従属工作）に励むよう求めていた（「入田氏系図」『宮崎県史』史料編中世1一五四頁）。

家久の側から入田宗和に書状を送ったのはこれが初めてだが、書状の内容によると、既に入田宗和から島津家久に忠節を誓う起請文が出されていた。おそらく、三田井氏を間においた交渉から、直接交渉へと移行していたのであろう。つまり、両者は一二月九日以前に接触をもっていた。そして入田宗和の起請文提出を踏まえて、家久は自身が取次を務めることを正式に契約したと考えられる。

田中筑前守が、家久との連絡なしに大名である島津義久に報告をしたとは考えられない。

その発言は家久と協議をした結果と考えるのが自然であろう。つまり一一月後半の段階で、家久は入田宗和に対する取次と自身を位置づけていた。そして取次の立場から、入田宗和への援軍実施を後押しするために、虚偽の報告をさせたものと考えられる。

取次島津家久の暗躍

取次となることを明言して以降、島津家久は入田宗和を支援する姿勢を強める。一二月一三日、家久は上井覚兼のもとに家臣を派遣し、三田井親武からの書状について報告をさせた。事態は予想外の進展をみせており、三田井・入田両氏は一二月六日に大友義統に手切を行い、大友領を二日間にわたって攻撃したというのである。既に入田宗和は高知尾に人質を預けるなど、島津氏に従属する姿勢を明確にしている。このことを踏まえて、援軍派遣の許可を義久に取り次ぐよう求めたのである。

話を聞いた覚兼は、激怒して家久の要求を拒絶した（『上井覚兼日記』天正一三年一二月一三日条）。

さては高知尾から、豊後（大友氏）に去る六日に手切をしたということでしょうか。まったく納得できません。鹿児島（義久）からは、この時期何があろうと軍勢派遣を堅く禁じられています。ですから、高知尾への援軍であっても軍勢を境目に派遣することはできないのです。佐土原（家久）と都於郡《とのこおり》（鎌田政近）が御談合なされ、鹿児島に報告をするのが筋と考えます。自分が以前に行った報告は、佐土原からの報告と相違しており、いかがなものかと思っていました。自分からは、鹿児島に対してこの時期援軍を派遣してもよいか、またどんな良いことがあっても、絶対に援軍を派遣してはならないか、お考えを伺うつもりです。今回の手切については、そちらから報告をなさるべきです。

ここに援軍派遣をめぐって、積極論者である家久と、慎重論を唱える上井覚兼は、烈しい路線対立に陥ったのである。これは、島津氏の日向支配の責任者同士の衝突であった。

このため、島津氏の援軍派遣は一向に実現する気配をみせなかった。事態に窮した入田宗和は、肥後の新納忠元に家久の不実を訴えたものらしい。入田・三田井氏は肥後手筋と日向手筋という二つの交渉ルートを持っていたから、日向手筋たる家久の動きが思うに任せない以上、残された肥後手筋に働きかけるのは当然の結果であった。

一二月一五日、覚兼が鹿児島に派遣した使者と、前日に日向に戻っていた鎌田兼政《かねまさ》は、再び予想外の報告をもたらした。なお、鎌田兼政は上井覚兼の実弟で、鎌田氏に養子入りした人物である。

覚兼が鹿児島にいる島津義久に使者を派遣した理由は、入田・三田井から援軍の要請がきているが、援軍を出してもよいか、それとも大友義統への手切はこちらの指示もなく勝手にやった行動だから、彼らが滅亡しようと静観すべきか、尋ねるためである。ところが一四日夕方に日向に戻った鎌田兼政は、「笑止」としかいいようがない話を覚兼に伝えた。肥後の新納忠元から、島津義久になされた報告によると、入田宗和は島津家久から手切をしろといわれたので、その命に従ったまでだと主張しているのだという。啞然とした義久は、今はあまりに時期が悪すぎる、決して援軍を出してはならないと日向衆に命じるために鎌田兼政を派遣したのだという。

　鎌田兼政は、兄である上井覚兼に関しては心配がないと判断して報告を後回しにし、まず島津家久を訪ねて義久の命令を伝えた。家久が勝手に手切を命じたというのが入田宗和の主張なのだから、当然の処置といえる。おそらく、事実関係を家久に糺したのであろう。そのうえで、上井覚兼のもとを訪れて経緯を伝えたのである。

　入田宗和の申告が事実であるならば、島津家久は入田氏支援を実施するために、①まず手切が実施されたという虚偽の報告を行い、それがうまくいかないとみるや、②入田に手切を行わせて既成事実を作ろうとしたことになる。

　つまり取次である島津家久は、自身の判断で、大名の命令や家中の合意に背く行動をとったのである。おそらく島津家久は、取次としての責務は、取次相手に対する軍事支援の実施にあると考えていたのであろう。彼はその履行のためには、島津氏全体の方針と齟齬《そご》することをも厭わなかった。

　ところがこうした家久の独断行動には、島津家中で許される範囲、という前提が存在していた。島津義久の決定が覆らないとみるや、家久の動きはとたんに鈍いものとなる。

翌一六日、家久から談合のため宮崎を訪ねたい、という話を聞いた覚兼は、家久の話を謝絶したうえで、「鹿児島（島津義久）からは、どんな良いことがあったとしても、この時期に境目へ軍勢を動かすことは無益であると承っています」「御談合をおこなっても、（貴方様に）賛同する者はいないでしょう」と返答した。つまり、家久の提案した談合の必要性そのものを否定したのである。

次いで島津義久も「高知尾堺の手切のことは、一向に納得できない」として、改めて援軍派遣の禁止を通達するとともに、覚兼に高知尾の状況を把握し、報告するよう命じた（『上井覚兼日記』天正一三年一二月二二日条）。義久は、家久および三田井・入田両氏の動きに強い不信感を抱いたものらしい。前述のような疑惑が持ち上がった以上、当然のことといえる。

そこに援軍派遣を求める三田井氏の使者が来訪したが、上井覚兼は高知尾の山中は雪が深く行軍が難しいため、軍事支援は来春になる、ただ家久の家臣が年内に赴くことだろう、と回答してその場を取り繕った。家久の違約をフォローしつつ、三田井・入田氏を離反させないための方便といえよう。島津氏として、三田井・入田氏に不誠実な態度をみせるわけにもいかなかったのである。

3　過激化する取次

豊薩開戦の談合と秀吉の停戦令

さて、この上井覚兼とのやりとりからは、三田井・入田両氏の対応に、変化が生じ始めていたことを読み取ることができる。三田井氏は日向手筋では家久に連絡をとっていたのを改め、上井覚兼にも使者を送るようになっていたのである。日向勢を動かすためには、家久だけに支援を要請しても、埒《らち》があかないと考えたのであろう。

翌天正一四（一五八六）年正月、島津氏は鹿児島で談合を行うことを決めた。四日に島津義弘が鹿児島に到着するので、それにあわせて覚兼も呼び出されたのである。ただ島津家久は、元日より疱瘡《ほうそう》を発症しており、談合に参加することは叶わなかった。このため、覚兼は日向方面の軍事について家久の意向を質してから、鹿児島へ出立した。覚兼は四日に宮崎を立ち、七日に鹿児島に入っている。

正月二二日、護摩所において鬮によって神慮が占われた。それは、肥後口・日向口双方より豊後へ攻めかかるか、日向口へ全軍を集めて攻め込むかを占うものであった。その結果、両口から攻め込むのがよいという鬮が出た。ついに島津氏は、大友氏との開戦を決定したのである。鬮の結果を踏まえ、島津義久が日向口から、義弘が肥後口から豊後を目指すことが定められた。当然だが、上井覚兼は日向口からの出陣である。

その際、肥後口については従属国衆の動向に警戒すべきだという意見が出たらしい。秋月《あきづき》種実《たねざね》・筑紫《ちくし》広門《ひろかど》・龍造寺政家をはじめとする国衆から人質をとらねば、不用心だということになった。ここからすると、この時点では国衆から人質を徴していなかったようである。東国の大名に比べると、鷹揚な島津氏の姿勢がうかがえる。これを受け、伊集院忠棟が早々に肥後に赴くことが定められた。

二三日の談合では、前年冬に秀吉から届いた書状の内容が話題となった。細川藤孝《ほそかわふじたか》と千宗易《せんのそうえき》（利休《りきゅう》）の副状《そえじょう》によれば、秀吉は関白《かんぱく》になったのだという。秀吉は九州で戦争が続いていることに不快感を表明し、「国郡境目相論《こくぐんさかいめそうろん》」は自分が裁定するので、ただちに停戦するようにと命じていた。いわゆる「惣無事令《そうぶじれい》」のひとつ九州停戦令の発令である。

これに対し、関白殿であれば相応の御返事を出すべきだが、羽柴という人物は、「由来無き仁」と世間では取り沙汰されている。当家は頼朝《よりとも》以来続いた家であり、羽柴ごときを関白と扱って返書を出すのは「笑止」であるという話になった。さらにこのような「故無き仁」を関白にするとは、綸言《りんげん》（天皇の命令）も軽くなったものだなどという意見まで出て、細川藤孝に宛てて返書を出すことで一決した。もっとも、披露状《ひろうじょう》の形式をとっているから決して失礼な書札礼《しょさつれい》ではない。

その返書では、織田信長《おだのぶなが》と近衛前久《このえさきひさ》の調停により、「豊薩和平」（豊薩一和）が成立し、島津氏はそれを遵守してきた。大友氏は違約を繰り返したが、この和平を守って応戦していない。ところが、最近肥後国境において、数ヵ所城郭が破壊された。このように攻め込まれたならば、今後のことは予測がつかない。きっと「相応の防戦」をすることになるだろうが、少しも当国の非（「当邦之改易」）にはあたらない、という主張が記された。

ここに島津氏と大友氏の関係に、中央政権の主宰者たる羽柴秀吉が直接関与する事態が生じたのである。覚兼は、こうした談合を終えたうえで、二七日に宮崎に帰国した。

上井覚兼の取次化

二月五日、高知尾から使者が来て、三田井氏は島津家臣新納忠元とともに、阿蘇方の高森《たかもり》入道を討ち果たしたという報告が入った。境目における国衆同士の争いは、再燃しつつあった。そのうえ、一六日には三田井氏から大友氏の重臣志《し》賀《が》道益《どうえき》が入田氏に同心したという報告が入った。こうした情勢の変化を受け、開戦慎重派であった覚兼の態度に変化がみられるようになる。

二月一六日に上井覚兼を訪ねた三田井氏の使者は、入田宗和の使者を同道し、志賀道益の内応について詳細な報告を行った。それによれば、志賀道益は大友義統が召し使っていた「一之《いちの》対《たい》」を奪い取り、保護したという。その結果、勘気を蒙って蟄居することになった。それに不満を抱いて、入田宗和に与することになったのであるという。「一之対」というのは女性であろう。つまり、志賀道益は大友義統の側室を奪取し、それによって勘気を蒙ることになったのである。何とも奇妙な離反経緯だが、上井覚兼はこれで納得したらしい。

入田宗和の使者は次のように述べて、覚兼を口説き落とした（『上井覚兼日記』天正一四年二月一六日条）。

今年の春中に軍事行動を起こせば、豊後制圧が思い通りにいくことは、たいして時間はかからないでしょう。右の仁（志賀道益）に限らず、国衆の心はばらばらとなっており、滅茶苦茶な（「正体無き」）有り様です。

そこで覚兼は、ただちに使者を引見し、酒を出して話し合った。すると、その使者は豊後の絵図を写して持参しており、ここかしこの様子を詳しく報告した。そして「覚兼が書状を志賀道益に送るのがよろしい」と使者両名が言うので、直ちに書状を書き記したという。

ここで覚兼がしたためた書状の文言には、注目すべき内容が含まれている。該当箇所をみてみたい。

あなたがたも御存知のように、豊薩和平の件は、京都の御媒介で成立したものです。ところが昨年の冬以来、大友殿（義統）が当家に対して違約をしていることは歴然としています。とくに、（日向の）県表に対しては、度々攻撃を仕掛けてきています。このうえは、「返答の防戦」をすることに異議はないでしょう。その時は、御入魂《じっこん》を御願い申し上げます。

先述したように豊薩一和とは、織田信長の調停（「京都御媒介」）で実現したものであった。ところが、大友義統は国境の日向県方面で、挑発行動を繰り返し始めたのだという。これを受けて、覚兼は現在は大友義統から手出しをしている状況にあり、豊後に攻め込んでもそれは「返答の防戦」つまり防衛戦争という主張が成りたつと判断したのである。これは、正月の鹿児島における談合の結果を踏まえたものであった。

室町幕府法に「故戦防戦法《こせんぼうせんほう》」というものがある。これは「私戦《しせん》」を処罰する際に、戦争をしかけた側に重い処分を科する法である。おそらく戦国大名の間でも、まったく大義名分のない戦争には問題がある、という意識があったと考えられる。特に中央政権の主宰者たる羽柴秀吉の九州介入が間近に迫る政情では、和平をどちらが先に破ったかは重要な問題になると認識されたのであろう。大友氏の側に非があると確信した上井覚兼は、豊後出兵を決意した。

ところが鹿児島に赴いた覚兼を待っていたのは、豊後出兵を秋まで延期するという義久の意向であった。驚いた覚兼は、入田氏使者の口上と、豊後国内の混乱状況を伝えたうえ、自身が調査した県表の現状報告を持ち出して即時開戦を主張したが、周囲の賛同を得ることはできなかったという。落胆した覚兼は「何事も力及ばず候」「無念々々」と日記に書き記している（『上井覚兼日記』天正一四年二月一九日条）。

このような覚兼の言動は、前年のそれとは正反対のものであった。その背景には、先述した情勢の変化に加え、覚兼自身が直接三田井氏・入田氏と交渉を持つようになり、両氏への取次という側面を持ち始めたことが関係していると考えられる。つまり、前年の島津家久と同じ立場に、覚兼も立たされたのである。

覚兼はこの後も三田井氏を通じて入田・志賀両氏との交渉を重ねた。天正一四年になると、三田井氏との連絡は家久よりも覚兼や鎌田政近（日向担当申次）が中心になっているようにすらみえる。さらに三月二七日、覚兼は入田宗和に返書を送り、「向後申し承るべき事」を約束した。覚兼は、入田氏の取次としての立場を明確化させたといえる。

そうしたところ、四月一一日に高知尾からの使者が鎌田政近を訪ね、「番衆」の派遣を要請した。この使者は宮崎の覚兼のところも訪問する予定だったが、足を痛めて動けなくなってしまったため、代わりに鎌田政近の使者が覚兼に書状を届けている。覚兼はただちに返書を記そうとしたが、島津家久の考えも聞いたうえで返答するとして、使者を政近のところで待たせておくよう申し送った。

翌日、覚兼は家久に「援軍を送らなければ、外聞といい、実儀といい、よくないことになるのではないでしょうか。左様の時は、高知尾まで軍勢を少々派遣すれば、ひとまずの援軍の形になると言っていますので、そのようにご判断されてはいかがでしょうか」と自身の考えを伝えた。

覚兼のもとに帰還した使者は、家久が覚兼の意見に賛同する意向を示したと報告した。日向衆は、高知尾への番衆派遣受諾の方向でまとまったのである。二二日には、三田井氏が家久に書状を送り、一八日に大友義統が志賀・入田への攻撃を開始したので、高知尾から援軍を派遣する、そのため、留守となる高知尾へ番衆を派遣して欲しいと要請してきた。

ところが、翌二三日になると上井覚兼の判断は変化した。一度番手を派遣してしまえば、連綿と在城させ続けることになるから、安易に決めてよい話ではない。大友勢が攻撃を開始してから何日も経過しているので、今少し様子を見たほうがよい、と日向飯野《いいの》（宮崎県えびの市）の島津義弘に報告したのである。二六日、義弘も覚兼の意見に同意した。また、志賀道益・入田宗和は肥後八代（熊本県八代市）の伊集院忠棟にも援軍要請を送っていたが、伊集院忠棟も肥後口・日向口双方同時に援軍を送らねば意味がないと慎重な態度を示した。結局、ここでも援軍派遣は見送られることとなった。

一方、五月四日に覚兼のもとに届けられた伊集院忠棟の意見は、少し変化していた。高知尾衆が援軍に出陣した後の番勢であれば、派遣しても構わないのではないか、というのである。ところが、覚兼はまだ慎重だった。というのも、覚兼が得た情報では、志賀・入田を大友氏が攻撃しているという確証は得られていなかったからである。つまり高知尾の三田井氏も、志賀・入田氏も、島津氏に援軍を派遣させるために虚偽の報告をしている、というのが覚兼の見立てであった。

秀吉による九州国分裁定と豊薩開戦の決定

しかし五月二二日に入って事態が動いた。細川藤孝に宛てた返書を持たせて上洛させていた鎌田政広が上方の情勢を報告にやってきたのである。鎌田政広は、秀吉のもとに四度見参していた。秀吉は、口頭で島津氏に対する回答を述べたという。それによれば、九州は大半を島津殿が進退（掌握）していると聞いているので、肥後半国・豊前《ぶぜん》半国および筑後一国を大友殿（義統）へ、また肥前一国を毛利《もうり》殿（輝元《てるもと》）へ引き渡すように。筑前《ちくぜん》一国は秀吉が知行する。その残りを島津のものとして、和睦すれば目出度いことである。この裁定に対する返事を、来たる七月中に再度鎌田政広が上洛して回答せよ。それがなければ、七月に必ず九州に出馬する、という内容であった。九州国分《くにわけ》が通達されたのである。

しかしながら秀吉による国分裁定は、大幅な分国割譲を意味するものであり、島津氏には到底受け入れられない内容であった。島津義弘は、六月六日より談合を開始し、覚兼は翌七日から参加した。ところが真幸《まさき》（宮崎県えびの市）の今宮《いまみや》社より、豊後への出陣を待つようにという神託が下ったため、出陣が遅れているという。覚兼は「笑止に候」と書き記しているが、戦国大名が吉日を占って出陣の日取りを決めることは一般的な話である。ただ、事態の切迫に比して、のんびりしていると感じたのであろう。もっともこの御神託は、七月二七日までには豊後を攻めるべきで、今月中に行うのがよいとも告げていた。八月に延期してはよろしくないというのである。同社の神慮は、昨年堅志田・御船の攻略も的中させたものであったというから、今こそ談合しようということになった。

秀吉から国分の話が出ており、難しい問題ばかり噴出しているところにこの神慮である。とにかく豊後を攻略してしまおうと話がまとまり、島津義久もそれに賛同していることが伝えられた。春の談合では、義久が日向口、義弘が肥後口と定められていたから、その決定が踏襲されることとなった。島津氏は秀吉の命令を無視し、肥後・日向両口より大友氏の本国豊後を攻撃することを決定したのである。ここに豊薩一和は崩壊することとなった。

島津義久の方針転換と困惑する取次たち

ところが一六日になって、突然鹿児島からの使いが来訪した。この時、覚兼は家久の使者が同道した入田宗和の使者と閑談中であったが、もしや御談合の内容に相違があるのでは、と考えてただちに使者を佐土原に帰した。果たして、鹿児島からの使者は豊後出兵の延期を伝えるものであった。それによると、真幸今宮社のご神託がその後も下り、その内容がばらばらであったという。そのうえ、毛利輝元のところへ派遣していた使者が帰国し、情勢報告を行った。それを踏まえたうえで、先日の談合で定まった豊後出兵と、筑紫表出兵のどちらがよいかを占う鬮を引き直したのだという。鬮の結果は、筑紫表出兵がよい、という内容であった。ここに義久の決定はあっさり覆ったのである。覚兼は余りに掌を返すような御談合で、笑止であると述べながらも、受け入れざるを得なかった。さらに日向衆に出された指示は、七月一日に筑紫表着陣というものであったが、とても間に合わない、というのが覚兼の実感であった。

上井覚兼や島津家久が困惑した理由は他にもあった。既に入田・志賀両氏からは、六月一一日に正式に島津氏従属を誓う「証文」を提出するという確約を得ており、その返書において「御出勢必定」と回答していたからである。入田宗和と大友氏との関係も明確に悪化しつつあったらしい。その状態は「三年籠城致す」と称されている（「入田氏系図」『宮崎県史』史料編中世１一五一頁）。決定的な破綻に至らなかったのは、隠居の大友宗麟が使者を派遣して入田宗和を宥めており、入田宗和もそれに応じる姿勢を示していたからである。

しかし島津氏の出陣決定を聞いた入田宗和が積極的な動きに出れば、その離反は明確なものとなる。入田氏の従属を取り次いできた家久・覚兼からすれば、義久の突然の命令変更は到底納得できるものではなかった。家久は命令変更のあった一六日付で入田氏に謝罪の書状をしたため（「入田家文書」『宮崎県史』史料編中世１一二六頁）、覚兼に対しても「正直に言うしかないだろう」と回答した。しかしながら、既に入田宗和からは大友義統に手切を実施し、勝利したという報告が届いていた。

取次たちの積極策

これを受け、日向衆の間ではより積極的な対応が模索されるようになる。覚兼をはじめとする日向衆が着目したのは、入田氏の手切実施が判明したのが、義久の考えが変わり、筑紫表へ攻撃目標が変更になった後のことであるという点にあった。状況に変化が生じた以上、義久に再考を求める余地があると思われたのである。

そもそも入田宗和との交渉は、島津家久の主導のもと自分たちが計策してきたのに、見捨てるようなことになっては評判が悪い、後日のためでもあるので、入田への援軍派遣を許可願いたいと島津義弘に要請してはどうか、というのが二一日の談合の結論であった。そのうえで、義弘からの回答が来るまでは日向衆の筑紫表出陣は延期すること、遠方への出陣を嫌がっての行動と誤解されるかもしれないが、天道《てんどう》に隠れ無いことであり、何ひとつ恥じることはない、神前で誓いをたててでも、この一ヵ条を主張しようということになり、島津家久も賛成をしたという。

ここに日向衆は、一時的とはいえ、義久の命令実施を留保することを決めたのである。なお義久ではなく義弘に許可を求めたのは、義弘がこの時島津家「御名代《みょうだい》」という立場にあり、軍事面での権限を義久から委譲されていたためであろう。

この義弘の立場については先学の見解が一致していないが、天正一三年四月に当主義久から「守護代」「御名代」という立場を与えられ、「国家之儀等御裁判」を委任されている。これにより、義弘は家督代行者（名代）になったものとみられる。上井覚兼は「御家督御相続」を理由に義弘と主従関係を結ぶ起請文を交換しているし、近衛信尹《のぶただ》からも家督相続を祝う使者が出されている。つまり、対外的には島津氏当主は義久ではなく、義弘であった。天正一四年八月一七日に、毛利氏のもとに亡命していた将軍足利義昭《あしかがよしあき》から「義」字偏諱《へんき》を受けたのも、島津氏当主と扱われたためであろう。

ところが、義久はいっこうに実権を手放す気配はみせず、義弘もその真意を疑っていたらしい。この結果、天正一四年八月一二日に義久が改めて起請文を作成し、家督譲与を誓約するという事態にまで発展している。したがって、この時期の島津氏の家督は形式的には義弘でありながら、実権は義久が掌握しているという複雑な事態が続いており、家臣団も双方の意向を伺うというのが一般的であったのであろう。なお、隠居が実権を手放さないというのは戦国期に広くみられた事例である。通常は、家督継承を円滑化させるためになされる措置だが、島津氏の場合は、義久と義弘の関係がうまくいかなかったため、事態の混乱を招いたようだ。つまり、義弘は家督代行たる「御名代」となり、対外的にも正式な当主と認識されていたが、戦国大名とよべる実権者は義久のままであったのである。

豊薩開戦の談合が義弘臨席のもとで行われ、義弘の所領である真幸の今宮社で神慮が占われているのは、こうした島津氏の内部事情を反映していると思われる。ここでは、義久は談合の結果を聞いて賛意を示しているだけである。ところが、実権は義久が掌握していたために、その指示で談合の結論は容易に覆された。つまり豊後出兵の方針自体、義久と義弘の間で齟齬をきたしており、それが日向衆を混乱させる事態を招いたのであろう。

過激化する取次上井覚兼

話を元に戻そう。義弘に使者を送って方針の再考を要請する一方で、上井覚兼は二二日付で入田宗和に返書を送った。それによると、龍造寺・秋月両氏から筑紫広門が豊後に同心する動きをみせており、これを放置できないといってきたため、先に筑紫を滅ぼすことにした。これも志賀・入田支援の一環であるので、どうか納得してもらいたい、という。何とも苦しい弁明である。神慮による方針転換とはどこにも記されておらず、龍造寺・秋月両氏の要望に話をすりかえている。覚兼としては、義弘の反応が読めない以上、筑紫出陣という命令を入田宗和に伝えるしかなかった。

ところが義弘への書状を携えた使者が出発した当日、覚兼の考えに変化が生じたらしい。過激な提案を鎌田政近に示したのである（『上井覚兼日記』天正一四年六月二四日条）。

二四日、興禅寺《こうぜんじ》・柏原《かしはら》方が早朝に出立した。この日、鎌田源左衛門尉《げんざえもんのじょう》（兼政）を派遣して、鎌雲州《うんしゅう》（鎌田政近）へ内談した。その内容は、「佐土原にて話し合ったように、両使を義弘様のもとへ派遣できました。めでたいことです。しかし私がその後思案したところ、入田を支援することができなければ、外聞といい実儀といい笑止です。とりわけ中書公（家久）、そのもとで雲州（鎌田政近）と私が、旧冬以来音信を交わしてきた相手です。万が一入田が滅却《めっきゃく》（滅亡）するようなことがあっては、迷惑です。雲州（鎌田政近）が納得してくれれば、中書（家久）へ御内談をおこなって、粗忽ではありますが当国衆だけで、梅口を攻めてはどうでしょうか。この件を内談したく思います」というものである。

つまり島津家久に相談して、日向衆の独断で入田宗和支援を敢行してはどうか、というのである。あまりに急進的な発想で、それまでの覚兼の言動からは想像もできないものであった。大名の軍事統率権を完全に無視した発言といわざるを得ない。

相談を受けた鎌田政近も仰天したのであろう。かなり気を遣った対応をしている。すなわち、「貴方のお考えには賛成です。佐土原に赴いて、中書（家久）のお考えも伺ってみるべきでしょう」と回答をした。ところが、使者として赴いた鎌田兼政（覚兼の実弟）には、政近の本心は「義弘の返答を待つべきだ」と聞こえたらしい。そこで一度帰城して、覚兼の考えを聞き直してみようと思って帰ってきたという。報告を聞いた覚兼は、自身の考えの行きすぎに気がついたとみえる。再度鎌田政近に書状を送り、「中書（家久）の御意見は、当然使者が帰って来るまで待つべきとのことです」と伝えた。まもなく政近から返事が到来し、「鎌源（鎌田兼政）から聞いたお考えに賛成したので、佐土原へ参上して、（家久と）御内談しようと思っていたところ、鎌源は帰ってしまいました。であれば、武庫様《ぶこ》（義弘、兵庫頭《ひょうごのかみ》の唐名）へお伺いをたてたのですから、その御返事を聞くまで待つのがよいでしょう」というものであった。

どうやら鎌田政近は、表面上は覚兼に賛成しつつも、表情や言葉遣いで鎌田兼政に本心を伝えるという高度な手法を用いたらしい。兼政もそれを理解して、覚兼を宥めることに成功したのである。

さて、上井覚兼が大名である島津義久の命令に逆らってまで援軍を派遣しようとした理由は、万一入田氏が滅びれば、取次をしてきた自分たちにとって「外聞実儀笑止」「迷惑」であると考えたためであった。覚兼が義弘に宛てた書状では「とにかく入田方を御見捨になられては、今後の為になりません」と島津氏が蒙る不利益のみを強調している（『上井覚兼日記』天正一四年六月二三日条）。つまり味方になろうとしている入田氏を見捨てれば、続いて寝返ってくる者がいなくなる、という主張である。たしかに義弘を説得するうえで筋の通った説明だが、これはあくまで表向きの発言であろう。

おそらく、覚兼の本音は「外聞実儀笑止」という部分にあるとみてよい。もちろん島津氏全体のことを考えてという説明も、決して嘘ではないだろう。しかしながら覚兼が最も恐れ、周囲の人間も納得したのは、あくまで取次としての責任を放棄することで受ける非難であった。そもそも義弘の返事を待たずに軍勢を動かしては、許可を求めた意味がない。これは前年の家久の行動といったいどこが違うのだろう。かつて島津家久の独断を非難した覚兼の面影は、どこにも存在していなかった。

覚兼の変化の背景には、従属を仲介して進退保証に責任を負った取次が、交渉相手を見捨てたと思われることは絶対に避けなければならない、という観念が存在していたと思われる。「外聞実儀笑止」と非難されることへの不安は、大名の出陣指示を無視させるほど大きなものであった。島津氏は東国の大名と比べて軍役《ぐんやく》規定に鷹揚なところがあり、覚兼個人は、しばしば病気を理由に出陣免除を申請している。しかしながら、これはそれとは根本的にレベルが異なる。日向衆全体の出陣を無断で延期しただけにとどまらず、独断での軍事行動を提案するというのは、尋常なことではない。

島津義久の激怒

日向衆からの書状を受け取った島津義弘は、覚兼の提案に理解を示した。しかしながら義弘の立場は「御名代」に過ぎず、先述したようにその権限は不明確な状態にあった。したがって義弘が、自分の一存で義久の決定を覆すわけにはいかない。当然のことではあるが、義久に報告をするという手続きをとった。日向衆の期待も、義弘が決定を下すことにあるのではなく、義弘の口添えで義久の考えを変えてもらうことにあったと思われる。

ところが、報告を受けた義久は、命令を無視されたことに激怒した。義久は怒りのあまり、今までは覚兼を特別に頼みにしていたが、これから先は「他国人」と思うとまで罵《ののし》ったのである。義久は覚兼が出陣に遅参した過去の例や、戦勝祝いの挨拶を言上しなかったことを並べ立て、「御為を考えてのことです。いささかも私曲《しきょく》はありません（不正に自分の利益をはかろうとしてはいません）」という申し開きを一蹴した。日向衆の総意という説明も、覚兼には誰も反対意見を言えなかったに違いないと退けられ、すべてが覚兼個人の無分別によるものとされたのである（『上井覚兼日記』天正一四年七月一四日・一七日条）。

先述したように、上井覚兼は日向支配の担当老中であり、義久からみれば、その責任は軽いものではなかった。義久の怒りが覚兼個人に向かったのは、老中としての責任を放棄したと見なしたためであろう。しかし覚兼は入田氏に対する取次としての立場から行動していた。両者の視点には、根本的な相違があったといえる。

覚兼は、野心不忠の人間とまでは言われなかったこと、囁かれていた家中追放を免れたことで自分を慰め、ただちに筑紫表への出陣命令を遂行することで、忠節を証明するしかなかった。結局、家久・覚兼の計画した三田井・入田氏救援は、いったん中止されることになるのである。

大名と取次の意向の乖離

さて、ここまでみてきたように、島津氏では取次を務める一門・家老の面目や外聞が極めて重視された。取次相手を見捨てるようなことがあっては、取次の面目を潰すことになるという考えが存在し、取次自身もそのことに過敏になっていたのである。

そのことが、島津家久や上井覚兼の独断行動を生んだ。島津家久は、国衆を従属させる際には、独断で事前交渉を行ったばかりか、場合によっては虚偽の報告をすることも辞さなかった。上井覚兼は、国衆を保護するためには、大名である島津義久の意向にさからって、指揮下にある軍勢の出陣を中止させたうえ、独断で援軍派遣を実施しようとまで考えた。これはすべて、取次としての外聞を重んじた結果である。

いったいどうして、ここまで取次の考えと、大名の意向に乖離が生じてしまったのだろう。それは、取次にとっての交渉相手は、何度も接触を重ねて契約を結び、保護を加えることを誓った対象であったのに対し、大名にとっては、いまだ従属を果たしていないほとんど無関係の相手であった、ということに原因がある。

たとえ起請文を提出していても、入田氏や志賀氏は島津氏に完全に従属した存在ではない。まだ予備交渉の段階に過ぎなかった。取次にとっては、交渉の始まった国衆を保護することが自身の外聞維持につながったが、大名からすれば、従属が確定していない国衆の保護を優先させる必要はない。ここに、両者の考えが乖離し、決して交わらない理由があったといえる。

したがって、取次相手にとっては、大名よりも自身の担当取次のほうがより親近感を覚えやすい。ここに取次が交渉相手と密着し、大名の意図を超えた強いつながりを持つという状況が生じるのである。取次は、しばしば交渉相手の意見を大名の前で代弁し、一種のロビー活動を展開することがある。島津氏の事例は、その理由を雄弁に物語ってくれるものといえるだろう。

第八章　取次に与えられた恩賞

1　他大名から与えられる知行地

伊達家臣小梁川宗朝に与えられた知行

戦国大名の外交において、外交官である取次は、不可欠な存在である。しかしそれでありながら、交渉相手に深入りしかねない、そういう危険性を秘めた存在でもあった。

そのことを直接教えてくれるのが、取次に対する恩賞の存在である。

仙台《せんだい》藩伊達《だて》氏が作成した正史『伊達治家《じけ》記録』のうち、伊達輝宗《てるむね》の事績を記した『性山公《しょうざんこう》治家記録』永禄八（一五六五）年六月一九日条には、次のような記載がある。

> 小《こ》梁川《やながわ》信濃《しなの》宗朝《むねとも》入道日双《にっそう》が、（輝宗の祖父伊達稙宗《たねむね》に）殉死した。年は九七歳。（稙宗の）御墓の側に葬られた。（小梁川宗朝は）当家一一世持宗《もちむね》君の第四の御子小梁川中《なか》務少輔《つかさのしょう》殿盛宗《もりむね》の次男である。（略）最終的に稙宗君に従った。出羽《でわ》国置賜《おきたま》郡長井《ながい》荘遠《とお》山《やま》・吉田《よした》・古志田《ふるしだ》・陸奥《むつ》国信夫《しのぶ》郡山田《やまだ》・柴田《しばた》郡薄木《うすぎ》、以上五ヵ所において知行地三七〇

である。

謀は並ぶ者がいなかった。稙宗君の臨終に至るまで左右に侍り奉り、ついに殉死したの

た。天文一一年の内乱に日双（小梁川宗朝）が奉公して、稙宗君を救い奉り、忠節・計

貫文《かんもん》を賜った。会津《あいづ》殿（蘆名《あしな》）盛氏《もりうじ》より一〇〇貫文、相馬《そうま》殿顕胤《あきたね》より三〇貫文を賜っ

この記載によると、小梁川宗朝は、伊達氏から早くに分かれた庶流にあたる。伊達稙宗に従って、知行地三七〇貫文を与えられた。ここまではよい。問題はその後である。蘆名盛氏から一〇〇貫文、相馬顕胤から三〇貫文を与えられたという記述が続く。

なぜ小梁川宗朝は、蘆名・相馬両氏から知行地を与えられたのだろうか。伊達稙宗からの加増分が三七〇貫文なのだから、他大名からの宛行一三〇貫文というのはそれなりに多い貫高である。一貫文を一〇万円換算で計算すると、年収一二〇〇万円相当の知行地を蘆名・相馬両氏から与えられたことになり、決して軽視できる数字ではない。

小梁川宗朝は、天文一一（一五四二）年の内乱において、伊達稙宗を救出するという戦功を立てたという。この内乱というのは、天文洞《てんぶんうつろ》の乱と呼ばれる大乱を指す。伊達稙宗が、子息実元《さねもと》を越後《えちご》守護上杉定実《うえすぎさだざね》の養子に入れようとして、嫡男晴宗《はるむね》の反対に遭い、稙宗と晴宗が周辺諸大名を巻き込んで争ったという御家騒動である。

天文洞の乱において、蘆名氏と相馬氏は伊達稙宗を支援していた。『伊達正統世次考《せいとうせじこう》』（晴宗以前の伊達氏歴代の正史）によれば、乱の発端は、伊達晴宗による稙宗幽閉にあったとい

う。その際、小梁川宗朝は、相馬・田村《たむら》・二階堂《にかいどう》・蘆名各氏に対し、軍事支援を仰いだ。このことが、稙宗救出につながったというのである。このような事情を勘案するならば、小梁川宗朝が相馬・蘆名両氏から知行宛行を受けた背景には、天文洞の乱において、両氏との交渉役、つまり取次を務めたことが関わっている——そう考えることができるのではないだろうか。

上杉家臣北条高広に与えられた知行

このように、取次が交渉相手から知行を与えられた事例は、他にも存在する（『謙信公御書』『上越市史』別編四一九号）。

追伸、こちらの方面の状況も、かれこれと使者に口頭で伝えましたので、細かく書き記すことはしません。

去る春、小田《おだ》方面へ輝虎《てるとら》（上杉謙信《けんしん》）が御越山されて軍事行動を起こされた際に、ご活躍いただき、本望に存じます。そこで沼崎《ぬまざき》之郷・前野《せんの》郷・佐村《さのむら》ならびに山木《やまき》を進上いたします。速やかに知行なさるのがよろしいかと存じます。詳しくは馬見塚《うまみづか》大炊介《おおいのすけ》が口頭で申し上げるでしょうから、ここには書きません。恐々謹言。

（永禄七年）七月二日　　源真（佐竹義昭）（花押影）

北条丹後守（高広）殿

常陸《ひたち》の佐竹義昭《さたけよしあき》が、上杉謙信の重臣北条高広《きたじょうたかひろ》に出した書状である。これによると、この年春に上杉謙信が、佐竹氏の宿敵である小田氏治《うじはる》を攻撃した。その際に北条高広が功績を立てたらしい。それを喜んだ佐竹義昭は、常陸の沼崎郷・前野郷・佐村・山木（いずれも茨城県つくば市）を高広に恩賞として与えたという。

いうまでもなく、佐竹義昭と北条高広は主従関係にはない。北条高広の主君は、あくまで上杉謙信である。そして、北条高広は上杉氏内部にあって、佐竹氏外交を担当する取次の任にあった。そう考えると、これは北条高広が上杉謙信に働きかけて、援軍を引き出したことへの謝礼ではないだろうか。謙信の援軍により、佐竹義昭は小田氏治を本拠地小田（茨城県つくば市）から追い落とした。興味深いのは、佐竹義昭が北条高広に与えた知行地の場所で、小田城から川を挟んだ対岸の一帯に位置している。つまり佐竹義昭は、上杉氏の援軍によって獲得した土地の一部を、自家担当の取次北条高広に宛行ったのである。援軍派遣を実現させた取次への謝礼として、これ以上の場所はないといえるだろう。何故ならば、北条高広が獲得した知行地を維持するには、同地が安定的に佐竹氏の支配下に置かれ続けなくてはならない。佐竹義昭からすれば、小田氏治が旧領奪還に動き出した際に、北条高広に上杉勢派遣を後押しさせる効果を期待することができるのである。

この二つの事例からすると、取次には、どうやら交渉相手から知行を与えられることがあったようである。そして知行宛行を受けているにもかかわらず、両者の間には主従関係は成立していない。小梁川宗朝は、殉死するほど伊達稙宗に忠節を尽くした家臣であった。その小梁川宗朝が、知行を与えられたからといって、蘆名盛氏や相馬顕胤との間に主従関係を結んだであろうか。とてもそうは考えられない。これは北条高広も同様で、彼はあくまで上杉謙信の重臣であった。それも厩橋《まやばし》（群馬県前橋市）城代《じょうだい》として、上野《こうずけ》支配を管轄する重責を担う立場にあったのである。

問題は、こうした知行地をどう評価するかである。以下では、他の事例についても目を配って、検討をしてみることにしよう。

2　「取次給」の宛行

北条氏の「他国衆」小山田氏

永禄二（一五五九）年、相模《さがみ》の戦国大名北条氏康《ほうじょううじやす》は、家臣団の知行目録を作成し、軍役《ぐんやく》をはじめとする諸役賦課の基礎台帳とした。第二章で説明した『北条氏所領役帳《しょりょうやくちょう》』（以下、『役帳』）である。

この『役帳』のなかに、「他国衆《たこくしゅう》」という項目がある。これは北条氏の家臣ではなく、北条氏に軍事的に従属している国衆《くにしゅう》について記載した項目である。戦国大名の家は、譜代《ふだい》家臣と、外様《とざま》の従属国衆という異なる性格の存在によって構成されている。前者は、一般にイメージされる家臣であり、戦国大名から知行を与えられ、忠誠を誓った存在である。それに対し外様の従属国衆は、戦国大名に対して、軍事的従属を誓い、大名の軍事動員には応じる。その見返りとして、戦国大名は従属国衆に対して軍事的保護を加えることになる。しかしながら、譜代家臣とは明確に立場が異なり、家中《かちゅう》と呼ばれる家臣団には編制されていない。政治状況の変化で簡単に離反する存在であった。こうした存在を、北条氏では「他国衆」、武《たけ》田《だ》氏では「先方衆《せんぽうしゅう》」と呼んでいた。北条氏の「他国衆」とは文字通り他国の領主という意味であり、武田氏の「先方衆」とは「先方」つまり旧敵国に従っていた領主という意味である。

問題は「他国衆」の先頭に、「小山田《おやまだ》弥三郎《やさぶろう》」「小山田弥五郎《やごろう》」という記載が存在することである。なぜかというと、小山田弥三郎という人物は、実名《じつみょう》を信有《のぶあり》といい、武田信玄《しんげん》の重臣だからである。もっとも、重臣といっても、本国甲斐《かい》のうち都留《つる》郡（郡内《ぐんない》）を独自支配する国衆であり、武田氏からは一定度の自律性を認められていた。つまり小山田氏は、武田氏の本国甲斐における従属国衆であった。

しかしながら、小山田氏が武田氏に従属している存在であることにかわりはない。そのうえ、小山田氏が武田氏に従属したのは武田信虎《のぶとら》の時代であり、信玄の時代になると、譜代家臣といってもいい存在に変貌しつつあった。武田家における小山田氏は、御譜代家老衆筆頭という家格に位置づけられていくことになる。つまり、支配領域である郡内の支配はほぼ白紙委任されており、国衆という側面を残してはいるものの、武田氏の家中の構成員として編制されつつあり、宿老《しゅくろう》という家格を与えられていた、というのが永禄二年時点での小山田氏の立場であった。

『役帳』の記載内容をみると、小山田弥三郎信有の知行地は、武蔵小山田荘（東京都町田市）四一九貫八一二文である。小山田氏は鎌倉初期までは同地を領有していたが、親戚にあたる畠山重忠《はたけやましげただ》の乱に際して、鎌倉幕府執権《しっけん》北条氏に滅ぼされてしまった。甲斐都留郡の小山田氏は、生き残りが亡命した末裔と考えられている。その経緯は単純なものではなく、実際には別系が南北朝期に勃興した一族と思われるが、室町期を通じて都留郡で勢力を拡大し、戦国期になって武田信虎に従属した。したがって、小山田荘は小山田氏にとっては大昔の本《ほん》貫地《がんち》だが、戦国期にはまったく関係はない。

続く小山田弥五郎は、弥三郎信有の弟信茂《のぶしげ》と考えられている。従来、この二人は同一人物と考えられており、弥三郎信有が永禄八年頃に信茂に改名したと見なされてきた。ところが高野山の過去帳に、永禄八年に弥三郎信有が死去したという記述が見つかったため、信茂は弥三郎信有の弟で、兄の病死によって家督を継いだと考えられるようになった。小山田氏嫡流は仮名《けみょう》に「弥」の字を冠することを慣例とするため、この弥五郎が、信茂にあたると理解されるようになったのである。

『役帳』の記載と北条氏に対する取次

それではなぜ小山田弥三郎信有・信茂兄弟が、『役帳』に記載されているのだろうか。

この問題を考えるうえで注目すべきは、「小山田弥三郎」「小山田弥五郎」に続いて、「飯《お》富左京亮《ぶさきょうのすけ》」「向山《むかいやま》」という人物の記載がみられることである。[補註19] 飯富左京亮は、相模西郡《にし》において一〇〇貫文、向山某は武蔵小机《こづくえ》（神奈川県横浜市）において五七貫二四一文を与えられている。飯富という名字は、武田氏の重臣としてみられるものである。もっとも著名なのが、武田信玄の嫡男義信《よしのぶ》の傅役《もりやく》をつとめ、「義信事件」の責任をとる形で処断された飯富虎《とら》昌《まさ》である。

そして従来存在を見過ごされていたのが「向山」なのである。向山氏も、武田家臣として存在を確認できる。そして第一章で述べたように、向山又七郎《またしちろう》という人物が、武田信玄の側近として、北条氏康との和睦・同盟交渉の取次をつとめていた。小山田弥三郎信有も、同様に北条氏に対する外交取次である。ということは、『役帳』に「他国衆」として記載される武田家臣四人のうち、三人までが対北条氏外交に関与していた人物と評価できるのである。向山又七郎が、北条氏康との外交に関与した背景には、彼が小山田氏の担当奏者《そうじゃ》であったことが一因としてあったようである。小山田氏が武田信玄に言上する際に、向山又七郎を通した事例を確認できる。したがって、向山又七郎は、小山田氏とペアを組む形で、北条氏康に対する取次を担っていたと考えてよいだろう。

ところが向山又七郎は、天文二一（一五五二）年以前に早逝してしまった（成慶院『過去帳』）。しかしその後も向山氏は、北条氏との外交に関与し続けたようである。天文二四年三月、信玄は向山源五左衛門尉《げんござえもんのじょう》という人物に対し、一ヵ月に馬三匹までは、交通税を免除すると定めた（『諸州古文書』『戦国遺文武田氏編』六五五号）。免除理由をみると「小田原南殿《みなみどの》奉公に就き」とある。つまり向山源五左衛門尉は、小田原南殿なる人物に奉公するために、甲斐と相模の往来をしていたようなのである。南殿という呼称は女性のものだから、北条氏《うじ》政《まさ》に嫁いだ信玄息女黄梅院殿《おうばいいんでん》を指すとみて間違いない。おそらく向山源五左衛門尉は、黄梅院殿付きの家臣として、小田原に赴いていたのであろう。源五左衛門尉の来歴は不明だが、又七郎の近親と考えてよいだろう。戦国大名間の縁組や養子入りは単身でなされるわけではなく、何人か家臣を連れて行く。その際に、従来取次を務めていた向山又七郎の近親を派遣することで、北条氏との外交関係のさらなる円滑化を期待したのであろう。当然ながら、源五左衛門尉は、頻繁に小田原と甲府を往来することになる。その職務遂行のために、一定の交通税の免除を受けたのである。

以上からすれば、『役帳』に武田家臣の名前が記されている理由は明白であろう。北条氏康は自家に対する取次に、知行地を与えていたと考えられるのである。

ところが小山田弥三郎信有は、この知行宛行によって北条氏康と主従関係を結んだわけではない。あくまで、取次を務めていることへの報酬として、知行地を与えられ、受け取っているのである。

「取次給」という理解

同様の事例は、他にもあるだろうか（『楓軒文書纂』『戦国遺文武田氏編』四一一一号）。

つねづね御等閑《とうかん》にすることなく、いつも懸命に御働きいただき、誠に御入魂《じっこん》の関係は他とは別格ですので、当国山西《さんせい》において一ヵ所、岡田《おかだ》と呼ばれる地、これは最近まで三条《さんじょう》殿（公頼《きんより》）が知行していた場所ですが、これをお送りします。ほんのわずかではありますが、心ばかりのものです。ますます疎略なく御働きいただければ、本望です。恐々謹言。

六月十九日　義元（今川）（花押影）

武田（穴山信友）伊豆守殿

今川義元《いまがわよしもと》が、武田信玄の従属国衆穴山信友《あなやまのぶとも》に知行地を与えた文書である。穴山氏も小山田氏と同様の存在で、甲斐本国の国衆として、河内《かわうち》と呼ばれる地方の自治支配権を認められながらも、武田氏の有力一門として処遇されていた。そのうえで、今川氏に対する取次を務めていたのである。その穴山信友に対し、今川義元が駿河《するが》岡田（静岡県藤枝市）で所領を与えている。従来この地を知行していた三条公頼という人物は、京都の公家で、武田信玄の舅にあたる。天文二〇年九月、周《す》防《おう》滞在中に政変に巻き込まれて横死《おうし》し、三条家は一時断絶するから、それ以後に出されたものだろう。つまり武田氏の外戚《がいせき》にあたる三条氏の所領が知行者不在となっており、今川義元はその場所を選んで、穴山信友に与えたことになる。これにより、同地と武田氏の関係は存続することになるから、義元の選択はなかなかのものである。これも自身の取次に対し、知行を宛行った事例といえる。この場合も、穴山信友は今川氏と主従関係を結ぶわけではない。取次の立場で、知行地を受け取っているのである。

穴山信友は明確に、今までの取次活動への御礼として、知行地を与えられている。したがって、戦国大名は自家担当の取次に、知行地を与える場合があったといえる。これは一種の「恩賞」ではないか。

また元亀二（一五七一）年、武田信玄は将軍足利義昭《あしかがよしあき》に、駿河において御料所《ごりょうしょ》一〇〇貫文を献上すると約束した（『玉英堂古書目録』一一四号掲載文書『戦国遺文武田氏編』一五三五号）［補註20］。ただし書札礼上《しょさつれい》、将軍である義昭に直接書状を出すことはできない。信玄は、一色《いっしき》藤長《ふじなが》という義昭の側近に宛てて外交書状を出し、義昭への披露《ひろう》を依頼した。その際に、一色藤長へも知行地五〇貫文を贈ると伝えているのである。

当然、足利義昭の側近である一色藤長が、武田信玄の家臣となるわけはない。信玄はこの時の交渉において、後継者勝頼《かつより》に足利義昭から偏諱《へんき》を頂戴したいと願い出るとともに、敵対している北条氏政や上杉謙信が信玄を非難してもうまく義昭に取り成して欲しいと頼んでいる。つまり武田信玄は、取次一色藤長に知行地を献上すると約束することで、外交上の成果を獲得しようと図ったのである。もっとも、勝頼への偏諱は、結局実現することはなかった。

このように、取次はその交渉成果により、複数の大名から恩賞として知行地を与えられる場合があったといえる。当然ながら、こうした恩賞地は、外交関係が破綻してしまえば、没収されることになる。取次は交渉に際して贈答を受けるが、それに対しては返礼を行わねばならないし、また一過性のものに過ぎない。それに対し、恩賞として与えられた知行地は違う。友好関係が継続する限り、収入の見込めるものとなる。こうした取次に対する恩賞を、「取次給《とりつぎきゅう》」と呼ぶことにしたい。

戦国大名の側からみると、自家の担当取次に取次給を与えることで、その取次と密接な関係を築くことができる。これは外交関係の安定に大きく寄与することだろう。さらにいえば、より自家に有利な交渉成果を獲得できるように、取次に働きかける材料とすることもできるのである。このような取次給は、戦国大名の外交において一般的にみられるものであった。

永禄一三年三月、武田信玄は常陸佐竹氏の使者江間《えま》重氏《しげうじ》に対し、武蔵攻略後に知行を宛行うことを約束し、佐竹義重《よししげ》との友好関係が続くよう尽力することを求めている（「江間家文書」『戦国遺文武田氏編』一五二三号）。取次給は、使者にも与えられることがあったのである。

なお弘治二（一五五六）年から三年にかけて、大友宗麟《おおともそうりん》（義鎮《よししげ》）は、毛利《もうり》氏の使者小寺十《こでらじゅう》郎左衛門尉《ろうざえもんのじょう》が長期にわたって在府したことに対し、恩賞を与えて欲しいと毛利元就《もとなり》・隆元《たかもと》に伝えた（「小寺家文書」『萩藩閥閲録』二巻二一九頁）。そのうえ、みずから十郎左衛門尉を佐渡守《さどのかみ》に任じ、さらには偏諱として「鎮」字を与えて、鎮賢《しげかた》と名乗らせている（同二一六頁）。これも広義の取次給であるだろう。取次給のあり方は、幅広いものがあったといえる。

3　国衆側の取次への接し方

国衆側の取次と大名の関係

ここまで、戦国大名の外交における取次をみてきた。しかし取次が設定されるのは何も対等な大名間だけではない。大名の家臣や従属国衆に対しても設置される。研究上、前者を奏者と呼び、後者を指南《しなん》と呼び慣わしていることは先述した。

しかし、従属国衆側にも、服属している大名に対する外交官、つまり取次が設定されるのである。以下では戦国大名が、この国衆側が設定した取次にどのように接していたかを検討しておきたい。

事例として取り上げるのは、信濃《しなの》国衆であり、武田信玄に従属した木曾《きそ》氏である。『甲陽軍鑑《こうようぐんかん》』によれば、木曾義康《よしやす》が従属した際、義康の息子義昌《よしまさ》を信玄の婿とし、義昌に嫁がせた息女真龍院殿《しんりゅういんでん》の家老として千村備前《ちむらびぜん》・山村新左衛門《やまむらしんざえもん》を木曾に派遣したということになっている。しかしながら、実際には、千村・山村両氏はもともと木曾氏の家老であって、武田氏から派遣された人物ではない。

なぜこのような誤解が生じたのだろうか。この点を考えるうえで重要なのが、千村・山村両氏が、木曾家中にあって武田氏に対する取次であったという事実である（「山梨県立博物館所蔵文書」）。では武田氏は両氏をどう処遇したのか。幸いなことに、山村氏に関してはある程度史料が残されている。

永禄七（一五六四）年、飛騨《ひだ》で戦功を立てた山村良候《よしとき》に対し、信玄は直接感状《かんじょう》を発給してその戦功を称えている（「山村家文書」『戦国遺文武田氏編』九〇九号）。陪臣《ばいしん》（家臣の家臣）宛ての感状は、その主人に宛てて出されるのが通例だから、本人に直接与えているのはなかなかの厚遇である。そのうえこの感状には甘利信忠《あまりのぶただ》の副状《そえじょう》が付されていた（同前九一〇号）。これは甘利が木曾氏の指南であったためだが、感状に副状が付されるというのも、あまり類例がない。信玄が、山村良候にかなり気を遣っている様子を知ることができる。

さらに山村良利《よしとし》・良候父子は、直接信玄から知行を与えられていた。元亀三（一五七二）年、武田信玄は良利の「累年別して奉公」を賞し、美濃《みの》において三〇〇貫文を宛行った（同前一九八五号）。具体的には、飛騨出兵において「調略《ちょうりゃく》」（敵を寝返らせる工作）を行ったことへの恩賞である（同前一九五六号）。そのうえ信玄は、山村良候に対しても「今後奉公をすると申し出た」ことを理由に、同様に美濃で三〇〇貫文を宛行っている（同前一九八六号）。このように、武田信玄と木曾氏側の取次山村氏の関係は極めて密接なものがあった。

これは一種の取次給なのではないか。武田氏は、木曾家中の取次山村氏と密接な関係を築くという方向性を持っていたのである。ではなぜ、武田氏は山村氏をここまで厚遇したのだろう。

国衆側取次に期待されたもの

その理由を教えてくれるのが、次の文書である（「山村家文書」『戦国遺文武田氏編』二五〇六号）。

定

長年特に甲州（武田氏）に荷担し、木曾谷においてその方父子は他とは交わらないとのこと、喜んでいる。そこでささやかな地ではあるが、信州手塚《てづか》において五〇貫文のところを渡すこととする。つまるところ（木曾）谷中の貴賤が、（木曾）義昌へ無二に奉公するように、肝煎《きもいり》することが肝要である。仍って件の如し。

天正三年乙亥

七月十三日　（武田）勝頼（花押）

山村七郎右衛門尉（良候）殿

天正三（一五七五）年、武田勝頼は山村良侯に対し、木曾家中において親武田派という立場を貫いていることを賞し、五〇貫文の知行を与えた。この宛行は、それまでのものとはやや理由が異なる。この文書が出される二ヵ月前、武田氏は織田《おだ》・徳川《とくがわ》氏に長篠《ながしの》合戦で大敗を喫しており、南信濃では動揺が続いていた。木曾義昌は、織田領美濃に近接する国衆であり、特に動揺が懸念される存在であったのである。勝頼はこうした軍事的危機に際して、山村良侯が木曾家中を取りまとめて武田方への従属を継続させた功績を特筆すべきものと考え、知行宛行という形で報いたのである。

勝頼が山村良侯に与えた手塚（長野県上田市）は同じ信濃でも小県郡《ちいさがた》にあり、木曾領からはかなり離れた場所に存在する。木曾氏が武田氏に従属していてこそ、継続して知行が可能な地であった。これこそ、取次給として明確に位置づけられるものであろう。

もうひとつ注意したいのは、勝頼は決して山村氏の直臣化を求めていないことである。勝頼は山村良侯に、木曾谷の貴賤がきちんと木曾義昌に奉公するよう肝煎せよ、と命じている。つまり勝頼が望んだのは、山村良侯の指導のもと、木曾家中が一丸となって義昌を支え、武田氏の従属国衆として活動することであった。このことは、取次給を与えることが、主従関係の構築とは何の関係もないということを意味するものであるだろう。

このように、山村良利・良候父子は、木曾家臣でありながら、武田氏から直接知行を与えられてもいるという存在であった。『甲陽軍鑑』が、千村・山村両氏を武田氏から派遣した「付家《つけが》老《ろう》」と誤解したのは、こうした背景があったのだろう。しかしながら、武田氏との間に主従関係が生じたわけではない。武田氏が望んだのは、あくまで木曾氏の家老として、木曾家中のいわば「輿《よ》論《ろん》」を親武田に導くことにあったのである。

このような事例は他にも見出せる。

武田氏の本国内国衆であり、有力一門でもある穴山氏の事例をみてみると、武田氏に対する取次は重臣佐野《さの》泰光《やすみつ》が務めていた。そして佐野泰光も、やはり武田氏から直接命令や、知行の宛行・安堵を受ける立場にいたのである。この点、山村父子と変わりはない。そのうえ陪臣の身でありながら、武田家朱印状の奉者《ほうじゃ》を務めたことすらある（「折井忠義氏所蔵文書」『戦国遺文武田氏編』二八二九号）。つまり、武田氏の奉行人《ぶぎょうにん》としても活動しているのである（ただし、穴山領住人の申請で出された朱印状である）。したがって穴山家中における武田氏担当取次佐野泰光も、穴山家臣という性格を維持しながら、武田氏と直接つながりを持つ存在であったということができるだろう。

これは小山田氏の重臣小林尾張守《こばやしおわりのかみ》も同様で、武田氏から直接命令を受けることがしばしばあった。しかしながら、その立場はあくまで小山田氏の家老であり、武田氏の直臣に編制替えとなったわけではない。戦国大名が国衆の家老と直接結びつくことは、国衆家に対する介入と評価されることが多い。しかし戦国大名が望んだのは、彼ら国衆の家老が、その立場を維持しながら大名とも結びついて、その国衆をつなぎとめる「かすがい」の役割を果たしてくれることにあったのである。

このように、戦国大名武田氏は、従属国衆家中における武田氏担当取次に知行を与えるなどして、関係の密接化を図った。この知行には、取次給という側面が含まれていると考えられる。もっとも、戦国大名から知行を与えられる国衆の重臣は、必ずしも取次に限定されるわけではない。ただ取次のほうが、そうした立場になる可能性が高いことは間違いない。そして、国衆クラスの権力の場合、戦国大名に比して、特定の重臣に権限が集中している場合が多い。戦国大名と異なって、重臣間における権限の分散が進んでいないことが多いのである。したがって戦国大名に対する取次を、最有力の重臣が務め、取次給を与えられるのは、当然のことともいえる。

国衆従属に対する「恩賞」

取次が大名から知行宛行を受けやすい立場にあったのは、国衆従属時の取次行為自体が、恩賞の対象となったことも、ひとつの理由である。

武田氏滅亡後、旧臣真田昌幸《さなだまさゆき》が徳川家康《いえやす》に従属した際に出された文書をみると、真田氏側の使者を務めた日置五右衛門《ひおきごえもんのじょう》尉は、家康から知行地を与えられている（『長国寺殿御事蹟稿』『信濃史料』一五巻四六五頁）。こうした文書は、しばしば空手形となりがちであるが、この場合は徳川氏の本国遠江《とおとうみ》における宛行が約束されており、実効性のあるものであった。

戦国大名が国衆を従属させる際、交渉にあたった取次や使者に対しては、従属を成功させたことそのものを功績とみなし、恩賞つまり取次給を与えることで、関係の維持を試みたのである。従属したばかりの国衆の去就が不安定なことはいうまでもない。そこで交渉担当者に恩賞を与えて、その国衆を自家に引き付けようと試みたものと考えられる。

こうした意識は、従属した国衆の側も共有していた。木曾義昌が徳川家康に従属した際、家康は信濃伊那《いな》郡箕輪《みのわ》（長野県箕輪町）を木曾義昌に与えることとした（『古今消息集』『信濃史料』一五巻四四八頁）。ところが、木曾義昌は、せっかくもらった箕輪の大半を、重臣千村俊政《としまさ》に与えてしまっている（『木曽旧記録』『信濃史料』一五巻四六二頁）。実は、千村俊政は徳川氏に対する従属交渉の責任者であった。つまり木曾義昌は、徳川家康への従属は、取次千村俊政の働きの成果であると認識しており、家康から与えられた知行を与えることで、その功績に報いたのである。

このように、戦国期には、自家の交渉を担当した取次に対して、取次給を与えることがしばしば行われた。しかしながら、これによって取次と相手大名の間で主従関係が結ばれたわけではない。取次は、あくまで自分の所属する大名・国衆の家臣としての意識を維持し続けていたし、取次給を与えた大名もそれを望んでいたのである。これは基本的に取次給の宛行が、大名・国衆を自家側に引き付け続けるよう、家中の意見を誘導して貰うという目的を有していたためである。自家担当の取次が、相手大名・国衆の家中で孤立したり、出奔して自家に仕えたりするような事態になっては、本来の意味を見失ってしまう。

ただし、このような取次給を与えられている人物の主従関係に変化が生じた事例がないわけではない。幕臣《ばくしん》から織田家臣へと転じた明智《あけち》光秀《みつひで》・細川藤孝《ほそかわふじたか》や、毛利《もうり》家臣から事実上独立し、豊臣《とよとみ》大名という地位を得た小早川隆景《こばやかわたかかげ》は、いずれも取次という立場から両属《りょうぞく》家臣の段階を経て、織田家臣・豊臣大名に転じるという経緯を辿っている。取次とは、こうした不安定さを内に秘めた存在であったのであり、だからこそ、大名は細心の注意を払ってその動向を注視し続けたのである。

終章　戦国大名外交の行く末

1　戦国大名の取次化

室町幕府からの連続と非連続

本書では、戦国大名の外交と、それを担った外交官たる取次について検討してきた。その取次というのは、どのように生まれた存在であったのだろうか。まず確認しておきたいのは、取次役というものはどのような権力にも存在しうるものであり、戦国大名特有のものではない点である。

室町幕府においても、将軍と各地の守護・国人《こくじん》を結ぶ取次役が存在していた。このうち室町期（四代義持《よしもち》・六代義教《よしのり》将軍期）については「大名取次制」または「大名申次《もうしつぎ》」、戦国期（一二代義晴《よしはる》将軍期）については「大名別申次」と呼ばれている。

表現が似通っているが、大名取次制・大名申次とは、大名（守護のうち、幕閣を構成する有力者）が取次を務めたことから来る呼称であり、大名別申次は戦国大名に対する取次という意味で名づけられたものである。室町期の取次は大名が、戦国期の取次は将軍側近が務めるという違いはあるが、果たした役割は同様であり、将軍と守護・戦国大名の意思伝達役を担うとともに、幕府内において守護・戦国大名の主張を代弁した。したがって、室町期から戦国期における取次構成員の変化は、将軍を補佐する体制が、大名合議制から側近中心へと変化した幕府体制変遷の反映といえる。

その際注意したいのは、室町幕府における取次とは、幕府の本来的な制度が別に存在し、それを「内々」(つまり裏側)から補完したり、公的には示せない将軍の内意を私的に伝えたりする役割を果たしたものであったという点である。つまり室町幕府は整備された制度を有していたものの、それだけでは将軍と守護の意思疎通には不十分な面があった。それを補うために、取次が活動したと理解される。

したがって、この点に戦国大名における取次との相違点を見出せる。戦国大名においては、領国支配や命令伝達を行う制度や組織は、まだ未整備な段階にあった。だからこそ取次が表に出る形で、活動をしていたのである。外交取次はそのひとつであり、私的な人間関係を公的な役割に転用する形で、外交交渉が展開していった。つまり室町幕府において裏側に潜んでいた取次が、前面に展開したのが戦国大名の取次であったと評価できる。

戦国大名の取次と豊臣政権の取次

戦国末期に入ると、織田《おだ》・豊臣《とよとみ》政権という新たな中央政権が誕生する。そして豊臣政権によって、列島の再統合が実現した。いわゆる天下《てんか》一統《いっとう》である。ここに各地の大名・国衆《くにしゅう》は、豊臣大名という新たな家格を与えられ、政権内に位置づけられていくこととなった。

その際、豊臣政権は、大名との意思伝達にあたり、やはり取次を活用した。通説によれば、豊臣政権には、「取次」「指南《しなん》」と呼ばれた取次者が存在していたという。しかし筆者のみるところ、通説のいう豊臣政権の取次と指南は、どちらも軍事指揮権と排他的交渉権を持つ存在と定義されており、役割の違いが見出せない。ただ単に、取次を何と呼んだのかという違いに過ぎないと考えられる。つまり豊臣政権には職制として名称が定まった取次役は存在しておらず、各大名が思い思いの言葉で、取次と呼んだり指南と呼んだりしたのである。そのため、史料用語から取次役を定義した結果、取次と指南という二つの異なる取次役が存在するかのようにみえてしまったというに過ぎない。

もっとも、実際には豊臣政権の取次役は、軍事指揮権を有した取次とそうでない取次が存在しており、両者を峻別する必要はある。ただし両者を、史料上の呼称で区別することはできない。しかしおおむね前者は豊臣一門かそれに准ずる存在であり（羽柴《はしば》〈豊臣〉秀長《ひでなが》・浅野長政《あさのながまさ》他）、後者は奉行人《ぶぎょうにん》（側近）層（石田三成《いしだみつなり》他）である。つまり豊臣政権においても、一門か側近かで取次としての役割に相違が存在していたと評価できる。

以上の事実は、豊臣政権の取次も、戦国大名の取次役と違いがないことを示している。つまり、戦国大名段階の取次役の延長線上に、豊臣政権の取次も位置しているのである。

戦国大名自身の取次化

　さて、初期の豊臣政権の取次は、従属した戦国大名が任じられていたことが指摘されている。たとえば、毛利《もうり》輝元《てるもと》が「九州取次」に擬せられ、上杉景勝《うえすぎかげかつ》と徳川家康《とくがわいえやす》がいわば「関東奥両国の取次」に任じられた。秀吉《ひでよし》はこれにより、九州・関東の経略を推し進めていったのである。

　ではなぜ秀吉は、旧戦国大名を取次として起用したのだろうか。かつて戦国大名は、国衆を服属させていく際に、彼らが従来保持していた自主外交権を安堵し、従来通り他大名・国衆と外交関係を取り結んで、それを公的に活用することを認めながら領国を拡大していった。これを本書第四章では、「取次権の安堵」と呼んだわけである。そして取次権の安堵を受けた国衆は、当初は中人《ちゅうにん》という第三者的な立場で、外交交渉に臨んだ。

　それでは戦国大名が、統一政権の内部に位置づけられた時、どのような事態が生じるのか。今度は戦国大名自身が、「取次権の安堵」を受ける立場に立たされることになるのである。大名が統一政権から取次として認められるかどうかは、従来保持していた外交経路の公的活用を認められるかという側面が存在する。これは、統一政権内における政治的発言力に直結する問題であった。

　先述したように、豊臣政権初期においては、毛利輝元が九州取次に擬せられ、上杉景勝・徳川家康が関東奥両国の取次に任命されている。これこそ、従来からの外交関係を既得権として安堵し、豊臣政権が旧戦国大名を中人として活用したものと評価できるだろう。

そのことを教えてくれるのが、秀吉が毛利輝元に与えた文書である（「毛利家文書」『大日本古文書家わけ　毛利家文書』九五五号）。それによれば、中国・四国地方の備中《びっちゅう》残分・伯耆《ほうき》残分・備後《びんご》・伊予《いよ》を返上するのであれば、九州で豊前《ぶぜん》・筑前《ちくぜん》・筑後《ちくご》・肥後《ひご》を与えたうえで、九州取次に任命する、とある。ここでは毛利輝元の九州取次任命は、毛利氏の一部分国《ぶんこく》の転《てん》封《ぽう》の代替条件として提示されているのである（実際には転封は実施されなかった）。このことは、九州取次という役割が、一種の知行・権益と認識されていたことを示す。つまり九州取次任命とは、毛利氏に九州の大名・国衆との独自外交権を認め、その成果を豊臣政権が追認するという「取次権の安堵」なのである。

　したがって、豊臣政権が服属した戦国大名を取次として任用したのは、政権側と大名側、双方の政治的要求を満たすものと評価できる。ここからも豊臣政権の取次が、戦国大名の取次の延長線上に位置する存在であるとわかる。

　なお、こうした旧戦国大名は、豊臣政権の確立に伴い、取次の任を解かれていくとされる。しかしそこでいう取次とは、あくまで従来の外交権を安堵された存在であった。したがって、九州や関東の経略の進展に伴って、豊臣政権の政策に変化が生じ、取次を再編しようという動きが生まれたのは、当然の成り行きといってよいだろう。

豊臣政権の取次と戦国大名の指南

　このように、「取次権の安堵」を受けた旧戦国大名が取次として活動する一方で、石田三成をはじめとする秀吉の奉行人たちも、取次としての活動を開始した。彼らは、旧戦国大名出身の取次と異なり、政権確立後も継続して取次の任にあたった。ここにも、見直さなければならない通説が存在する。それは確立後の豊臣政権の取次が、戦国大名の外交取次が発展したものという説である。それによれば、豊臣政権の取次は、戦国大名の外交取次とは、大きな差異があるという。

つまり、豊臣政権の取次とは、政権の意思伝達と大名統制を担う。同時に、大名の側からも望まれて、後見役をも務めるという。この点に異論はないが、後見役として政策指導まで取次が担う点が、戦国大名段階にはみられなかったという考えが主流となっている。ここに大きな問題がある。

そもそも豊臣政権の取次というのは、羽柴秀吉が織田政権内で対毛利氏外交担当取次を務めており、その経験を活かして生み出したものと理解されてきた。その役割に、新たに後見役・政策指導が加わったという考え方なのである。たしかに、取次のうち旧戦国大名については、「取次権の安堵」を受けた存在であり、戦国大名の外交取次（特に中人として活動した国衆）と同様の存在といえる。

しかしながら、従属した地域権力の後見役を担う取次は、戦国大名にも存在する。いくつかの章で言及してきた、従属国衆に対する指南がそれにあたる。戦国大名北条《ほうじょう》氏や武田《たけだ》氏・佐竹《さたけ》氏においては、従属国衆を担当する指南という取次役が、国衆に対する意思伝達を行って軍事指揮権を行使するとともに、担当国衆の進退を保証し、後見役を務める存在であったことが明らかにされている。

取次が豊臣政権と従属大名の間で意思伝達を担う存在である以上、対等な大名間外交の取次の単純な延長線上に、豊臣政権の取次を位置づけるという発想自体がおかしい。豊臣政権の取次の前身は、戦国大名と従属国衆の意思伝達を担った指南を想定するのが自然ではないか。

かつて戦国大名は、国衆を従属下におき、指南を媒介にその統制を図ってきた。ところが、今度は戦国大名自身が豊臣大名として豊臣政権の統制を受ける立場になったのである。そうなった時、かつての指南と同様の存在に意思伝達を任せ、後見役を頼むというのは受容しやすいものであったであろう。大名自身が、指南という存在を駆使して従属国衆を従えてきた経験があるからこそ、豊臣政権の取次を受容することができたのである。つまり豊臣政権の取次は決して突然成立した存在ではない。戦国大名の指南の延長線上に成立した存在ということができるのである。

2　国分協定から「惣無事令」へ

外交からみる戦国大名権力の特色

戦国大名外交は、様々な目的をもって行われたが、その中核には和睦と軍事同盟が位置したといってもよいだろう。本書第一章・第二章においては、大名の同盟は国分《くにわけ》という国境協定の合意によって成立するものの、頻繁な起請文《きしょうもん》の交換や「手合《てあわせ》」と呼ばれた軍事協力を行うことで同盟継続を確認し続けないと、容易に崩壊するものであったことを述べてきた。

こうした複雑な交渉を進めたのが、取次による交渉と、取次の副状《そえじょう》による大名発言の保証であった。これは言い換えると、戦国大名とは、取次による保証なくして、発言の正統性を保証されない権力であったということになりはしないだろうか。戦国大名はヨーロッパ絶対王政にも比肩するような専制権力と思われがちだが、現実はそうではない。そこで特に大きな役割を果たしたのが、一門と宿老《しゅくろう》である。彼らは、大名の発言が家中《かちゅう》の支持を得たものであることを保証する役割を担った。

その際、室町期守護段階においては、家宰《かさい》という家臣団中の第一人者が外交を含む家政全般を担っていたのに対し、戦国大名段階では複数の一門・宿老の活動が確認できるようになる。外交取次においても、分散化という方向性をみてとることができる。その際注意したいのは、この取次の分散化という状況は、大名自身が作り出したものだという点である。つまり戦国大名とは、たった一人の家宰によって支えられる権力から、家中が一致団結して支えられる権力へと自己改革した権力ということができるのである。それは単なる自己改革にとどまるものではなく、対外的主張を伴うものであった。戦国大名は、自身が家中の支持を得て、家中によって支えられた存在であることを、取次を通じて対外的にアピールすることで、権力の存立と安定を図ったと評価することができるであろう。

室町幕府将軍の和睦調停

そして戦国大名が和睦・同盟を結ぶ際には、しばしば中人として同盟国が仲介役を任された。たとえば河東一乱《かとういちらん》時の今川義元《いまがわよしもと》・北条氏康《うじやす》の和睦に際する武田信玄《しんげん》や、永禄一二（一五六九）年に武田信玄と上杉謙信《けんしん》の間で結ばれた甲越和与《こうえつわよ》（和睦）における織田信長《のぶなが》がそれにあたる。

甲越和与に際して、和睦仲介に動いたのは織田信長だけではない。将軍足利義昭《あしかがよしあき》が和睦調停を行っており（「上杉家文書」『上越市史』別編六五五号他）、これが上杉謙信が和睦を受け入れた大きな理由である。これは甲越和与破綻後の元亀三（一五七二）年に、再度行われた武田・上杉間の和睦交渉でも同様で、足利義昭の命令を受けて、織田信長が和睦仲介にあたっている（「保阪潤治氏所蔵文書」『増訂織田信長文書の研究』三三二号）。なおこの時は武田信玄も同様に、義昭の命で織田信長と本願寺《ほんがんじ》の和睦を調停していた（石川県立図書館所蔵『雑録追加』『戦国遺文武田氏編』一七四一号他）。

しかしながら、実は将軍が大名間の和睦調停を行うという現象は、室町時代にはみられない。戦国時代に入って、初めてみられる行為なのである。その初期の例としてあげることができるのが、天文一四（一五四五）年の河東一乱に際する、一二代将軍足利義晴の和睦調停である（「東海大学図書館所蔵文書」『戦国遺文今川氏編』七七五号他）。義晴による駿相《すんそう》和睦調停は結局失敗に終わり、最終的な和睦は武田信玄の仲介によって成立した。これは調停が失敗に終わった事例だが、戦国期の将軍には、大名間の和睦調停に乗り出す事例を多く見出すことができる。

たとえば弘治三（一五五七）年から四年にかけて、一三代将軍足利義輝《よしてる》は、長尾景虎《ながおかげとら》（上杉謙信）と武田信玄の和睦調停を行っている。この際には、武田氏の同盟国である北条氏康・今川義元にも御内書《ごないしょ》が下され、和睦仲介が要請された（『大館記』紙背文書『戦国遺文後北条氏編』四四三一号）。つまり義輝は、大名間の中人制を活用することで、和睦調停を成功させようとしたのである。さらに義輝は、武田信玄から要求のあった信濃《しなの》守護職補任《ぶにん》と、信玄嫡子義信《よしのぶ》の准三管領《じゅんさんかんれい》待遇を受諾した。ところが信玄は、信濃守護職を獲得すると「信濃守護補任の御内書を得たうえは、和睦の話は越後へ仰せ付けられると納得し、越後へ（御使者が）到着したところ、（景虎は）すげなく拒絶しました。これは上意に対する逆心です」（東京大学史料編纂所所蔵『編年文書』『戦国遺文武田氏編』六〇九号）と主張して北信濃の長尾領に出兵し、和睦の話はあっけなく破綻してしまう。怒った足利義輝は、長尾景虎の信濃出兵を認め、さらには武田信玄に領国を追われた旧信濃守護小笠原長時《おがさわらながとき》の信濃帰国を支援するように命じている（「上杉家文書」『上越市史』別編一八一号・同二七〇号）。

義輝の大名間和睦調停として著名なものとして、永禄二年五月に始まった毛利・尼子《あまご》両氏の和睦（芸雲無事《げいうんぶじ》）調停がある。その際、毛利元就《もとなり》・隆元《たかもと》父子が「雲州《うんしゅう》（尼子氏）よりたの（頼）まれ」たのではないかと疑心を抱き、義輝の使僧《しそう》聖護院道増《しょうごいんどうぞう》が起請文でそのようなことはないと誓約する異例の事態となった（「毛利家文書」『大日本古文書家わけ　毛利家文書』二三一号）。たしかに永禄二年一一月二日付尼子晴久《はるひさ》宛て義輝御内書には「雲芸間の儀に就き言上の趣、委曲聞こし食《め》され訖《お》わんぬ」（「佐々木文書」『出雲尼子史料集』九八七号）とあるから、尼子氏からの依頼という毛利氏の見立ては正しかった。これは永禄一二年の甲越和与も同様で、武田信玄の要請を受けて足利義昭による調停が行われている。このように将軍の和睦調停には、一方の大名の要請に基づいてなされる場合が存在した。

問題は、将軍調停の影響力をどのように評価するかである。毛利隆元は和睦調停を断った場合、「自国においても他国においても、毛利は上意をも軽んじて（「申こくり候て」）断ったと取りざたされるのではないか」と悩みつつも、「是は一向に苦しからず」と断定し、「上意に背いても、家を維持できなくては叶わない」と考えをまとめている（「毛利家文書」『大日本古文書家わけ　毛利家文書』七二九号）。このことは、二つの点を示している。ひとつは、戦国大名といえども、将軍の和睦調停を無下《むげ》に断ることはできないという事実である。その背景には、将軍上意を軽視することが、他大名にとって戦争の格好の口実となるという現実があると思われる。このことから、将軍の和睦調停には無視できない影響力があったという意見が近年は強い。たしかに、武田信玄も長尾景虎との和睦調停を拒絶して戦争を継続する際に、「自分が信濃守護である」ことを理由とした理論武装を行っている。

しかしながら、毛利隆元が悩んだ末に、将軍上意を無視しても構わないと決断したこともまた、無視できないもうひとつの事実である。天正四（一五七六）年に足利義昭が調停した甲相越《こうそうえつ》三和において、上杉謙信が「御勘当《かんどう》を得候とも」北条氏政《うじまさ》との和睦には応じられないと回答していることも同様といえる（「楢崎憲蔵氏所蔵文書」『上越市史』別編一三一〇

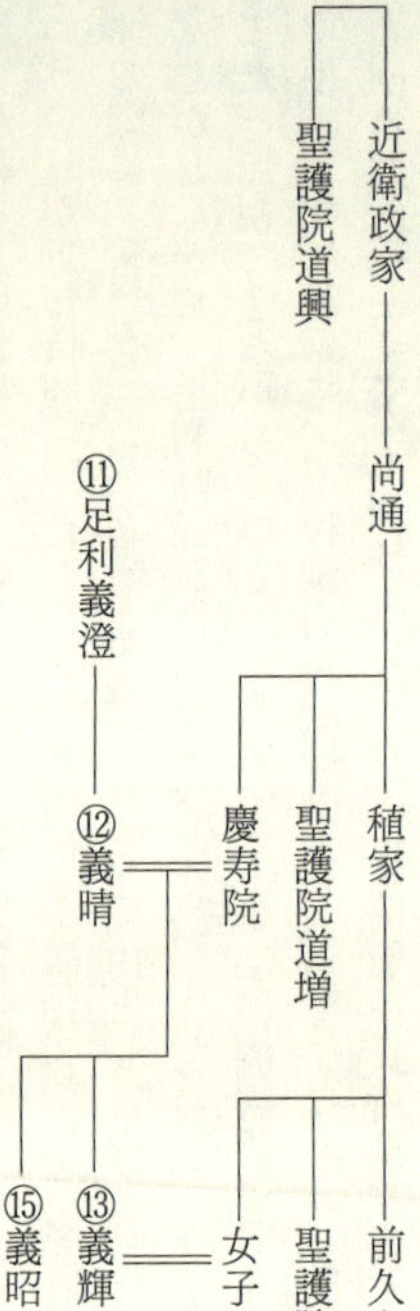

足利家・近衛家・聖護院門跡関係略系図

※出生順は反映していない
※丸数字は将軍の代数

号）。したがって将軍の和睦調停は、大名に一定の影響力を持ちながらも（これは決して軽視できないが）、決定力を欠くものであった。

　このためか、義輝は芸雲無事調停に際しても、伊予の河野《こうの》通宣《みちのぶ》に仲介を求めている（「臼杵稲葉家文書」『出雲尼子史料集』一〇一三号）。やはりここでも、大名間の中人制を併用することで、和睦をまとめようとしているといえる。そうした甲斐もあってか、芸雲無事は永禄四年一二月にようやく成立した。しかし翌永禄五年六月に和睦はあっけなく崩壊し、毛利氏と尼子氏の戦争は再開されてしまう。しかもそれは、将軍使僧である聖護院道増がまだ安芸に滞在中のできごとであった。

　こうした和睦調停に際し、将軍が派遣した使者が、聖護院門跡《もんぜき》を中心とする本山派《ほんざんは》修験《しゅげん》である場合が多い点は興味深い。この点は、戦国大名がしばしば山伏《やまぶし》を使者に用いたことを想起させるが、理由はそれだけではない。というのも、本山派修験の総本山である聖護院門跡の道増と道澄《どうちょう》は、近衛《このえ》家から入室しており、将軍足利義晴・義輝にとって外戚《がいせき》にあたる人物だからである。この点は、毛利元就が聖護院道増を「公方《くぼう》様の叔父であるうえ、何事にも御意見を述べる人である」として、決して疎略にはできないと述べていることに端的に表れている（神奈川県立公文書館所蔵「山口コレクション」『出雲尼子史料集』九八九号）。聖護院門跡は本山派修験の総本山という宗教的権威に加え、将軍外戚という立場にあり、戦国大名に影響力を及ぼしうる存在と期待されたのである。

　将軍の和睦調停は、先述したように一方の大名から要請される場合もあれば、将軍の独自意思に基づいて行われた場合もあったようである。たとえば伊達《だて》稙宗《たねむね》・晴宗《はるむね》父子の内訌である天文洞《てんぶんうつろ》の乱に際して、義輝は「伊達左京大夫《さきょうのだいぶ》父子、鉾楯《むじゅん》に及び候由、其の聞こえ有り候」と述べて和睦調停に乗り出している（「青山文書」『福島県史』7五八〇頁・同写『仙道田村荘史』二一三頁）。この事例は、明らかに将軍の自発的意志に基づくものだろう。その際、蘆名《あしな》盛舜《もりきよ》に仲介を要請しているのは無視できない。永禄五年の今川氏真《うじざね》と松平元康《まつだいらもとやす》（徳川家康）の和睦調停も同様で、「関東への道が塞がった」ことを理由に和睦調停に乗り出している（大館市立中央図書館所蔵「真崎文庫」『戦国遺文今川氏編』一六三六号）。ここでも武田信玄と北条氏康に和睦を働きかけるよう要請することで、調停がうまくいくように図っている（『秋田藩家蔵文書』『戦国遺文武田氏編』四〇二二号・大館市立中央図書館所蔵「真崎文庫」『戦国遺文後北条氏編』四四三五号）。いずれも、他大名を中人として活用している点に注目したい。

　このように将軍が戦国大名から和睦調停を要請される背景には、戦国大名の上位に位置する権力という将軍の存在意義があるといえる。また将軍が自発的に和睦調停に乗り出す事例からは、戦国期の将軍が自分なりの秩序で大名領国を再編しようとする指向性を有していたと指摘できる。つまり、将軍の和睦調停とは、将軍権力による国分なのである。

　しかしながら、将軍による和睦調停は一定の影響力を持ちながらも、必ずしも受け入れられるものではなく、長続きすることも少なかった。これは、戦国期の室町幕府将軍には、軍事力という強制力が存在していなかったためと考えられる。将軍がしばしば他大名に中人となるよう要請したのは、この不足を補うためであろう。しかしそれでも、強制力の不在という課題を、室町幕府将軍はクリアすることはできなかった。

織田政権の和睦調停

元亀四年に足利義昭が織田信長に追放されて室町幕府が滅び、徐々に織田権力が中央政権としての性格を帯びるようになると、状況は変わってくる。特に天正三年五月の長篠《ながしの》合戦で、武田勝頼《かつより》に大勝して以後、信長は関東の大名・国衆に外交書状を送り始める。その際、「この砌《みぎり》一味、天下のため、自他のため、しかるべく候か」という論理を用い出すのである（「飯野盛男氏所蔵文書」『増訂織田信長文書の研究』六〇七号他）。

ここでポイントとなるのは、「天下」という言葉である。天下には全国という意味もあるが、それとは別に、武家政権の主宰者やその支配範囲を指す用法があった。ところが戦国期の室町幕府は、その影響力を縮小させて畿内政権と化していた。その際、将軍または縮小した室町幕府政権のことを「天下」と呼んだのである。ポルトガル人宣教師《せんきょうし》ルイス＝フロイスは日本の畿内について、「天下、すなわち都に隣接する諸国からなる君主国」と呼んでいる（『十六・七世紀イエズス会日本報告集』Ⅲ期六巻二〇五頁）。つまり戦国大名が支配する「国」と将軍が支配する「天下」（＝畿内）を分けて捉えているのである。そして足利義昭を奉戴していた時期の信長の支配論理は、「天下の儀、何様にも信長に任せ置かれ」というものであった（「成簣堂文庫所蔵文書」『増訂織田信長文書の研究』二〇九号）。将軍義昭から天下（＝室町幕府が支配する畿内）の政務を委託された、という主張である。

それが天正三年に長篠合戦に勝利してから、自身が主宰する政権を天下と呼び、東国の大名・国衆に将来の武田攻めに際して「一味」するよう呼びかけるようになるのである。このあたりから、信長は天下人、つまり中央政権の主宰者と幅広く認められるようになっていく。

そのひとつの象徴が、豊薩一和《ほうさついっか》（豊薩無事）の成立であった。天正八年、織田信長は大友《おおとも》宗麟《そうりん》・義統《よしむね》父子と島津《しまづ》義久《よしひさ》の和睦を調停した（「島津家文書」『増訂織田信長文書の研究』八八六号）。その際、「私の遺恨《いこん》を以て異儀に及ぶ国の儀は、御敵《おんてき》たるべき」「此刻《きざみ》御馳走を以て静謐《せいひつ》に及ばば、天下に対し御忠節たるべき」という文言を突きつけている（柳川古文書館所蔵「大友家文書」『大分県先哲叢書 大友宗麟資料集』一七八七号)。この姿勢は、明らかに中央政権の主宰者としてのものである。しかし、この時点における信長の西国における勢力は、中国地方東部で毛利氏と戦っているに過ぎない。和睦調停の目的も、大友義統に毛利氏の背後を突かせようというものであった。それでも大友・島津両氏は、和睦に応じたのである。もっとも豊薩一和成立の背景には、島津氏が肥後・肥前《ひぜん》方面の軍事を優先させたという事情があると思われ、島津氏の外交方針が信長の調停と一致した結果であろう。したがってこの時点では、まだ信長の和睦調停は、室町幕府将軍の調停の延長線上に位置するもので、強制力を有さないものであった。またこの際には、肥後相良《さがら》氏にも調停に奔走した近衛前久《さきひさ》から和睦仲介が要請されており(「相良家文書」『増訂織田信長文書の研究』補遺二一四号)、やはり中人制を活用したことがわかる。

その状況に変化が生じたのが、天正一〇年三月の武田氏滅亡である。これにより、信長の勢力は東国に一気に拡大した。そのうえ、関東最大の戦国大名である北条氏は、武田氏との戦争を有利に進めるために、天正八年に信長に服属を申し出ていた(『信長公記』)。したがって織田政権の版図は旧武田領にとどまらず、北条氏をも支配下におくもので、その影響力は関東全域に及んだのである。

それを象徴させる事例が、織田政権の命令による下野《しもつけ》祇園《ぎおん》城(栃木県小山市)の返還である。祇園城は、下野国衆小山《おやま》氏の本拠地であったが、北条氏によって攻略されていた。それが信長の命令により、小山氏に返還されることになったのである(「立石知満氏所蔵文書」

『戦国遺文後北条氏編』二三四三号)。また北条氏は、武田領出兵の過程で駿河東端を占領していたが、これも信長が認めた駿河の支配者徳川家康に引き渡された。

つまり天正一〇年段階の東国における織田政権は、戦国期室町幕府将軍とは異なり、軍事力という強制力を有して、大名間の国分調停に乗り出したのである。これは、従来の戦国時代のあり方を一変させるものであった。織田政権は明確に、統一政権という性格を帯びるようになったといえる。

しかしながら、信長の権力は天正一〇年六月の本能寺《ほんのうじ》の変により、あっけない終焉を迎えた。

天正壬午の乱

よく誤解されることだが、本能寺の変によってただちに織田政権が崩壊したわけではない。いわゆる清須《きよす》会議によって、信長の嫡孫三法師丸《さんぼうしまる》(秀信《ひでのぶ》)を擁立する形で政権が存続したのである。それと同時進行する形で、織田政権が占領したばかりの旧武田領をめぐって、徳川・北条・上杉三氏による争奪戦が開始された。「天正壬午《てんしょうじんご》の乱」とよばれる戦争である。

しかし天正壬午の乱を、単純に独立三大名の戦争と捉えることはできない。というのも、徳川家康は天正年間に入ると織田政権に服属する姿勢を明確化しており、「織田大名」という立場を固めていたからである。したがって天正壬午の乱は、織田政権から離反して織田領国(旧武田領)に出兵してきた北条氏を、織田政権の許可を得た徳川家康が討伐するという体裁がとられることとなった。事実、織田政権からは家康に対する援軍派遣が予定されていた。

ところがそうした状況下で、織田政権は織田信雄《のぶかつ》（信長次男）・羽柴秀吉派と、織田信孝《のぶたか》（信長三男）・柴田勝家《しばたかついえ》派に分裂した。「上方忩劇《かみがたそうげき》」と呼ばれる織田政権の内紛である。これにより、秀吉派は、新たに織田信雄を家督として、織田政権の再構築を模索する。これでは、とても家康に援軍を送ることはできない。家康は、両陣営から北条氏との和睦を勧告されることになったのである。

こうして成立したのが、天正一〇年一〇月の第二次相遠《そうえん》同盟である。この同盟によって、甲斐《かい》・信濃は徳川領、上野《こうずけ》は北条領と定められ、北条氏は甲斐都留《つる》郡と信濃佐久《さく》郡を徳川家康に引き渡した。一方、徳川氏は上野利根《とね》・吾妻《あがつま》郡を北条氏直《うじなお》に引き渡す約束をしたが、これが後述するように大きな問題となる。しかし天正壬午の乱は終息し、信濃の情勢は徳川氏と上杉氏の対立に変化した。

「信長如御在世之時候、各惣無事」

さて、上方忩劇と呼ばれた織田政権の内部抗争は、天正一〇年末に羽柴秀吉と柴田勝家の軍事衝突へと発展する。この状況をみた上杉景勝は、天正一一年に秀吉と同盟を結ぶことで、織田政権から旧武田領出兵を赦免され、北信濃支配を認められた。同年四月、秀吉は賤《しず》ケ岳《たけ》合戦で柴田勝家を打ち破り、同月末に自刃に追い込んだ。

そのうえで八月に秀吉が提案したのが、「信州郡割《しんしゅうぐんわり》」である（『景勝公諸士来書』『上越市史』別編二九六六号）。信濃では上杉・徳川間の衝突が続いており、その国分案が提示されたのである。

次いで一一月には、秀吉は徳川家康を通じて、北条氏政に「関東惣無事《そうぶじ》」を通達させた（「持田文書」『戦国遺文後北条氏編』四五三二号）。この惣無事の評価をめぐって、近年大きな論争が巻き起こっている。というのも従来、この家康書状は、天正一三年七月の秀吉関白《かんぱく》任官と徳川・上杉氏服属後の天正一四年のものと理解され、秀吉が関白として「惣無事令《そうぶじれい》」を発したものと位置づけられてきた。しかしながら、実際には天正一一年の書状であることが明らかとなり、惣無事令そのものが存在したかどうかをめぐって論争が起こることになったのである。

惣無事令とは、「豊臣平和令」と総称される豊臣政権の政策のひとつで、①戦国大名同士の戦争を「私戦《しせん》」と認定して停戦を命じ、②惣無事令発令時点における領国を固定化させ、③そのうえで秀吉による国分裁定を行って、④裁定に従わない大名は軍事討伐の対象とする、というものであった。いわば全国的な私戦禁止令であり、それを秀吉に可能ならしめた背景として、関白任官による天皇叡慮《えいりょ》の通達という形式と、有力諸大名の服属という実態が考えられてきたのである。

しかし、前述した家康書状が天正一一年のものとなると話は変わってくる。まず、この時の惣無事の論理は、「信長如御在世之時候、各惣無事」というものであった（『譜牒余録』

『新編埼玉県史』資料編6一一七五号)。つまり信長が生きていた時代と同じように、北条氏と北関東の大名・国衆の停戦を求めるという、和睦調停であったのである。それは家康を中人とする形で、家康の同盟国北条氏や諸大名に伝達された。当然ながら、この惣無事には強制力はない。これは信州郡割も同様であり、再建された織田政権の枠組みで和睦調停を行ったに過ぎない。

さらに翌天正一二年に、秀吉が織田信雄・徳川家康と対立し、小牧《こまき》・長久手《ながくて》合戦が勃発するにいたり、関東惣無事・信州郡割ともに意味をなさなくなった。関東惣無事における中人であり、かつ信州郡割の当事者である徳川家康が、秀吉と敵対関係に入ったからである。したがってこの時点で、かつて考えられていたような惣無事令が出されたとみなすことは、不可能であることは間違いない。

「惣無事令」をめぐって

しかしながら、秀吉の政策に惣無事令と呼べるものがなかったわけではない。徳川家康との和睦後、秀吉は再び停戦令を用いて和睦を勧告するようになるからである。まず天正一三年一〇月二日、島津義久と大友義統の戦争を「国郡境目相論《こくぐんさかいめそうろん》」と認定し、両氏に停戦を命じた(「島津家文書」『大日本古文書家わけ 島津家文書』一二四四号・「大友松野家文書」『大分県史料』二五巻一九九頁)。翌天正一四年には、奥羽《おうう》までも含めた東国への停戦令(「関東奥両国惣無事令」)が出されるようになる。

問題はこれらを「惣無事令」と呼んでよいか、ということにある。ここでこの問題に深く立ち入る紙幅はないが、いくつか私見を述べておきたい。まず問題とされているのが、これらが法令の形式を調えておらず、また秀吉の政策として必ずしも一貫しているわけではないという点である。したがって「惣無事令」ではなく、「惣無事政策」と評価すべきだという議論が近年は有力になりつつある。しかしながら、中世法というのは必ずしも法令の形をとるわけではない。ルールと認識されれば、単行法や命令・判決が法として機能するのである。鎌倉幕府が制定した『御成敗式目《ごせいばいしきもく》』が戦国時代に至っても通用した現実、もっともシステマティックな制度を整えたといえる戦国大名北条氏が分国法《ぶんこくほう》を制定していない事実が、間接的にそれを裏づけているといえるのではないか。したがって、法令の形をとっていないから、惣無事令と呼べないとは言い切れない。

次に政策としての一貫性がないという指摘だが、秀吉が状況に応じて「惣無事」という論理を用いて諸大名にのぞんだことは間違いない。この点をどう評価するかで判断がわかれるが、そもそも中世法は、一貫して同じ法理が適用されるものではない。時の状況に応じて適宜の法が選ばれて裁許に活用されるのである。たとえば本願寺証如《しょうにょ》が謀書《ぼうしょ》（文書偽造）犯に死罪を科そうとした際の事例をみてみよう。裁許にあたり、証如は『御成敗式目』が謀書犯の処罰は「遠流《おんる》」と定めていることに気がついた。そこで室町幕府奉行人に自分の要望に適う先例がないか尋ね、足利義晴が謀書犯を処刑した事実を根拠に死罪を科している（『天文日記』天文二二年二月二〇日・二一日条）。つまり一貫性がないから法令ではなく政策だ、というのは中世法の世界ではあまり意味がある指摘ではないように思う。その際注目されるのが、惣無事には北関東の国衆層から秀吉に要請された事例が存在するという指摘である。中世においては、法の適用を求めるのは紛争当事者であることを基本とするから、これはいかにも中世法らしいあり方といえる。

さらに惣無事が、直接当事者に伝えられるのではなく、第三者を介して通達されている点も問題視されている。しかし九州停戦令では第三者たる毛利氏に助言が要請されているものの(『旧記雑録』『鹿児島県史料』旧記雑録後編六―四二七頁)、当事者である島津・大友両氏にも直接通達がなされている。また下総《しもうさ》結城《ゆうき》氏の従属国衆多賀谷《たがや》重経《しげつね》には、秀吉朱印状の形で家康を通じて「関東奥両国迄《まで》惣無事」を行う旨が通達され、「異儀あるべからず候」と命じられている(『秋田藩家蔵文書』『結城市史』一―二四三頁)。したがって、直接当事者に伝達がなされていないとはいえない。問題は第三者の仲介をどう捉えるかで、これは秀吉が中人制を活用して、惣無事を遂行しようとしたものと考えられる。つまり惣無事も、中世の中人制の伝統に則って行われたと把握できるのである。

したがってこれらの指摘は、筆者の目には逆に惣無事が中世の慣習や中世法のあり方に忠実なものであることを意味するように映る。近年の議論は、近世法のあり方から惣無事を把握しようという姿勢が強すぎるのではないか。以上から筆者としては、中世法の視点から惣無事を理解しておきたい。しかしながら、これはいささか些《さ》末《まつ》な問題であろう。

むしろ議論の対象とすべきは、織田政権が最終的に獲得した「軍事的強制力をもった和睦調停」を豊臣政権が備えたかであると思われる。そう考えた際、豊臣政権はたしかに①停戦命令発令、②秀吉の裁定による国分、③受け入れて従属すれば本領安堵、④拒絶すれば軍事力による討伐を行ったうえで再国分という手順を踏んでおり、強制力をもった和睦調停を具備していたと評価できる。

ここに至るには二つの政治過程が存在している。ひとつは戦国大名が自身の領国を対象に発令した私戦禁止令であり、これを織田信長が（まだ領国化したとまではいえない）東国への拡張に成功し、豊臣政権がさらに（やはり領国化していない）列島全体に及ぼしたというものである。もうひとつは戦国大名同士が独自に行っていた国分を、室町幕府将軍による「強制力のない」和睦調停を経て織田信長が強制力を得て実施し、それを秀吉が再度復活させたものである。これを、「惣無事令」という特別な名称を付して呼んでも差し支えはないのではないか。惣無事をめぐる論点は多岐にわたり、とてもここで論じきることはできないが、豊臣政権の惣無事がこのような過程を経て成立したものであることを確認すれば十分である。そして本書では、それを「惣無事令」と呼ぶこととしたい。

そこで本書の締めくくりとして、惣無事令の適用例として「沼田《ぬまた》領問題」を検討したい。

沼田領問題

さて、第二次相遠同盟において最大の懸案となったのが、徳川氏の従属国衆真田《さなだ》昌幸《まさゆき》の動向であった。真田昌幸は信濃小県《ちいさがた》郡を本拠とする国衆だが、上野吾妻郡・利根郡の領国化に成功していた。昌幸は大雑把にいうとこの三郡を治める国衆という立場で、徳川家康に従属していたのである。しかし、このうち吾妻・利根二郡は上野に存在する。北条氏と徳川氏の国分協定によれば、上野は北条領と定められたのだから、真田昌幸は両郡を引き渡さねばならない。

ところが、この国分は昌幸には到底承服できるものではなかった。吾妻・利根郡はもともと武田勝頼から支配を任されていた地であり、武田氏滅亡によって一時織田信長に引き渡したが、本能寺の変後に自力《じりき》で支配を回復した領国であった。つまり、徳川家康から与えられた知行地ではない。

ここで注意したいのは、真田昌幸は徳川家康の従属国衆であって、家臣ではないという点である。昌幸が徳川家康に従属していた理由は、徳川氏の軍事的保護を得て自己の領国を保全することにあった。ところがその徳川氏から、一部領国の返上を命じられたのである。これでは、徳川氏に従属する意味はない――そう考えた昌幸は、両郡の引き渡しを拒み、徳川氏から離反する動きをみせていく。

一方の北条氏直にとっては、昌幸の行動は明確な「国分協定違犯」である。天正一一年七月、真田家臣矢沢《やざわ》氏は沼田城請取に現れた北条氏の使者を斬殺し、越後の上杉景勝に事情を報告した。こうした過程を経て、真田昌幸は徳川家康から離反し、上杉景勝に従属してしまうのである。

当然怒った家康は、昌幸の本拠信濃上田《うえだ》城（長野県上田市）を攻撃するが、昌幸は徳川勢を撃退した。いわゆる第一次上田合戦である。戦線は一時膠着《こうちゃく》するが、徳川氏において宿老石川数正《いしかわかずまさ》の出奔という政変が勃発したため、家康は真田領攻撃を断念し、全軍を撤退させた。さらに昌幸は上野沼田も北条勢から守り抜いた。これがいわゆる沼田領問題の経過である。なお、吾妻郡は厳密にいえば岩櫃《いわびつ》城（群馬県東吾妻町）を中心とした岩櫃領であり、沼田領というのは利根郡のみを指す呼称だが、近世には利根・吾妻郡を一括して沼田藩と呼ぶようになるから、便宜的に沼田領と総称する。

「惣無事令」による裁定

真田昌幸が領国防衛を続けていた天正一四年、昌幸の従属先である上杉景勝が上洛し、豊臣政権への服属を表明した。当然ながら、昌幸も豊臣政権の枠組みに組み込まれることとなった。この結果、沼田領問題は単なる戦国大名同士の戦争で解決されるものではなく、中央政権が管轄するものへと変化したのである。真田氏の処遇をめぐっては紆余曲折を経たものの、天正一五年に真田昌幸自身が上洛し、豊臣大名としての地位を認められた結果、問題は完全に豊臣政権と北条氏の外交問題へと移行した。特にこの時期、北条氏直の豊臣政権服属が政治日程に上っており、北条氏が服属条件として沼田領引き渡しを提示したため、話は単なる国境紛争では済まなくなったといえる。

つまり、先述した惣無事令の対象に、沼田領問題も組み込まれることになったのである。では秀吉は、沼田領問題にどのような姿勢で臨んだのか。まず秀吉は、徳川・北条両氏から事実関係の聴取を行った。最終的に提示された秀吉の「絶交状」に記された北条氏の回答を検討すると、第二次相遠同盟時の国分協定では、上野は北条領と定まったが、それは「手柄次第」つまり自力による領国化を徳川家康が承認するというものであったことがわかる（「北条家文書」『戦国遺文後北条氏編』四五三七号）。つまりこの国分は、徳川家康は真田領引き渡しの努力をするが、最終的には北条氏が武力で真田領を攻略し、家康はそれに異議を唱えない、というのが正確な内容であった。

そこで秀吉が示した裁定案が、沼田領の三分の二を北条氏直に、三分の一を真田昌幸に残す、というものである。北条・真田両大名は、これを受け入れた。この際、真田昌幸が沼田付近の名胡桃《なぐるみ》（群馬県みなかみ町）を「真田代々ノ墓所」（『真武内伝』）と主張して、確保に成功したという話が著名である。しかし実際には名胡桃は真田昌幸が武田家臣時代に攻略した場所であり、真田氏の本拠は信濃小県郡真田郷（長野県上田市）である。近世真田氏が編纂させた公式な歴史書『真田家御事蹟稿《ごじせきこう》』においても、「御祖考《そこう》ノ御廟《ごびょう》アルベキ謂《い》ワレナシ」と書かれてしまうほど、明白な嘘であった。

そこでこの時真田氏側に残された領地と、北条氏が獲得した領地を再検討すると、明らかに偏りがある。具体的には、古くからの拠点岩櫃を含め、吾妻郡はほとんどすべてが真田領となっている一方、名胡桃を除く利根郡はほぼ北条領となっているのである（『加沢記』他）。したがって、秀吉は沼田のある利根郡を北条領に、残る吾妻郡を真田領とする、という裁定を下そうとしたのではないか。実はこの区分で、所領高はおおよそ二対一という比率になる。

これは理にかなった裁定である。というのも吾妻郡は、武田信玄の時代に、真田昌幸の父幸綱《ゆきつな》（一般にいう幸隆《ゆきたか》）と兄信綱《のぶつな》が中心となって攻略し、幸綱・信綱・昌幸と三代にわたって武田氏から支配を委ねられた地であった。これに対し、利根郡は長年上杉領であったが、天正六年の越後御館《おたて》の乱後に北条領となった。それを甲相同盟崩壊後の天正八年に、武田勝頼の命を受けた真田昌幸が攻略したのである。つまり、武田氏のもとで長年真田氏が管轄してきたのが吾妻郡、北条領であった経緯を持ち、真田氏が攻略してさほど時間が経っていないのが利根郡沼田であった。秀吉の裁定は、この歴史的経緯を踏まえたものであったと思われる。

ところが真田昌幸が利根郡名胡桃の領有に拘《こだわ》ったため、吾妻郡の一部を北条氏に引き渡して、二対一という比率を維持するという線引きをやり直すことになったのではないか。昌幸が本当に「代々ノ墓所」と言い張ったのかはよくわからない。ただ、名胡桃領有を強く主張したのは事実なのだろう。そこで、郡単位での国分案が撤回され、入り組んだ国分が行われることになったものと考えられる。

では、なぜ秀吉は真田昌幸の要求を受け入れたのだろうか。それは、北条氏直が第二次相遠同盟時の国分協定である「自力による上野領国化」を果たすことができなかったのに対し、昌幸が沼田領を自力で守り抜いたことを評価した結果と思われる。

この時の秀吉にとっては、北条氏の服属が優先課題であった。そのため、北条氏直にも一定の配慮をみせる必要があり、それが沼田領の引き渡しという裁定につながった。しかし真田昌幸が沼田領を守りきった事実を無視するわけにはいかない。そこで真田氏が長年領有した経緯を持つ吾妻郡を中心に、三分の一を真田領として残す、という妥協案が成立したのである。

しかし北条氏にとっては、一円に獲得できたはずの利根郡に、名胡桃という真田領が残ってしまう裁定となった。このことが、北条家臣猪俣邦憲《いのまたくにのり》による名胡桃攻略という事件を生み出した。これは秀吉からみれば、惣無事令によって天下人たる自分が行った国分裁定違犯である。ここに秀吉は北条氏直の非を弾劾し、天正一八年に北条攻めを敢行する。降伏した北条氏は全領国を没収され、隠居氏政は切腹、当主氏直は高野山へ配流処分となった。これは惣無事令違犯に対する軍事力による強制裁定と評価できる。北条氏の場合は、その結果が改易処分、滅亡であったわけである。[補註21]

軍事力という強制力をもった国分裁定――これが戦国大名外交の、ひとつの帰結であった。

補註

本書の原本である選書メチエ版（以下、旧版）刊行後に明らかになった新たな知見や、大幅な修正を要する事柄については、基本的に本文を改めるのではなく、補註を付すこととした。ケアレスミスによるものも含まれるが、刊行当時の原文を尊重するとともに、研究史理解をしやすくするため、このかたちを採ることとした。ご諒解いただければ幸いである。なお、本文を大きく改めた箇所もあるため、それについては補註で明示することにした。

1　本文では、武田・北条間の交渉は、いきなり大名同士がやりとりをして始まったわけではないと述べた。このような事例は他にもあるので、本論の論旨そのものに変更を加えるわけではないが、近年、天文一三（一五四四）年正月前後の、武田信玄と北条氏康の交渉を示す書状が発見された。それは、この時信玄が北条氏のもとに派遣した一宮修理亮の家伝文書を書写したと思われる史料で、現在山梨県立博物館に寄贈されている。

それによれば、天文一二年秋に交渉が始まり、武田氏の使者として一宮修理亮《いちのみやしゅりのすけ》が派遣され、飯富左京亮とともに交渉にあたっている。北条氏からは朝倉右京進《あさくらうきょうのしん》が使者として派遣され、交渉が進展している様子がわかる。本書本論で扱ったのは、その細部を半途で詰める交渉過程の一部であったことになる。

この史料については、海老沼真治「甲相和睦交渉に関する一史料―「一宮修理亮文書写」の紹介―」（『武田氏研究』七一号、二〇二五年）を参照のこと。

2　向山氏の読みは、旧版では「むこうやま」としていた。しかし高野山成慶院の供養帳（いわゆる過去帳）に記されたルビから、「むかいやま」に改めた。なお、又七郎の実名は、信継《のぶつぐ》の可能性が高い。詳細は『武田氏家臣団人名辞典』（東京堂出版、二〇一五年）を参照。

3　本文では、有馬晴信が龍造寺隆信に配慮して、千栗八幡大菩薩・温泉四面五所大菩薩以下の日本の神々の名を記したとしたが、晴信がキリスト教の洗礼を受けたのは、天正八（一五八〇）年三月頭のことである。したがって本文で言及した天正七年時点で晴信がキリスト教の神に誓うことはそもそもあり得ないことであった。

また受洗は龍造寺隆信には内密に進められたようで、受洗直前に作成された天正八年二月の起請文でも通常の神名となっている。

この件に関する詳細は、拙稿「有馬晴信―「キリシタン大名」の実相」（新名一仁編著『戦国武将列伝11　九州編』、戎光祥出版、二〇二三年）を参照のこと。

4　大村純忠起請文の神文部分について、「天道之離伽羅佐」としか本文では述べていない。しかしこの部分は、「天道之離伽羅佐、弓箭《きゅうせん》之運命竭終《けっしゅう》」となっており、「天道の伽羅佐を離れ、弓箭の運命竭終す」と読むのが正しいと現在は考えている。現代語訳すると、「天の恩寵を失い、（武家としての）弓矢の命運も尽き果てる」という意味になると思われる。

5　旧版では、今川義元の娘で、武田義信夫人となった女性について、嶺松院殿で統一していた。しかしこの女性の院殿号は、別に嶺寒院殿とも伝わり、近年はそちらを採用することが主流であるため、嶺寒院殿に改めた。なお義信と死別し、帰国した後の嶺寒院殿については、黒田基樹『徳川家康と今川氏真』（朝日新聞出版、二〇二三年）において、出家号「貞春尼」の名で詳細に扱われている。徳川家康の三男秀忠の女房として、養育係を務めたことが詳細に整理されているので、あわせて参照されたい。

6　黄梅院殿帰国の話は、いわば通説となっていたが、近年の研究により、そのような事実はないことが明らかとなった。黄梅院殿は、帰国することなく、小田原で死去している。また本章掲載の系図において、旧版では北条氏直の生母を黄梅院殿としていたが、これも事実ではないことが明らかとなり、訂正した。詳細は浅倉直美「北条氏政正室黄梅院殿と北条氏直」（『武田氏研究』五九号、二〇一九年）を参照のこと。なお同稿は、

「黄梅院殿と北条氏直」と改題し、同著『小田原北条氏一門と家臣』（岩田書院、二〇二三年）に再録されている。

7　武田・徳川両氏に関する今川領侵攻の過程については、拙稿「武田信玄の駿河侵攻と対織田・徳川氏外交」（『武田氏研究』六五号、二〇二二年）で再整理し、本文とは異なる見解を示した。また今川氏との外交関係悪化に関する関連論文として、松村響「永禄元年の越甲和睦交渉と武田・今川両氏の関係について—新出の高白斎宛武田晴信書状の検討—」（『武田氏研究』六八号、二〇二三年）がある。

ただし、その後さらに検討を続けた結果、右の論考についても一部見直しが必要と判断し、筆者として最新の知見を本書掲載の「補論一」としてまとめた。第一章各所に関わる問題にも言及しているので、あわせて参照されたい。なお補論一第1節は、拙稿「松平元康の岡崎城帰還」（『戦国史研究』七六号、二〇一八年）もベースとしている。

8　北条氏康・氏政父子が甲相同盟を破棄した理由としては、今川氏真の妹嶺寒院殿帰国に際し、中人となったにもかかわらず、武田信玄はそれを無視して今川領に侵攻したことも大きな要因となっている。武田・今川間の同盟維持の保証をした北条氏は、面目を潰されたことになるからである。旧版執筆時は、この観点が抜けていた。

9　遠山一族の動向は複雑であり、近年活発に議論が交わされている。筆者も検討途上であるが、最新の見解は、「武田氏の東美濃・北三河国衆統制と秋山虎繁—弘治・永禄初頭を対象に—」（『信州伊那春近五人衆と井月』一号、二〇二四年）でまとめた。

10　この部分は、誤解を招きかねないので、本文そのものを修正することとした。旧版では「ここに遠山氏の両属状態は解消され、武田氏単独の従属国衆へと転化したのである」とまとめていたが、これは岩村遠山氏のみの話である。苗木遠山氏をはじめとする他の遠山一族は、織田方に残っているので、遠山一族が武田方と織田方に分裂したとするのがより正確である。したがって本文を一部修正し、岩村遠山氏単独の動きであることを明確化した。
11　有馬氏と龍造寺氏の戦いについて、近世有馬氏方の呼称から、旧版では「百合野合戦」を採用していたが、戦場となった地名を元とする「丹坂峠合戦」と呼称するほうが一般的であるため、本文の記載を一部改めた。拙稿「有馬晴純・義貞・義純─西肥前の覇者の栄光と転落」（新名一仁編著『戦国武将列伝11　九州編』、戎光祥出版、二〇二三年）参照。
12　「二字書」については、「補論二」において詳しく解説しているので、参照されたい。旧版刊行後に発表した、拙論「敢えて実名を記す─「二字書」という書札礼─」（『古文書研究』八八号、二〇一九年）をベースとしたものである。
13　旧版では、「封紙」としていたが、「懸紙」と呼ぶことが正確である。修正を要する箇所が多いので、本文そのものを訂正した。
14　外交書状における印判の使用例について、「一部地域を除き」という一節は、旧版第二刷にて補った。具体的には、東北地方で多く見られる。
15　以下の表には、補註・補論の見解を反映し、一部訂正を加えている。
16　これを踏まえ、現在筆者は、外交の取次についても一門・宿老格である場合は単に「取次」、側近の場合は「小取次」という呼称を用いて区別するようにしている。詳細は、拙稿「北条・徳川間外交の意思伝達構造」（『国文学研究資料館紀要　アーカイブズ研究篇』一一号、二〇一五年）でまとめたが、本書「補論一」でも説明しているので、そちらを参照されたい。
17　津田一安とある箇所は、旧版では織田忠寛としていた。しかしこの名前は、系図類や軍記にのみ見えるもので、当時用いられたものではない。そこで正しい実名に修正し、説明を補足した。谷口克広『織田信長家臣人名辞典　第2版』（吉川弘文館、二〇一〇年）による。以下、織田一門・家臣については同辞典を参照している。

18　本能寺の変に長宗我部氏との外交問題がどれほど影響を及ぼしたかについては、近年新出史料が出てきたこともあり、議論が活性化している。そこで「補論二」において、明智光秀およびその重臣斎藤利三と、長宗我部元親の関係を整理し、いわゆる「四国問題」と光秀挙兵の関係について検討した。

19　取次としての活動が明確でなかった飯富左京亮について、補註1で述べた新出史料で武田・北条同盟成立に関与した取次であることが明らかになった。詳細は、補註1掲載の海老沼論文を参照。

20　この文書は旧版では従来の史料集の年次比定に従い、永禄一三年のものとしたが、「補論一」執筆時に、翌元亀二（一五七一）年が正しいと考えを改めた。本文表記も修正することとした。

21　沼田領裁定といわゆる「名胡桃城事件」から、小田原合戦に至る経緯については、別の要素も絡んでいる。そこで取次が犯した失態という観点から、この間の流れを「補論三」として整理することとした。なおこれは、筆者がはじめて明らかにしたわけではなく、黒田基樹『敗者の日本史10　小田原合戦と北条氏』（吉川弘文館、二〇一二年）などでも言及がある。まとまった形で、本書の視点から整理を加えたものとしてお読みいただければと思う。

補論一　武田・徳川同盟の成立と決裂

1　徳川家康独立と甲駿相三国同盟

武田・今川・北条の三大名間で結ばれた甲駿相三国同盟は、戦国時代を通してみても、もっとも有効に機能した外交のひとつである。武田氏は信濃・西上野、今川氏は三河・南尾張、北条氏は北武蔵・上野へと勢力を拡大していくことに成功した。

三国同盟については、本書本論において成立から崩壊までを概観し、そこから同盟締結や手切（同盟破棄）の作法を探った。しかしながら、その後の研究の進展で、新たに判明した事実も多い。そこで以下では、史料の現代語訳を多く示しつつ、同盟が崩壊する過程で生じた、武田信玄と徳川家康の外交についてみていくこととしたい。本論では、外交とは何かを概観することを意識したが、補論では、実際の外交がどう展開したのか、大名同士の駆け引きのありようを探ることに重点を置く。

三国同盟の綻びは、意外なところで生じた。永禄三（一五六〇）年から四年にかけて行われた上杉謙信の関東出兵である。謙信（出陣の時点では長尾景虎）は小田原城を包囲した後、鎌倉に入って鶴岡八幡宮で山内上杉氏の家督と関東管領の継承式を行った。

領国を蹂躙《じゅうりん》された北条氏康・氏政は、ただちに武田信玄・今川氏真に援軍を求めた。もっとも武田信玄は、途中で小田原に向かう計画を変更し、武蔵に援軍を派遣した上で、自らは北信濃に進軍した。川中島一帯を固め、上杉領として残っている信濃北端を攻撃することで、間接的に上杉勢を撤退に追い込もうとしたのである。

一方今川氏真は、小田原城への援軍派遣に注力をしていた。しかしながら、永禄三年五月の桶狭間《おけはざま》合戦で、父である今川義元と多くの重臣を失ったばかりの今川氏にとって、この援軍は重荷であった。氏真にとっての懸案は、織田信長の反撃が始まっていたことである。氏真は、織田領と境目を接する西三河防衛の責任者として、松平元康（徳川家康）を選び、居城岡崎（愛知県岡崎市）に帰還させていた。元康の妻築山殿は今川一門関口氏純《せきぐちうじずみ》の娘で、氏純の実兄瀬名貞綱には今川義元の妹が嫁いでいる（江戸時代、彼女が「瀬名姫」と呼ばれたのは、このような親族関係が誤伝された結果とみられる）。今川氏にとって、一門に準じる重要な国衆として育て上げていたのが、松平元康であったのだ。

松平氏の領国は、織田方の国衆水野氏と境を接する。元康は期待に応え、母方の実家にあたる緒川《おがわ》（同知多郡東浦町）・刈谷《かりや》（同刈谷市）の水野氏と交戦を繰り返していた。

ところが、上杉謙信の関東出陣で、氏真の関心は三国同盟の維持に向いてしまった。元康からすれば、孤立した状態で織田方との交戦を強いられる状況に追い込まれたのである。松平元康にとって、今川氏に従っている理由は、義元から加《か》冠《かん》を受けて元服したとか、姻戚関

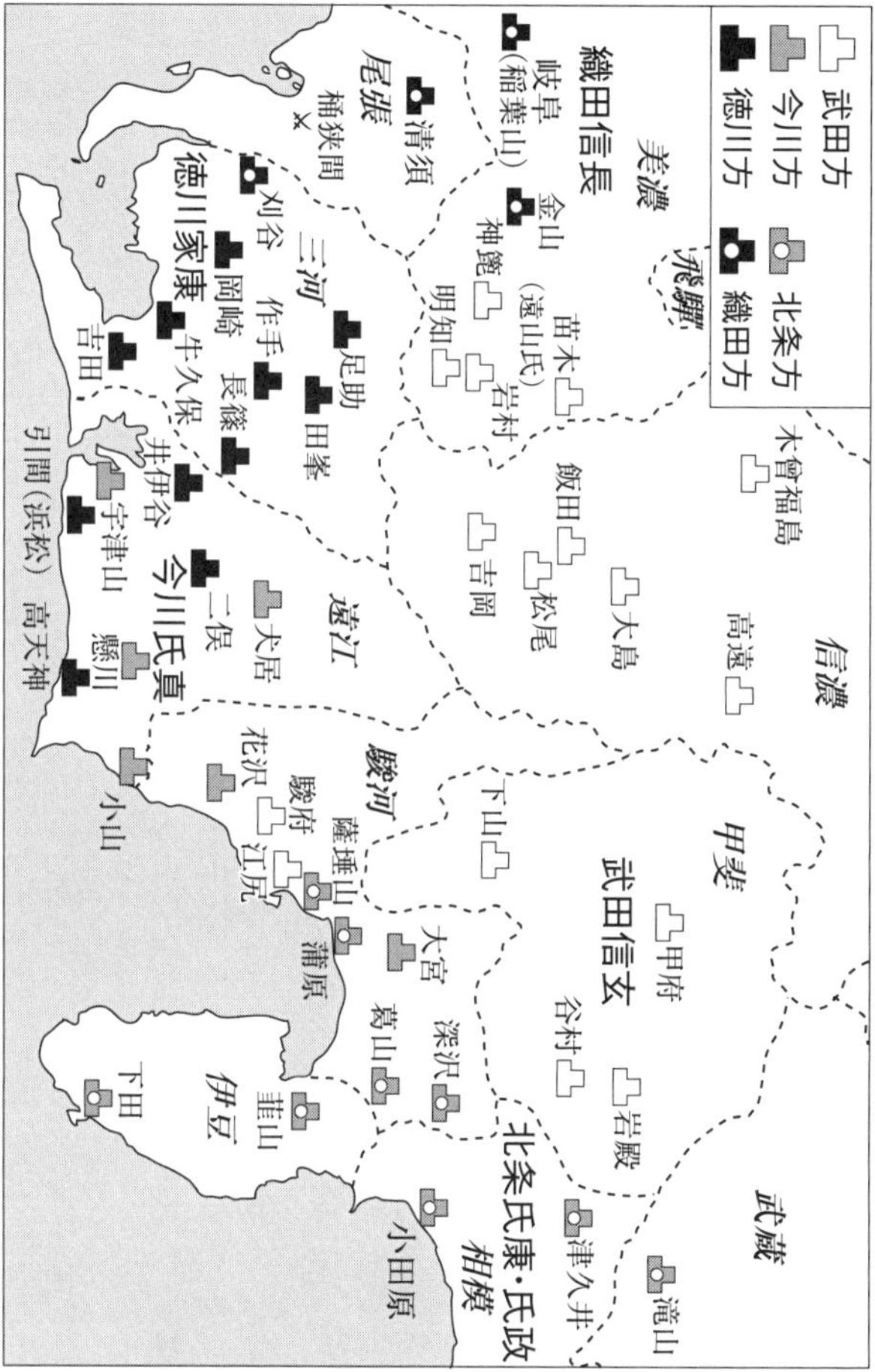

永禄12年2月頃の情勢図

係を構築したといった情緒的なものではない。国衆家当主として、松平家を存続させる上で、今川氏に従うことが有利と考えたからである。しかし期待した援軍はほとんど姿を見せず、見放されたような状態に陥っていた。

その結果、松平元康は一転して織田信長と同盟し、今川氏から独立する道を選ぶ。永禄四年六月の三河牛久保城（愛知県豊川市）攻撃により、今川氏真は「岡崎逆心」つまり松平元康謀叛と認定した。独立した松平元康は、今川義元から拝領した「元」の字を捨てて家康と実名《じつみょう》を改め、天皇の勅許を受けて名字も徳川に変更する。そして徳川家康謀叛を皮切りに、三河、ついで遠江で、今川氏に対する国衆反乱が続発するようになっていく。

上杉謙信が越後に撤退し、関東における北条氏の勢力が回復するのと入れ替わりに、今度は今川領国が大混乱に陥ったわけである。遠江・三河、特に北側の山間部の混乱は、武田領南信濃（具体的には伊那《いな》郡）に波及しかねない。同盟国武田信玄も、事態を放置しておくわけにはいかなくなり、今川氏真の要請に応じて援軍派遣を開始していた。しかし永禄六年後半頃より、武田信玄は徐々に今川氏との同盟破棄を考えるようになる。その経緯は、本書第一章第3節でまとめているので、ここでは省略する。

2　今川領侵攻と国分問題

永禄一一（一五六八）年、武田信玄と徳川家康は織田信長の仲介で同盟を結び、今川領侵攻について秘かに協議を行った（「志賀槇太郎氏所蔵文書」『上越市史』別編六一〇号）。

双方の取次は、武田側が一門穴山信君と側近山県昌景（後に土屋昌続に交代）、徳川側が宿老酒井忠次と側近榊原康政《さかきばらやすまさ》という構成である。なお筆者は近年、一門・宿老格の取次を単に「取次」、側近のそれを「小取次」と呼称している。この場合、取次として穴山信君と酒井忠次、小取次として山県昌景・土屋昌続と榊原康政がそれぞれカウンターパートを形成していたわけだ。酒井忠次は徳川氏筆頭家老で、吉田城（愛知県豊橋市）の城代として東三河支配で裁量権を与えられていた他、織田信長への取次も担っていた。この同盟は、織田信長が仲介することで始まるから、酒井忠次が武田氏についても取次を担当したのだろう。

さて、事前の取り決めの内容は、武田信玄が北から駿河に攻め込み、徳川家康が西から遠江に攻め込み、後は「切り取り次第」、つまり先に制圧した側の領有権を互いに認め合うという大雑把なものであったようだ。一方で、大井川を境に駿河は武田領、遠江は徳川領という国分が事前に定められていたという説も根強い。この点、本書第一章第3節の記述の修正を兼ねて、武田信玄・徳川家康双方の主張をみていくこととしたい。まず、今川氏真が一二月一三日に駿府を放棄し、遠江懸川城《かけがわ》（静岡県掛川市）に逃げ込んだ後に、信玄が家康に出した書状からみてみよう（「恵林寺文書」『戦国遺文武田氏編』一三四三号）。

あれ以来書状のやりとりが少なくなったことは、思ってもいないことでした。そもそも今度駿河に向かって（私が）出馬したところ、「手合わせ」のために速やかに御出陣くださり、本望に思っています。ただちに遠江に向かって出立したいのですが、駿河の諸士の仕置《しお》きを命じているところですので、二日ほど延引しています。三日の内には山を越えて（遠江に）攻め込むつもりです。（徳川殿は）早々に懸川城に陣を進め攻撃をしてくださることが、しかるべきことと存じます。（懸川で）直接お会いして話ができるでしょうから、喜びがこれに勝ることはありません。恐々謹言。

（永禄一一年）十二月廿三日　（武田）信玄（花押）

（家康）徳河殿

実際には、ここで述べているほど武田氏の駿河制圧は順調ではない。同盟破棄に怒った北条氏政が駿河に攻め込み、武田勢との交戦が開始されているからである。したがって信玄が忙殺されているのは戦後処理ではなく、北条勢との攻防であった。

ここで重要なのは、傍線を引いた箇所である。信玄は遠江進軍の遅れを詫び、三日以内に遠江に進軍するから、懸川城で会おうと徳川家康に述べている。つまり、武田信玄にとって、遠江侵攻は大前提となっているし、家康もそれは当然承知しているものと認識していたわけだ。

それでは、徳川家康の認識はどうか。家康は井伊谷《いいのや》三人衆（菅沼忠久・近藤康用《やすもち》・鈴木重時）を味方に付け、井伊谷から遠江に侵攻をしている。その際、三人衆に起請文を与え、新たに恩賞として知行地を与える約束をした（「鈴木重信氏所蔵文書」『戦国遺文今川氏編』二二〇〇号)。

敬白　起請文の事

この度の三人の働きにより、井伊谷筋から遠江に攻め込むのがよいという話を聞き、本望である。それについて各地で与える知行分については、末永く不入権を付して扶助する(授ける)こととした。もし武田信玄(「甲州」)からその知行分について、どのようなことを言ってきたとしても、(私の)進退に懸け、見放す事はしない。その外については、いうまでもないことである。右の内容にもし偽りが生じる事があれば、梵天・帝釈・四大天王、特に富士山・白山《はくさん》、総じては日本国中の神々の御罰を(私が)蒙ることになるであろう。この件は以上の通りとする(「仍如件」)。

永禄十一年十二月十二日　　家康(徳川)判

菅沼二郎右衛門(忠久)殿
近藤石見守(康用)殿
鈴木三郎大夫(重時)殿

同日付で出された文書から、井伊谷三人衆に与えられた土地は、井伊氏旧領すべてをはじめとして、基本的に天竜川以西に位置する(「鈴木重信氏所蔵文書」同前二二〇一号)。菅沼・近藤・鈴木の三名は、単に家康に味方しただけでなく、「案内」を買って出たというから、家康が大きな恩賞で報いるのは当然である。問題は、武田信玄の介入があっても約束を守ると述べている点で、遠江における知行宛行について、信玄が口を出してくると家康は想定していたわけだ。したがって、家康も遠江侵攻時点では、武田勢の遠江進軍は当然のことと見なしていたとみてよい。

これは考えてみれば当たり前の話で、甲斐・信濃・東美濃・西上野を領する有力戦国大名である武田信玄と、三河一国を平定したばかりの徳川家康とでは、対等な同盟になり得ない。織田信長が仲介に入ったのも、実力的に不均衡な両国の釣り合いをどう取るか、武田・徳川双方と同盟する第三者、つまり中人《ちゅうにん》として、調停を行うためだろう。

武田信玄は、早々に駿河を占領し、遠江に進軍する予定であった。そのため、信濃南端の軍政を委ねていた重臣秋山虎繁に別働隊を率いさせ、天竜川沿いに南下させたのである。信玄の見通しでは、武田勢が遠江の大半を掌握し、徳川家康が確保できるのは、せいぜい浜名湖周辺程度と考えていたのではないか。ところが本書第一章第3節でも述べたように、北条氏が今川氏真を支援するために駿河に攻め込み、交戦状態に陥ったため、信玄は遠江進出どころか、駿河制圧をいったん中断して、甲府へ撤退する状況にまで追い込まれてしまう。

いっぽう、徳川家康の進軍は順調であった。

近年山梨県の身延《みのぶ》山久遠《くおん》寺で発見された『科註拾塵抄《かちゅうしゅうがいしょう》』奥書は、遠江の妙恩寺《みょうおんじ》法華堂において、永禄一三年二月七日に、経典の余白を使って書かれた回想録である（『戦国遺文今川氏編』二七六七号）。回想録といっても、数年以内にまとめられている点で信頼性は高い。関係部分の現代語訳を掲げよう。

ただちに今川氏真は、遠江懸川の朝比奈《あさひな》泰朝《やすとも》の居城へ御移り給われた。そうしたところ、三河岡崎の徳川家康が、辰年（永禄一一年）一二月一七日に蒲《かま》郷端和《はしわ》の法華堂に幡《はた》を立てられ、（今川家臣や国衆を服属させようと）御調略をなさった。そのため、馬伏《まむし》塚《づか》の小笠原氏興《おがさわらうじおき》が、同月二一日に出仕されたので、その他国中の侍衆は、悉く家康の御味方として参られることとなった。（今川方で残ったのは）懸川城と宇津山《うつやま》城ばかりである。そこで家康は、一二月二七日に不入斗《いりやせ》へ本陣を移させられ、懸川へ向かって砦を三ヵ所構えられた。御自身は、明春（翌永禄一二年）二月に（砦へ）御入りになったのだ。

小笠原氏興の本拠高天神《たかてんじん》（静岡県掛川市）は、遠江の東端に位置し、陸上・海上双方の重要拠点である（現在の地形と違って、海に面していた）。武田・徳川間で開戦になった後、最大の激戦地となる。高天神小笠原氏が家康に味方したことで、遠江国衆はこぞって家康のもとに馳せ参じたといい、しかも小笠原氏興の出仕は一二月二一日の出来事であったという。信玄が家康に懸川攻めを促す書状を書いた二三日には、既に遠江は徳川方に靡《なび》きつつあったというのだ。そして一二月二七日には、徳川勢が懸川攻めに着手したという。

もっとも、記されている認識は必ずしも正確ではない。遠江国衆は去就に迷っており、徳川家康に従うと表明した者の中には、今川氏や武田氏とも連絡を取っている国衆が少なからずいた。家の生き残りをかけて、皆必死なのである。

したがって家康は、早期決着を望んだ。家康に駿河の戦況がどれほど正確に伝わっていたかはわからない。ただ武田信玄自身が遠江に進軍して来れば、態度を一変させ、有力大名である武田氏への服属を選ぶ国衆が続出してもおかしくない。そうした事態を防ぐには、武田信玄に徳川による遠江領有を認めさせ、かつ懸川城の今川氏真を降伏に追い込んで遠江支配を完遂させる必要がある。

そこで家康が着目したのが、遠江に侵攻してきた秋山虎繁率いる武田勢別働隊であった。永禄一二年正月、家康は突如武田信玄に抗議を申し入れたのである。それに対する信玄の返書が伝わっている（『松雲公採集遺編類纂』『戦国遺文武田氏編』一三五〇号）。

この度は使者を派遣していただき祝着に思います。ですので信玄の考えは派遣されてきた山岡に口頭で話をしました。聞くところによると、秋山虎繁以下の信濃衆が、遠江に在陣し、そのため（武田氏が）遠江を争ってでも望んでいるかのように御疑心をもたれているということです。こうなったからには早々に秋山（原文は「松山」だが誤写と判断）をはじめとして、（信濃の）下伊那衆を（駿河の）本陣に呼び寄せることとしました。なお是が非でも懸川を落城させることが肝心です。恐々謹言。

（永禄一二年）正月八日　（武田）信玄　判

徳川殿《（家康）》

今川領侵攻の開始、つまり永禄一一年一二月の段階では、武田信玄・徳川家康の間では、遠江は武田・徳川両氏の「切り取り次第」という合意ができていた。ところが家康は、突如秋山勢の動きについて、遠江を狙う野心の証であり、盟約違反であると言い出し、信玄はそれを受け入れていたのである。北条氏と苦戦を強いられていた信玄は、遠江侵攻どころではなく、秋山勢を駿河に移すと説明して事態の収拾を図らざるを得なかったわけだ。

しかしながら、盟約違犯をしているのは徳川家康の側である。少なくとも信玄はそう理解し、翌日になって織田信長に対し、抗議の書状を送っている（『古典籍展観大入札会目録』昭和三七年掲載文書『戦国遺文武田氏編』一三五一号）。

先日は、使者を派遣して申し入れをしましたところ、様々御入魂に預かり、特に御懇ろなご回答、祝着です。さて思いがけず駿河に出馬したところ、今川氏真は一戦もすることもなく敗北し、懸川に逃れて籠城しました。ただちに懸川に取り詰め、決着をつけようとしていたのですが、三河衆（徳川勢）が出陣してきたのはどういうことでしょうか。当方へ疑心がある様なので、それに気兼ねして、今も駿府に滞留しています。この趣を申し述べるため、市川十郎右衛門尉を派遣しましたので、彼から話を聞いて下さい。（私に）御同意下されば、本懐です。恐々謹言。

正月九日《(永禄一二年)》　信玄《(武田)》（花押）
織田弾正忠《(信長)》殿

信玄はかなり話をねじ曲げて説明している。武田氏が駿河制圧もままならずにいる苦境を伏せた上で、約束を破って徳川家康が懸川を攻撃していると主張している。信玄はむしろ家康に懸川攻めを催促していたのだから、真っ赤な嘘としかいいようがない。後半の家康の疑心に気兼ねして（原文は「遠慮」）というのは、徳川の主張を逆用したものである。この点についてのみ、もし信長に問い詰められれば、家康は苦しい立場に追い込まれかねない。

問題は、何故信玄は家康の強弁には頭を下げ、代わりに織田信長に虚実を混ぜた抗議をしたかである。この理由を示唆するのが、信濃国衆からの陣中見舞いに対する返書である。信玄は二月二四日付の書状で、駿河平定は順調と述べた後、「とりわけ『松平蔵人』（徳川家康）が、遠江懸川に向け陣を詰め、織田弾正忠（信長）も援軍として、近日出陣してくるということだ。彼にこちらの防備を任せ、雪が消えたなら、越府（越後府中、新潟県上越市）に攻め込むつもりだ」と述べている（「芋川家文書」『戦国遺文武田氏編』一三七〇号）。駿河制圧は北条氏の妨害を受けて遅れているし、信長の援軍という話もどこからきたかわからない。当然、越後出陣の予定もない。上杉謙信との境目に位置する国衆を安心させるための方便である。また信長への抗議とは異なり、この書状では家康の遠江出陣を容認している。これが、当初の約束だからだ。

ここで注目したいのは、徳川家康を「徳川三河守」ではなく、今川時代と同じ「松平蔵人《くろうど》」と呼んでいることである。実は信玄はこの時期、織田・徳川と無関係の大名・国衆とやりとりをする際、家康を「松平蔵人」としばしば呼んでいた。家康の「徳川」名字と三河守任官は朝廷から正式に認められたものだが、意図的にそれを無視しているわけだ。

つまり、信玄にとって、家康は未だに三河の一国衆であり、武田氏と対等な大名とみなしてはいなかった。同盟国だから、家康自身には対等な書式で書状を送り、時には無理な要求すら受け入れる姿勢を示すが、本音では「織田信長の従属国衆松平氏」と考えている。だから、信玄が抗議をする相手は家康ではない。「松平の主家」織田信長なのだ。

実際、家康の異父弟である久松《ひさまつ》松平勝俊《かつとし》や、筆頭家老酒井忠次の娘は、人質として甲府に置かれている。駿府占領時に捉えられたとされるが、事前に差し出されていた可能性もある。特に酒井忠次は、取次として交渉円滑化を図る立場にあるからだ。逆に、武田側から徳川に対して人質を送った形跡は無く、明らかに武田氏優位の同盟として始まっている。

もっとも酒井忠次の娘は、徳川との関係改善のため、永禄一二年二月に返還された。その経緯は本書第四章第2節で述べているためここでは省くが、同盟を結んだ際、今川方と和睦する際には、お互いに事前に通告し合うと定めていたが、これを武田側が破ったと酒井忠次が非難し、山県昌景が弁明した過程で生じた出来事である。

いずれにせよ、武田氏の今川攻めは、当初の目論見が外れ、駿河制圧の途上で停滞していた。そうした状況下の二月一六日、信玄の要請で武田・徳川間で起請文交換がなされている

（『武徳編年集成』『戦国遺文武田氏編』一三六七号）。「聊かも疑心に思っている事は無いのですが、誓詞（起請文）を所望申しましたところ、ただちに調えてお送り下さり、ありがとう御座います」と始まっており、武田氏から依頼した起請文交換であることがわかる。冒頭の一文は本心であれば余計な一言で、信玄の焦りがにじみ出ている。

さらに五月一日には取次穴山信君が酒井忠次に対し、「懸川の様子を詳しく承りたく思います。こちら（駿河）については、本意を達するまで時間はかかりません。つまるところ、家康（殿）の御心積もりとして、駿河口は信玄の存分にお任せ下さい。この趣旨をしかるべく（家康に）御披露下さい」と書き送っている（『一智公御世紀』『戦国遺文武田氏編』一四〇〇号）。徳川方の遠江制圧の順調さをみて、武田氏は駿河にまで手出しをされるのではと警戒心を強めていたらしい。そこでなりふり構わず、駿河は武田領と認めてくれと求めているのだ。徳川家康を侮り、きちんとした国分を取り決めなかったことを、信玄はさぞかし後悔したことだろう。

3　徳川・北条間の和睦成立と懸川開城

永禄一二（一五六九）年三月には、北条氏の働きかけが実り、上杉謙信との同盟交渉（越相同盟）が本格化しつつあった。このままでは、駿河で北条氏、信濃・上野で上杉氏に挟撃されかねない。状況の悪化に危機感を募らせた信玄は、三月二三日、京都に派遣していた家臣市川十郎右衛門尉に書状を送っている（『武家事紀』『戦国遺文武田氏編』一三七九号）。

そろそろ京都に着いたと思われるので、重ねて飛脚を派遣する。

一、信濃・越後の境目の雪が解け、馬の足で通れるようになりそうだという連絡があった。そうなるとただちに上杉謙信が信濃に出陣することは間違いない。どうしようもない状況なので、ひたすら（北条氏の拠点である）薩埵山《さったやま》に攻めかかっている。国の興亡を懸けた一戦を遂げるつもりである。甲斐（武田氏）と越後（上杉氏）の和解について、（将軍足利義昭様の）御下知により、織田信長が御媒介してくれるのであれば急ぎ岐阜の使者に対し、信濃長沼付近へお越し下さるよう催促するように。

一、現在徳川家康は、ひたすら（「専《もっぱ》ら」）信長の意見を求める人である。また今川氏真が没落しているので、遠江は悉く岡崎（徳川家康）の手に入ることは、文句のつけようもないのだけれども、懸川（今川氏真）と岡崎（徳川家康）の和睦の仲介（「刷《あつかい》」）がなされているという。これについては不審である。つまるところ、織田信長の心の奥底を聞き届けたい。

一、武田信玄は、ただいま信長を頼む他、味方がいないのだ。今この時信長に疎略にされては、信玄の滅亡は疑い無い。よく弁え、（信長に）主張をして欲しい。なおそちらへの対応について、信玄が疎略に扱うことはない。謹言。

（永禄一二年）三月廿三日　　（武田）信玄

第三条が有名な条目で、信玄がもはや信長しか味方がいないのだと、家臣に吐露している。信玄が恐れているのは上杉謙信の信濃侵攻で、それを防ぐために、第一条で将軍足利義昭と織田信長に、武田・上杉間の和睦（甲越和与）を調停するよう求めている。この和睦調停は、永禄一二年二月には義昭・信長が上杉謙信に働きかけていることを確認できるが（「上杉家文書」『上越市史』別編六五五・六五六号）、両者を動かしたのは、駿河における北条氏との戦争に苦しんだ武田信玄であった。

注目したいのは、第二条である。信玄が徳川家康について、信長の意見を求める人（「専ら信長異見を得らるる人に候」）と認識していることを明言している。その上で、今川氏真が懸川城で徳川勢の包囲下にある以上、遠江領有権を家康に認めざるをえないとしつつ、今川・徳川間の和睦の話が進んでいることに強い不信感を示している。仲介（「刷」）とあるので、第三者調停が進められている様子が読み取れる。

和睦の仲介者、つまり中人《ちゅうにん》になったのは、北条氏康・氏政父子であった。五月六日、ついに今川氏真は家康との和睦に合意し、懸川城を明け渡して、海路小田原城に退去した。事態は信玄の予想の最悪を極めたといえる。北条氏が中人になったということは、徳川・北条間でも和睦が成立したことを意味するからである。北条父子と戦争中である武田氏にとって、徳川家康はいつ敵対行動をとってもおかしくなくなっていた。驚愕した信玄は、織田信長に事態の収拾を懇願している（「神田孝平氏旧蔵文書」『戦国遺文武田氏編』一四一〇号）。

こちらから使者を遣わして書状をお送りします。懸川が落城し、今川氏真は駿河河東郡へ退かれたということです。そもそも去年、信玄が駿河へ出陣した結果、今川氏真は没落し、遠江も悉く武田が平定しました。懸川城一ヵ所だけが残っておりました。数日を経た後、織田信長の先鋒（「先衆」）であると主張し、徳川家康が出陣してきました。兼ねてよりの約束通り、遠江にいる人質を請け取りたいと言ってきたので、望みに従いました。それ以後、北条氏政が今川氏真を救おうと、駿河薩埵山へ出陣し、信玄と対陣しました。これにより（信玄は駿河で身動きが取れず）、懸川城に向かって数ヵ所砦を築いていたので、懸川落城後は、今川氏真を自害させるか、そうでなければ、三河と尾張の国境に送るのが当然であるにもかかわらず、小田原衆（北条氏）と岡崎衆（徳川氏）が半途で面会し、和睦と主張し、懸川に籠城していた者たちを、無事に駿河へ通してしまったことは、思いも寄らない次第です。既に、今川氏真と北条氏康・氏政父子とは和睦することはないと、家康の起請文（「誓詞」）に明らかです（が守られませんでした）。この経緯を信長殿はいかが御分別なされているのでしょうか。ただし過去のことは致し方ありません。せめてこの上は、今川氏真および北条氏康・氏政父子へ、敵対の旗色を見せるよう、信長から厳しく（家康に）御催促くださることが肝心です。詳しくは木下源左衛門尉に口頭で託しましたので、ここには書き記しません。恐々謹言。

（永禄一二年）五月廿三日　（武田）信玄（花押）

津田国千世殿

（武井）夕庵

追伸。（将軍足利義昭様の）上使である瑞林寺《ずいりんじ》と佐々《さっさ》伊豆守を越後へ通しました。津田掃部助《かもんのすけ》は、談合のために二日以前に（こちらへ）到着しています。

先に、二月の段階で、信玄が徳川家康に改めての起請文交換を要求したと述べた。その際信玄が家康に求めたのは、今川氏真だけでなく、北条氏とも勝手に和睦しないという誓約であったようだ。ところが家康は起請文による誓約を、あっさり破棄したのである。信玄は、格下の国衆と侮っていた家康に完全に翻弄されていた。家康はこの時まだ二八歳だが、外交面では老獪《ろうかい》とも呼べるしたたかさを見せていた。穏便な形で懸川城を開城させることが、徳川氏の利益に適ったからである。また信玄の外交姿勢に不快感を抱いてもいたのだろう。

ところがやはり信玄が抗議する相手は、織田信長なのである。明確な盟約違犯であるから、家康にも抗議したであろうが、史料としては残されておらず、どのような文面で非難したのかはわからない。信玄が織田信長に求めたのは、家康と北条氏の同盟阻止であった。そのためか、遠江は武田氏が制圧する直前までいっていたと記し、あたかも家康に手柄を横取りされたかのような書きぶりである。もちろんこれは事実に反するが、家康の非法ぶりを強調したかったのだろう。この内容では、むしろ武田側のふがいなさが露顕してしまうようにも思うが、もはやなりふり構っていられなかったのだ。

興味深いのは、信玄が今川氏真の取り扱いについて、自害させるのでなければ、三河と尾張の国境に置くべきだったと主張している点である。氏真の身柄を織田信長の管理下に置いて欲しかったというのだ。やはり信玄は、家康を信長の従属国衆と見なしている。

信玄にとって唯一の救いは、上杉謙信との和睦調停に進展が見られたことである。四月末に間道を通って甲府に撤退した信玄は、体調を崩して「以《もっ》ての外《ほか》の違例」と苦しんでいた（「違例」は病気を指す）。五月九日、ようやく病気の快癒を実感し、「公方（足利義昭様）の御下知により、甲斐と越後の和睦は過半が落着した」と、駿河に残した家臣を励ましている（「陽雲寺文書」『戦国遺文武田氏編』一四〇三号）。その後信玄自身、再度出陣し、北条氏が守りを固める駿河東部の制圧を再開した。

さて、右の信長家臣宛て書状の追而書《おってがき》（追伸）部分をみると、将軍上使が越後入りをしている様子がみてとれる。二月に派遣した最初の上使は、二ヵ月経っても越後から戻らず、義昭と信長が四月七日に使者を派遣し直しているから（「上杉家文書」『上越市史』別編六九八・七〇〇号）、三度目の催促ということになる。最初に名前のある瑞林寺が三度目の将軍上使で、四月二〇日付の御内書を持って京都を出立している（「上杉家文書」『上越市史』別編七〇六号）。一ヵ月も経っているから、信濃で武田方と調整をしてから越後入りという段取りを踏んだのだろう。次に記載されている佐々伊豆守は信長の家臣で、上杉謙信への取次である。津田掃部助は、津田一安という織田氏の庶流で、信長が武田氏に使者としてしばしば派遣したとされる（『甲陽軍鑑』）。ともかく、上杉謙信との和睦（甲越和与）が成立すれば、北条・上杉間で話し合いが進展している越相同盟を有名無実化できる。家康の裏切りへの不安を払拭できない信玄は、上杉との和睦成立に望みを繋いでいた。

この和睦は、七月末頃に成立したらしい。足利義昭の謙信に対する返書をみてみよう（『謙信公御書集』『上越市史』別編七八六号）。

越後と甲斐の無事（和睦）について、以前申し含めた。この度のこと（回答）は、しかるべきものである。輝虎（上杉謙信）の考えをただちに申し上げるということで、喜んでいる。もし上杉が出陣する際には、どのようにでも気遣いをすることが肝心である。南星軒《なんせいけん》を派遣したので、詳しく話させる。

八月十日(永禄一二年)　義昭(足利)公御判

上杉弾正少弼(謙信)とのへ

謙信から前向きな回答があったことを喜び、詳細を聞きたいと述べている。後半の原文は「自然上杉出勢に於いては、如何の気遣い肝要に候」というもので、「自然」は「もしも」という意味である。持って回った言い方となっているが、どうも謙信は密約を申し出たらしい。既に北条氏康・氏政との越相同盟は成立しており、謙信は北条の要請に応じて武田領に攻め込むと約束を交わしている。だからそれを無視するわけにはいかないが、その際には配慮をするという話がでているわけだ。具体的には、出陣しても武田領攻撃を控えるというものであったようで、実際謙信は、武田攻めを避ける動きを繰り返して北条氏を失望させる。

上杉謙信というと義理堅いイメージがあるが、後世に生み出された虚像に過ぎない。この時の謙信は、北条と同盟して領国割譲の実利を得つつも、秘かに武田氏と和睦して、北条から要請のあった武田攻めは理由をつけて回避するという巧みな外交をやっている。後者は、将軍義昭に忠誠を誓うというアピールにもなるし、信長に恩を売り、信玄の窮地を救った形にもなっている。したたかな駆け引きを繰り広げているといえる。

永禄一二年七月の甲越和与成立により、信玄は安心して北条氏との戦争に専念できるようになった。しかし駿河平定といえるのは、元亀二（一五七一）年正月まで待たねばならない。

この間、永禄一三（元亀元）年二月頃の武田・徳川両氏の関係を、遠江の僧侶が書き記している（『科註拾塵抄』奥書『戦国遺文今川氏編』二七六七号）。それによると武田氏は「家康とは面向きは和睦と仰せ合わされている」という。誰の目にも、武田・徳川両氏の関係が冷え込んでいることは明らかであった。同年四月、徳川方の小取次榊原康政が、武田信玄の側近土屋昌続に書状を送っている（丸島所蔵「元紀州藩士中村四郎左衛門所蔵家文書」）。今川領侵攻時点での小取次であった山県昌景が、駿河江尻《えじり》（静岡県静岡市清水区）城代として甲府を離れたため、若手の筆頭格であった土屋昌続に小取次が交代したのである。この書状は、土屋昌続から今度自分が取次になったので、万事任せて欲しいと酒井忠次・石川数正に書状が送られたことを受け、榊原康政からも挨拶として出したものである。そのなかで、榊原康政は「今この時（が大切）ですので、何分にも御分別にかかっています」と念を押している。小取次を務めている榊原康政は、武田氏との同盟維持を考えており、強い危機感を表明したのである。

4　徳川・上杉同盟の成立と武田・徳川同盟の崩壊

ところが、思わぬところから外交情勢に変化が生じた。元亀元（一五七〇）年五月、北条氏政の弟三郎が上杉謙信の養子として送られたのである。謙信から自身の最初の実名を与えられ、上杉景虎と名乗る人物である。謙信は景虎養子入りをもって「相模と越後の一和が落着した」とし、武田領侵攻を明言するようになる（「吉田澄夫氏所蔵文書」『上越市史』別編九一四号）。そして七月二九日、北条氏康の子息で取次である北条氏邦に、「甲府の使僧を成敗した」と伝達している（「上杉家文書」『上越市史』別編九二〇号）。謙信は、甲越和与を破棄し、北条氏と「手合わせ」して武田氏を挟撃する方針に転じたのである。もっとも謙信は、その後になっても武田領侵攻をなかなか実施しようとはしなかった。

信玄は上杉の動きが不穏になっていることを事前に察知していたようだ。近年発見された文書をみてみたい（「泰巌歴史美術館蔵文書」）。

去る頃、使者両名を派遣して書状をお送りしたところ、心の籠もった御返信に預かり、どれだけ感謝したらよいかわかりません。とりわけ、越後と甲斐が戦になった際には、無二に御合力下さるということでした。頼もしく存じます。あまつさえ御昵懇の関係、重ねて私の考えを条目でお伝えしますので、御同意いただくことを願っています。恐々謹言。

七月十四日（元亀元年）　信玄（武田）（花押）

謹上　弾正忠殿（織田信長）

信玄は、上杉との開戦に備え、武田・上杉双方と同盟を結んでいる織田信長に、その際にはどのように動くつもりかを訊ねたようだ。信長の回答は、もちろん武田を支援するというもので、信玄は感謝の意を示している。宛所は単に「謹上　弾正忠殿」とだけあり、織田という名字が書かれていない。これはかなり丁重な書札礼であり、信玄が信長に気を遣っていることがよくわかる。もちろん信長としては、他に答えようがなかったであろうが、どうしても言質を取っておきたかったのだろう。

これとほぼ同時期に、徳川家康が上杉謙信に書状を送った。謙信の回答は八月二〇日付で、徳川方の取次宛てのものが残っている。酒井忠次への書状をみると、「今まで書状を交わしたことはありませんが、一筆お送りします。さて徳川家康からわざわざ使僧を派遣していただいたことは、誠に大慶これに過ぎることはありません。今後は無二に申し合わせて行きたいと考えています」とある（「本光寺文書」『上越市史』別編九三一号）。

つまり家康は武田・上杉間の和睦崩壊を知り、ただちに上杉謙信に同盟を持ちかけたのである。もっとも上杉・徳川間では、これ以前に外交関係が持たれており、その時は謙信側近河《かわ》田《だ》長親《ながちか》が小取次として応対していた。ただ河田長親が越中魚津《うおづ》（富山県魚津市）城代として転出し、側近としての役割を果たせなくなったため、代わりに直江景綱が、徳川方の取次石川家成に条目の形で詳細を詰めている（『謙信公御書御重而出ル全』『上越市史』別編九三三号）。

そこには、①音信が絶えて不安に思っていたところ、使僧を派遣してもらって謙信は喜んでいる。②徳川の使僧権現堂《ごんげんどう》（叶坊光幡《かのうぼうこうはん》）が口頭で述べた内容は頼もしく思う。こちらからは、織田信長と朝倉義景の和睦仲介について、家康と打ち合わせたいと思っている。③武田信玄は裏表があり、親子のよしみや（家臣の）忠信も信じず、起請文の血判も破る人物である。④北条と上杉は和睦したので、必ず信玄を討ち果たす所存である。⑤家康の考えだけでなく、織田信長が心の底で何を考えているかが肝心と謙信は考えている。そのことをよくご理解いただきたい。……ざっとこうした内容が記されており、謙信もまた、武田とも同盟を結んでいる織田信長の動きを、家康を通じてコントロールしたいと考えていた様子がわかる。

それに対し、徳川家康は起請文で謙信の期待に応える旨を明言した（「上杉家文書」『上越市史』別編九四二号）。

敬白　起請文

右について、この度私の本心をそのまま権現堂（叶坊光幡）に託してお伝えいたしましたところ、話がしっくりとかみ合い（「御啐啄《そったく》」）、本望です。

一、武田信玄への手切については、家康は深く思いを詰めております（「深く存じ詰め」）ので、少しも表裏や出し抜き（「打抜《うちぬき》」）といった相違はいたしません。

一、信長と輝虎（上杉謙信）がご昵懇の間柄になるように、ひたすら（信長に）意見をいたします。甲斐（信玄）と尾張（信長）の縁談についても、破談になるよう（「事切れ候様ニ」）諌めるつもりでおります。

もしこの旨に偽りがあれば、上は梵天・帝釈、下は四大天王、総じては日本国中の大小の神々、特に伊豆・箱根両社の権現、三島大明神・八幡大菩薩・天満大自在天神の御罰を（家康が）蒙ることになるでしょう。この件は以上の通りです（「仍如件」）。

（元亀元年）十月八日　（徳川）家康（花押）

（謙信）上杉殿

家康が信仰する白山の牛玉宝印の裏に書かれたこの起請文では、日付よりも高い位置から「上杉殿」と書き始めることで、謙信を格上とみなす丁重な書札礼を用いている。家康はこれとは別に直江景綱に書状を送り、「輝虎のお考えを条目にお載せいただきました。一々納得いたしております」と回答している（「上杉家文書」『上越市史』別編九四三号）。上杉の要求はすべて受け入れるということで、一条目で武田信玄との手切、つまり同盟破棄については、家康は「深く存じ詰め」、意訳すれば「決断がついた」と述べている。これは直江景綱条目の④に対応するものであると同時に、そもそも家康が上杉に使僧を派遣した理由でもある。そして二条目で直江条目の⑤織田信長の考えが重要という要請に応えているが、回答は上杉の要求以上に具体的なものであった。それは武田・織田間で進んでいた縁談を、妨害するという約束であった。

この縁談は、『甲陽軍鑑』に記載があるもので、具体的には織田信長の嫡男織田信忠と、武田信玄の娘松姫の婚姻である。既に武田・織田間では、信長の養女龍勝寺殿が、信玄の四男勝頼に嫁いでいたが、重縁の話が持ち上がっていたようである。龍勝寺殿は元亀二年九月に病死するため、既に体調を崩していた可能性があり、それが縁談が持ち上がった原因かもしれない。なお龍勝寺殿死去後の元亀三年正月、婚姻の口取りを選ぶよう、信長が指示していることが近年発見された史料で判明した（「土御門家文書」『戦国遺文武田氏編』補遺参考二号）。あるいは家康が何か信長に働きかけをした結果、しばらく中断していた話が、龍勝寺殿死去で動き出したのかもしれない。

徳川家康の敵対の明確化を受け、武田信玄は怒りを爆発させた。興味深いことに、その鉾《ほこ》先《さき》が向かったのは、織田信長であった（「丸島所蔵文書」）。

わざわざお手紙をいただき、祝着に存じます。とりわけ津田と昨翁《さくおう》が（岐阜城に）帰国した際に、徳川家康の大悪の非難、今川氏真・北条氏政が出した数通の証文をお見せいたしました。貴方は今の将軍の補佐をなさっているので、きっと公平な取り裁き（「憲法之沙汰」）がなされると存じておりましたところ、あまつさえ引間《ひくま》（浜松城）に歴々を御加勢として派遣されたことは、是非もないと思っています。恐々謹言。

法性院（武田）

（元亀二年）正月廿日　信玄（花押影）

謹上織田弾正忠（信長）殿

御宿所

写であり、誤写とみられる箇所もあるため、やや意味が取りづらいが、信玄は家康を「大悪」と非難し、証拠として文書の写を複数送っていたらしい。今川氏真と北条氏政の証文数通とあるからには、家康が同盟協定を破って両氏と手を組んだことを示す書状や起請文の類いを入手していたようだ。これまでも信玄は、家康の行動を問題と考えた際、信長に訴えることで解決を試みようとしてきた。それは、単に徳川を織田氏従属国衆と見なしていただけではなかったらしい。信長が「当将軍補佐」という立場にあり、同じ義昭政権を支える一員として、武田氏を公平に扱ってくれると信じてのことであったという。しかしその期待は裏切られたばかりか、織田信長の援軍が引間（浜松城）に入ったことについて、「是非無く候」と述べて文章を終えている。ここでは、「残念に思う」といったニュアンスであろう。

家康が本拠を浜松に移したのは、織田信長のアドバイスを受けてのもので、元亀元年六月に普請を開始し、九月に入城したとされる（『当代記』）。引間（浜松）への信長の援軍とあるのは、浜松築城支援のためであろう。なお本書状について、筆者は元亀元年のものと考えてきたが、本稿を執筆する際に、翌二年のものと考えを改めた。

本文書の興味深い点は、信玄の書状としては、本文の終わり方が唐突であることである。言いたいことだけ書いて打ち切っているかのようで、そこに信玄の怒りを読み取るのは、うがち過ぎであろうか。

この元亀二年正月、駿河における北条方の拠点の制圧が完了し、武田氏は駿河平定を成し遂げたといってよい。四月、信玄は足利義昭側近の一色藤長《いっしきふじなが》に対し、駿河において御料所（将軍直轄領）を献上するとして、新たに後継者と定めた四男勝頼に将軍偏諱と朝廷官職の斡旋を求めている（『玉英堂古書目録』一一四号掲載文書『戦武』一五三五）。義昭側近に宛てているのは、将軍義昭に書状を出すことが失礼にあたるためで、実質的には義昭に宛てた条目といえる。しかし、勝頼は足利義昭から実名の一字を拝領して改名することはなく、信玄死後、亡き父と同じ「大膳大夫《だいぜんのだいぶ》」を自称しているが、正式な任官ではない。何かトラブルが生じたことになる。

その理由を窺わせるのが、条目中で信玄が記した次の一節である。

一、現在重用されている者（「当出頭之人」）の、隣国の諸士に対する書状の書きぶりは、上意（義昭様）の御下知によると聞いています。そのことについて、私の考えを使者の口上を借りて申し上げさせてください。

これまで本条目は、永禄一三（元亀元）年四月のものとみられてきたが、最後の一ヵ条で北条と上杉が、義昭の御前で武田の妨害をしていると非難している点が、甲越和与が続いていた段階と合わない。上杉との和睦が前年七月に破綻し、駿河制圧が済んだ後の元亀二年四月の文書とみたほうがよさそうだ。なお、この書状の年次を見直したことが、先の書状の年次比定を改めた理由のひとつである。

信玄はここで「当出頭之人」を非難している。出頭人《しゅっとうにん》とは、主君に重用された人物を指す言葉だが、それにより権勢を振るっているというニュアンスも籠められることがあり、悪い意味で使われることも多い。そして義昭のもとで権勢を振るい、武田氏を含む隣国に幕府に関わる書状を出す権限を義昭から認められている人物とは、明らかに織田信長を指す。

つまり信玄は、義昭による織田信長の重用を批判しているのである。信長への不満から思わずつけたしてしまった観があるが、この文章では、信長批判ではなく、足利義昭批判になってしまっている。将軍義昭が怒って勝頼への栄典授与を退けても無理は無い。信玄は不満のあまり、大きな失策をしてしまった。

これまで信玄は一貫して、信長に「従属国衆」徳川家康のコントロールを期待していた。ところが信長はそれを行う気配がない。その結果、家康は上杉と結んで信玄との同盟を破棄し、さらに武田・織田間の縁組の妨害まで行った。家康への怒りが、信長への不満に転化したのである。さらに信長が家臣を派遣して浜松築城支援をしたのであれば、ますます信玄の眼には、やはり信長は「徳川の主家」であるのに何もしてくれないと映ったであろう。

一方、信長からすればどうか。力関係では自身が上ではあるものの、徳川家康は独立大名として足利義昭政権から処遇されているし、織田との関係は同盟国である。信玄の要求を実行すれば家康の反発は避けられず、迷惑この上ない話であったのだろう。そのため、信長は要求に応じて家康を諫めることもしなければ、信玄に「自分は徳川の軍事・外交に関与する立場には無い」と説明することもしなかったようだ。少なくとも、説明した形跡が無い。武田との関係悪化を恐れてお茶を濁したのだろうが、中途半端な対応であったことは否めない。

同時にこれは、織田方の取次の機能不全を意味する。武井夕庵《たけいせきあん》や津田国千世・津田一安らが、私信の形でもいいから、信長の本意を武田方に伝えていれば、両家の行き違いは防げたはずだ。なお津田は、織田庶流家がしばしば用いた名字で、信長が織田名字の使用を統制した結果代わりに津田を名乗ったとみられている。また武井夕庵は信長の右筆でもあり、側仕えをする身として、信長の本音を知らなかったはずはない。逆に武田側の取次も、信長の曖昧な対応の真意を探ろうとする努力を怠ったといえる。

こうして武田信玄が一方的に織田信長への不満を募らせている状況で、元亀二年九月に武田勝頼に嫁いでいた信長養女龍勝寺殿が死去した。そこで織田・武田間で、再度織田信忠と、松姫との婚姻の話が動き出したと思われる。既に信長は、朝倉・浅井・本願寺・三好を中心とした諸大名の攻撃にさらされていた。武田まで敵に回すつもりはなかったし、そもそも信玄の怒りが正確に伝わっていたかも怪しい。信長は、信玄を信じ切っていたからである。

一方の武田信玄は、元亀二年末に北条氏政との同盟を復活させ、外交関係を安定させた。その上で元亀三年一〇月、徳川領侵攻を開始した。「三ヶ年の鬱憤」と述べているから、元亀元年から足かけ三年の徳川への恨みを晴らすと述べていることになる。元亀元年八月～一〇月にかけて、徳川家康が上杉謙信と同盟したことが怒りの起点である。

一方信長は、将軍義昭の命令で進めていた武田・上杉間の和睦調停の拒絶と、突然の徳川領侵攻に、初めて信玄への怒りを顕わにし、同盟破棄を宣言した。上杉謙信に書き送った「侍の義理も知らず、只今都鄙《とひ》（都と田舎）の嘲弄《ちょうろう》も顧《かえり》みざる次第」「未来永劫《えいごう》を経《ふ》るといえども、再び相通ずまじく候」（「真田宝物館所蔵文書」『上越市史』別編一一三一号）という非難は凄まじいものがある。ただそれは皮肉にも、ある意味で織田・徳川両氏が一体化していることを、信長自身が証明したともいえるのかもしれない。

補論二　外交から考える本能寺の変

1　本能寺の変をめぐる諸説

本書のテーマを考えた際、外交という視点で捉えることができる著名な事件が存在する。それは、本能寺の変の原因をどう考えるかという問題である。

天正一〇（一五八二）年六月二日未明、明智光秀が主君織田信長・信忠父子を急襲し、殺害した。この本能寺の変については、古くから様々な議論がなされてきた。それらは野望説、怨恨説、不安説、義憤説といった光秀の内面から原因を考えた議論と、単独での謀叛なのか、黒幕がいたのか、それは誰なのかといった議論が複雑に絡み合って論争が展開した。しかしながら、ほとんどの主張は多くの問題を抱えている上、そもそも結論を得ることは困難であると早くに指摘されている。人々の関心を惹く話ではあるものの、実態を探ることは史料上困難なのである。

このうち義憤説は、いわば「信長の野望」を阻止しようというものだが、信長を急進的な改革者、光秀を温厚で保守的な知識人とするステレオタイプな人物像を背景とする。近年の研究では、信長はむしろ保守的でありつつも、責任感から改革に乗り出さざるを得なくなった政治家とみなす見解が有力である。一方、光秀は信長の「撫《な》で斬《ぎ》り」（皆殺し）命令を淡々と実行したり、しばしば寺社から所領押領《おうりょう》（土地の不法占拠）を訴えられている事実から窺えるように、生真面目で既存の秩序維持を求めるような性格ではない。ステレオタイプなイメージを、入れ替えたほうがむしろ実像に近いとすらいえる。

またたとえば光秀が天下人の座を狙ったという主張（野望説）と、明智家存続に危機感を覚えたという主張（不安説）は両立できるだろう。ただ、戦国時代の人々が天下取りに関心を抱いていたかというとそれは極少数派だし、いわゆる下剋上、特に主君殺害は強い非難を浴びた。実際、本能寺の変の一報を聞いた人々が、最初に思い浮かべた像の多くは、光秀が娘婿の織田信澄《のぶずみ》（信重、信長の弟信成の子）を擁立してクーデターを起こしたというものである（『多聞院日記』『家忠日記』『萩藩閥閲録《はぎはんばつえつろく》』『甲乱記』、「上杉家文書」『上越市史』別編二四一六号他）。特に多聞院英俊《たもんいんえいしゅん》は六月二日条に記し、松平家忠は三日酉の刻（午後六時頃）に聞いたと記した上で、後に誤報と追記している。信澄が関与を疑われて殺害されたのは五日だが、噂の発生は変直後である。これこそが、もっとも納得のいく話であったのだ。

一方、最後に少し言及するが、黒幕がいたとは到底考えられない。中国地方で毛利輝元と対峙する羽柴秀吉から援軍を求められた信長が、先鋒として明智光秀に出陣を命じた際、京都には信長・信忠父子が少数の供回りを連れているだけで、周囲でまとまった軍勢を動かせるのは明智光秀のみという状況は、計算して生み出せるものではない。光秀が宿老斎藤利三以下の重臣に謀叛を打ち明けたのは前日であり（『信長公記』他）、原因が何であろうと、急な挙兵であった事実は動かない。

本能寺の変に関しては、近年幕臣石谷《いしがい》氏の家伝文書「石谷家文書」が発見された他、加賀藩士が寛文九（一六六九）〜一一年編纂した『乙夜之書物《いつやのかきもの》』の記載が新たな検討材料として注目を集めている。前者には、斎藤利三関係者と長宗我部氏との間で交わされた書状が残され、後者には利三の三男斎藤利宗《としむね》が、妹の孫にあたる井上清左衛門に語った回想が含まれている。ただし同書をまとめたのは軍学者関屋政春《せきやまさはる》で、明智光秀に関わる記述は、井上清左衛門からの伝聞による。わずか一五歳であったとはいえ、変に参加した斎藤利宗の証言を伝えるものとして、一定程度の信頼性はあるが、繰り返された伝聞の過程で、誇張や誤解・記憶違いが含まれているであろうことは間違いなく、そのまま鵜呑みにはできない。

同書によれば、光秀は侍大将以上の家臣を集め、挙兵を打ち明けたという。光秀が「謀叛をするのは」と言いかけたところ、斎藤利三が「今まで先延ばしになされてきたもので、先鋒は私が務めます」（原文は「唯今迄御延引ナリ、御先《おせん》ハ我等可仕ト云」）と述べたとある。これをもって事前に相談がなっていたとする見解も出されているが、光秀の描写は「暫く目を閉じ、大きく息を吐いてから」といういささか芝居がかったものである上、自身の行動を「謀叛」と言い切ってしまうのも解せない。明智軍の兵士は本能寺を攻める際、信長から徳川家康を殺害する命令が下りたのではと類推している（フロイス『日本史』『本城《ほんじょう》惣右衛門《そうえもん》覚書』）。テレビどころか写真すらない時代、信長の顔を見知っている者はごく一部に限られており、攻撃対象が信長・信忠であることを伏せても、挙兵は可能であったのである。

先述の利三の発言は、「我等（私）ハ気ガチガイタルハ」と光秀が切り出したことで、皆が落胆した様子をみて、咄嗟に叫んだものと描かれている。本能寺襲撃における重臣の的確な指示を勘案すれば（『本城惣右衛門覚書』）、宿老クラスの重臣には、光秀の胸中を察するものもいたと理解すればよいだろう。また同書の記述を信じるならば、光秀は斎藤利三の到着を今か今かと待っており、利三には事前相談していたと考えてもよいかもしれない。それは、以下で検討していく利三の働きからみても、首肯できるものである。なお斎藤利三には明智名字の使用が許されており、明智家中では準一門格でもあった。

変の原因についての確実な答えを求めるには、光秀自身の証言によらざるを得ないが、残念ながらその手掛かりはない。光秀の証言は本能寺の変後、自己正当化のためのものに限られるからである。

そのなかで、近年注目を集めているのが、四国説と呼ばれるものである。光秀が土佐長宗我部元親の取次を務めていたことに着目したものであり、本書の内容ともかかわる。先述したように新出史料が複数確認されたこともあり、本書旧版刊行以後の研究の進展を踏まえ、一度私見を整理してみたい。なお光秀は、朝廷から惟任《これとう》名字を拝領しており、惟任光秀と記すことが正確だが、読者の混乱を招きかねないため、明智光秀で通すこととする。

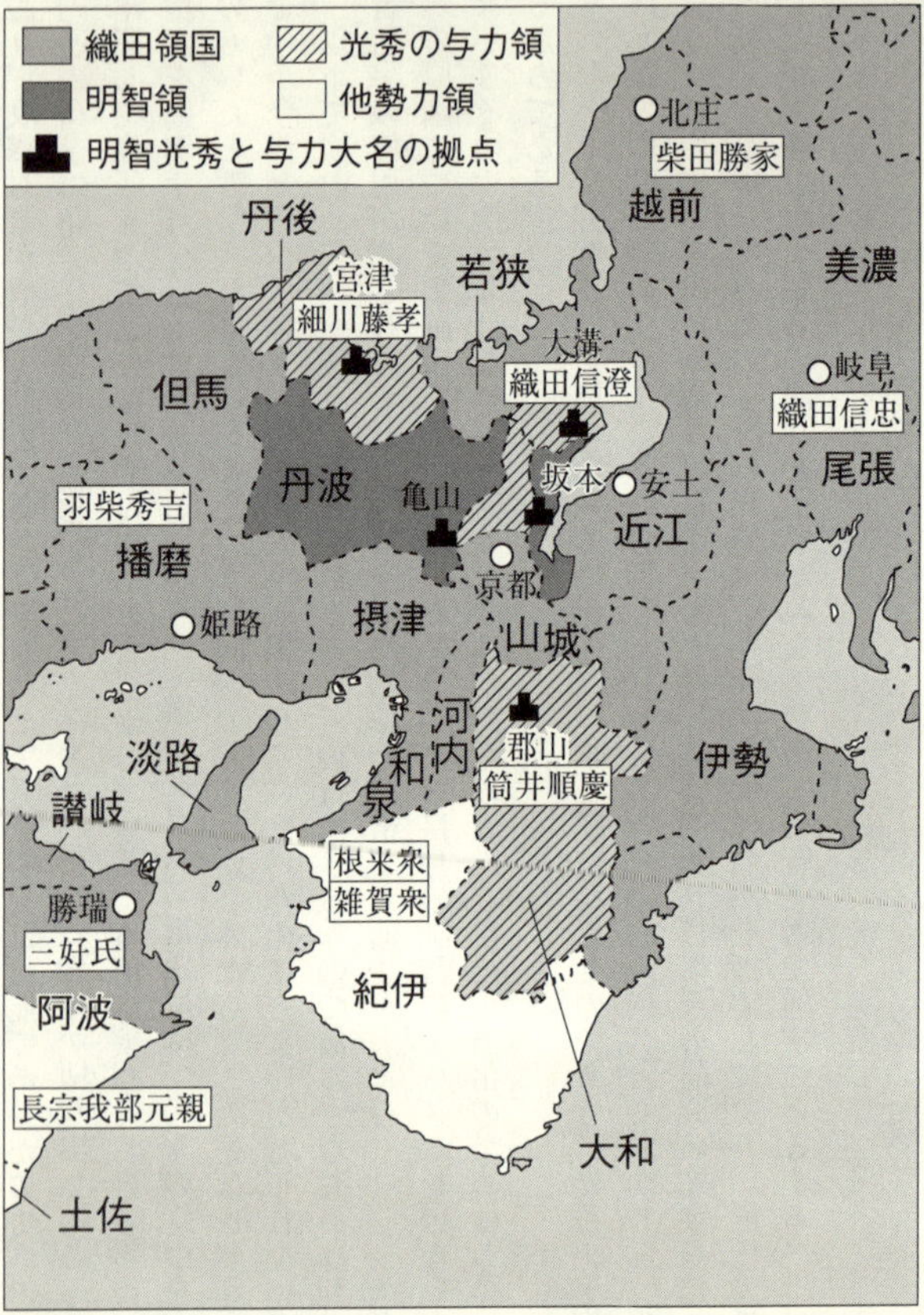

天正９年頃の明智光秀の管轄地域と与力武将の配置図
（柴裕之編著『図説　明智光秀』掲載地図を基に作成）

2　長宗我部元親と明智光秀

信長が将軍足利義昭と決裂し、最終的にみずからが天下人となる道を選択した頃、四国では土佐の長宗我部元親が勢力を拡大していた。土佐を統一した元親の前に立ちはだかったのが、阿波を本拠とする三好《みよし》氏である。三好氏は、信長によって京都を追われ、元亀四（一五七三）年に本宗家の三好義継《よしつぐ》も自害に追い込まれたものの、阿波・讃岐を中心に勢力は健在であった。

三好義継自害後、本宗家の家督を継いだのは、讃岐国衆十河《そごう》氏に養子入りしていた三好義《よし》堅《かた》（十河存保《まさやす》）であった。しかし天正三（一五七五）年には河内の三好康長が信長に降伏した。阿波三好氏当主で、義堅の実兄にあたる三好長治《ながはる》も、名目上の主君として擁立していた細川真之《ほそかわさねゆき》が長宗我部氏と結んで挙兵し、天正五年に自害に追い込まれた。つまり三好氏をめぐっては、織田信長と長宗我部元親の利害が一致していたといえる。

当初長宗我部元親は、三好康長を取次として、信長と接触していたらしい（「香宗我部家伝証文」『増訂織田信長文書の研究』九二八号、『古証文』同前参考文書）。長宗我部氏側の取次は、元親の実弟香宗我部親泰《こうそかべちかやす》である。明確なやりとりとして確認できる初見は天正六年六月のもので、三好康長が起用された理由は、長宗我部氏側が阿波岩倉（徳島県美馬市）城主三好式部少輔《しきぶのしょう》との友好関係を前面に押し出してきたことによる。

しかし三好長治自害により、三好康長との関係は微妙なものとなった。岩倉城は、阿波三好氏の本拠勝瑞《しょうずい》城（徳島県板野郡藍住町）の手前に位置する。阿波における勢力拡大を狙う長宗我部氏としては、確保したい拠点ともいえる。

そこで長宗我部元親は、同年後半までに明智光秀の重臣斎藤利三を通じて、嫡男弥三郎に織田信長からの偏諱《へんき》（一字拝領）を求めた（『石谷家文書』一八号）。その偏諱を認めた朱印状は、写の形で伝わっている（『土佐国蠹《と》簡集《かんしゅう》』『増訂織田信長文書の研究』五七三号）。

明智光秀（「惟任日向守」）に対する書状を拝見した。そこで阿波方面に在陣しているとのこと、良いことだと思う。ますます忠節をぬきんでることが重要である。次に字のことについて、「信」を遣わすこととした。すなわち「信親」と名乗るように。なお光秀（「惟任」）が副状を出す。謹言。

（天正六年）十月二十六日　（織田）信長

長宗我部弥三郎（信親）殿

この朱印状写から、長宗我部元親父子が、最終的には明智光秀に書状を送って信長への取次を依頼したことがわかる。信長はそれに対し、長宗我部氏の阿波制圧を認め、要請通り織田氏の通字「信」を与えている。以後、光秀・斎藤利三主従が、織田方の取次となる。

長宗我部氏は、織田信長に服属することで、三好氏との戦争を優位に進めようと図った。

当然このことは、従来の取次である三好康長の反発を招いたことは想像に難くない。

ではなぜ、長宗我部元親は、斎藤利三を経由して明智光秀に取次を依頼したのか。背景にあるのは、姻戚関係である。光秀の重臣斎藤利三の実兄は、室町幕府奉公衆《ほうこうしゅう》（将軍直臣）石谷光政《みつまさ》の養子となり、石谷頼辰《よりとき》を名乗った。石谷光政の娘は、永禄六年に長宗我部元親に嫁いでいる。つまり石谷頼辰・斎藤利三兄弟は、長宗我部元親の義兄にあたるのだ。

この系譜関係が明らかになるのは、兄弟の父である斎藤利賢《としかた》が、妻に蜷川親俊《にながわちかとし》（親世《ちかよ》）の妹を迎えたためである。蜷川家に伝わる「長宗我部氏系図」には、長宗我部氏と斎藤・蜷川・石谷三氏の姻戚関係が詳しく書かれているのだ。なお蜷川家といってもピンと来ない方が多いと思う。当主は代々新右衛門《しんえもんのじょう》尉を称し、政所執事代《まんどころしつじだい》として、室町幕府の財政を中心とする実務を担った。アニメ「一休さん」に登場する「新右衛門さん」は、応仁の乱直前に死去した蜷川親当がモデルである。親俊は、親当の玄孫（四代後）にあたる。

この蜷川氏も無視できない。斎藤利賢の娘は、蜷川親俊の嫡男親長《ちかなが》に嫁ぎ、親俊の次男親三《ちかみつ》は、石谷光政の娘を妻に迎えた上で、斎藤利賢の養子となっている。問題は永禄八（一五六五）年の政変で第一三代将軍足利義輝が殺害された結果、蜷川氏が没落したことである。蜷川親俊は出羽で客死したが、その子親長は、姻戚関係にある長宗我部元親を頼って土佐に亡命し、その連歌の師を担いつつ、土佐と京都を繋ぐ役割を果たした。

このように室町幕府関係者間で構築された姻戚関係の輪の中に、斎藤利三と長宗我部元親が位置しており、長宗我部氏はそれを梃子《てこ》に明智光秀への接近を図ったわけである。実際、信

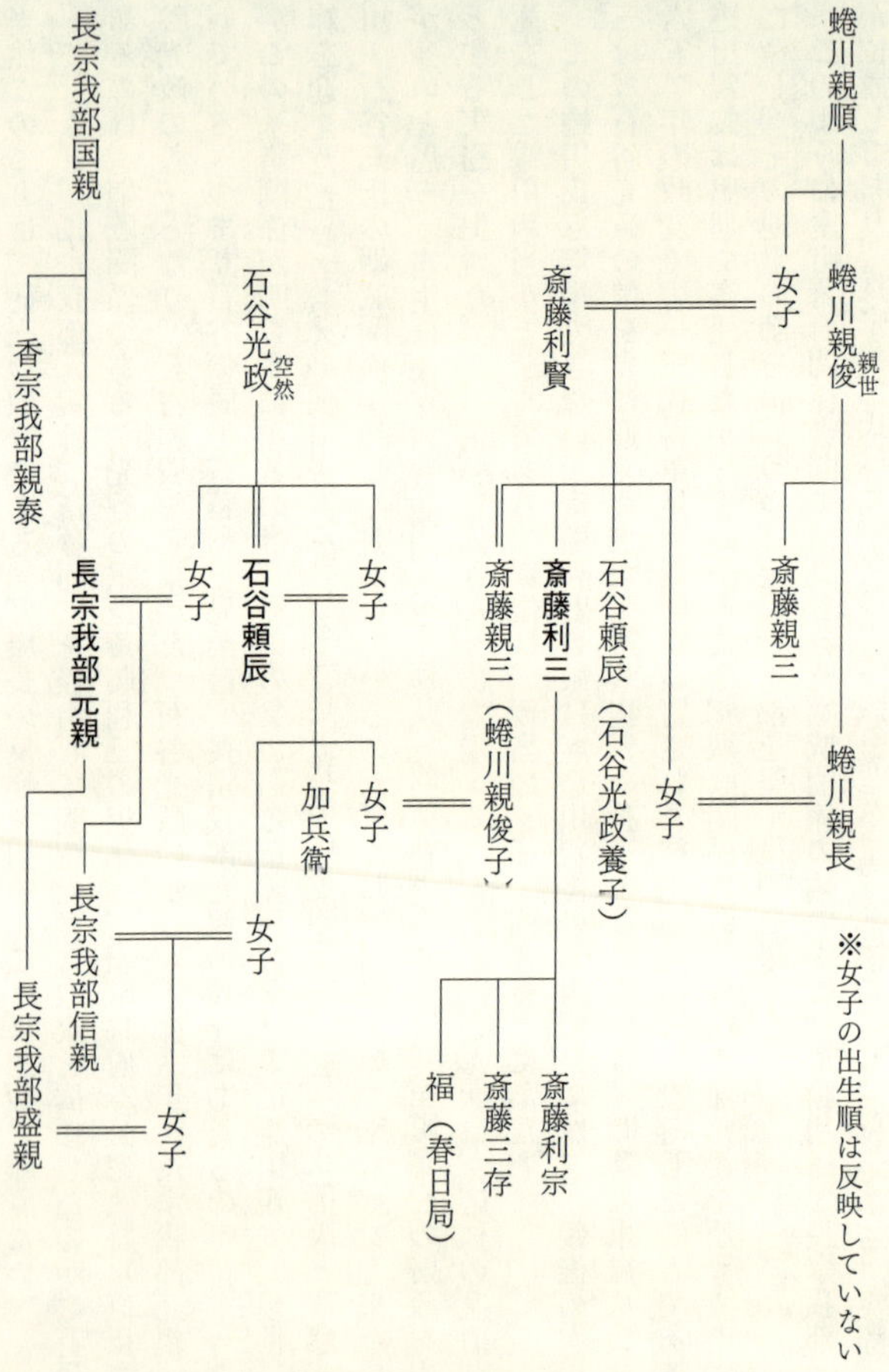

斎藤利三と蜷川・石谷・長宗我部氏姻戚関係系図

親への一字拝領について、長宗我部元親は斎藤利三に依頼した成果だと石谷頼辰へ伝えている。整理すると、元親は石谷頼辰→斎藤利三→明智光秀という人脈をたどったことになる。

では、天正六年当時の明智光秀は、どのような立場にあったのか。天正三年七月、信長の推薦で朝廷から「惟任《これとう》」名字を与えられ、日向守に任官していた（『信長公記』）。居城は近江坂本城（滋賀県大津市）と丹波亀山城（京都府亀岡市）で、丹波経略を本格化させていた。亀山城は、京都のある山城からみれば、玄関口に位置する要衝である。

光秀が重用された背景には、自身の能力を買われただけでなく、妻の妹である「於ツマキ（妻木）」が信長に仕える女房（貴人に仕える女性）として、「一段ノキヨシ（気好し）也」と評されるほど篤い信頼を受けたことが関わっているようだ（『多聞院日記』）。近江高島郡を領する織田信澄は光秀の娘婿で、丹波攻めも支援している。光秀の娘玉《たま》（ガラシャ）が細川忠興《ただおき》に嫁いだのも、天正六年八月のこととされる（『細川家記』）。天正四年に大和一国の支配が筒井順慶《つついじゅんけい》に委ねられた際、それを伝達したのは光秀と信長の側近万見重元《まんみしげもと》であり（『多聞院日記』）、光秀が「指南《しなん》」として筒井氏の寄親《よりおや》の地位についたと考えてよい。

この段階の畿内の軍事は、織田家臣筆頭として本願寺攻めを担当していた佐久間信盛が統括しているが、光秀は既に京都周辺を押さえており、佐久間に次ぐ地位を確立しつつあった。長宗我部元親が新たな取次として白羽の矢を立てたのは、織田家中における地位からみても当然な選択といえる。そして天正八年、信長は佐久間信盛追放に踏み切った際、光秀の丹波平定を「天下の面目を施した」とし、戦功第一に挙げている（『信長公記』）。光秀は坂本城のある近江滋賀郡と丹波一国の大名（支城領主）となっただけでなく、細川藤孝《ふじたか》（忠興の父）の丹後、筒井順慶の大和および山城北部国衆への軍事指揮権を有した他、娘婿織田信澄は織田一門での序列五位とされ、信長近親に人脈上でも食い込んでいた。なお信澄は大坂方面も管轄していたという指摘もある。こうした光秀の地位は、佐久間に代わる筆頭家老と評価してよい。だからこそ、天正九年の京都馬揃えの差配を、光秀が行ったのである。

天正八年一二月、本願寺の大坂退去が完了すると、長宗我部元親は信長に祝いの品を送っている。それを取り次いだのは光秀で、信長も「隣国との戦さについては、どのようなことでも光秀（「惟任日向守」）から伝える」と礼状で述べている（『土佐国蠹簡集』『増訂織田信長文書の研究』九〇六号）。

3　四国政策の急変

織田・長宗我部両国の関係が明確に悪化したのは、天正九（一五八一）年末のことであった。天正一一年になって、元関白近衛《このえ》前久《さきひさ》が長宗我部元親のもとに寄寓していた石谷光政・頼辰父子に宛てた書状で、次のように記している（『石谷家文書』一号）。

一昨年冬、安土において様々（長宗我部氏のことを）悪し様に信長へ訴える者がおり、既に関係が断絶してしまうようになったところを、私は強く信長に対し、元親に悪意はないと申し開きをしたため、その時はご納得いただいた。（ところが）そちらへ伝えられた様子だと、悪口を言っていた者はきちんと振る舞ったようになっていて、私は毛頭誤りがないにもかかわらず、悪し様に伝えられた事は、誠に思いも寄らぬことで、縁の下の舞（誰もみていないところでの苦労）とはこのことであろうか。しかしながら、元親は律儀な人であり、一切そのようには思われなかったと承り、満足している。（中略）信長から明智光秀（「惟任日向守」）に命じられ、（長宗我部元親に）使者を派遣した事は、私が強く申し入れたためと思っている。

天正九年冬になって、安土城で信長に長宗我部元親のことを悪く言う者が出たが、それを自分が取り成し、一度信長の機嫌は直ったというのである。

ただ、近衛前久の理解はかなり一面的であり、既に信長は朱印状の形で、強硬姿勢を見せていたようだ。天正一〇年正月一一日、斎藤利三がその間の経緯を示す書状を、土佐長宗我部氏のもとにいる石谷光政（空然《くうねん》）に出している（『石谷家文書』三二号）。

新年の御吉兆、目出度いことです。そこで今回（長宗我部）元親に納得いただきたいということで、（信長様が）朱印状を出されましたので、重ねて（石谷）頼辰と仁首座を（土佐に）下国させました。ますます始末が然るべきように、万事（元親に）ご意見いただければ幸いです。次に御湯治に出かけられたとの事、御養生なさるようにして下さい。なお様子は頼辰に伝えてもらいます。取り乱れているので、次の書状で改めて申し上げます。恐惶謹言。

（天正一〇年）正月十一日　（斎藤）利三（花押）

進上　（石谷光政）空然

人々御中

追伸。御朱印の内容も、元親の御ためになるものです。今後も、明智光秀（「惟日」）は疎略に扱わないと申しておりますので、ゆくゆくは静穏の筋目になるでしょう。以上。

この前に一度信長と長宗我部元親のあいだでやりとりがあり、その内容は長宗我部氏にとって納得のいく話ではなかったようだ。そこで改めて信長は朱印状で自身の考えを示し、明智光秀が副状を付して、石谷頼辰と仁首座《じんしゅそ》という禅宗の僧侶が土佐に下向した。斎藤利三は、石谷光政に長宗我部元親を説得するよう依頼するとともに、光秀は決して元親を見捨てることはしないと宥めている。

後に長宗我部元親が出した書状からすると、信長朱印状の内容は、本国土佐以外の占領地の引き渡し要求であったようだ。これまで信長は、事実上「切り取り次第」を認めていたから、方針が一変したといえる。

信長の意図は、一つには毛利攻めを安定化させるため、瀬戸内海沿岸部を従属大名の長宗我部元親ではなく、より信頼できる人物に支配させることにあったとみられている。その人物こそ、最初に長宗我部氏担当取次を務めた三好康長であった。三好康長からすれば、特に落ち度があったわけでもないのに、長宗我部氏側の都合ではしごを外され、面目を潰された上、一族式部少輔が危機に陥ったのだから、不満を抱いていたことは間違いない。

瀬戸内海確保上、必ずしも不可欠ではない阿波まで没収となっているのは、三好氏の本国であることも関係していよう。信長は、三好一族の長老である康長の養子に、自身の三男神戸《かんべ》信孝《のぶたか》を送り込み、阿波・讃岐支配を委ねようと考えていた。この方針は、三月に甲斐の武田勝頼を滅ぼした後、五月七日に示されている（「寺尾菊子氏所蔵文書」『増訂織田信長文書の研究』一〇五二号）。四国国分《くにわけ》案と呼ばれる。

なお、この問題に関して、明智光秀が支援する長宗我部氏と、羽柴秀吉が支援する三好氏という対立構造を観る見解がある。取次を務める重臣同士の争いとして、興味深い議論といえる。ただ、秀吉が三好氏を支援したという根拠は、秀吉の甥羽柴秀次《ひでつぐ》が信長生前に三好康長の養子となったというものである。羽柴秀次はたしかに一時的に三好康長の養子となるが、その時期については、信長死後が有力である。仮にもし信長生前の事なら、神戸信孝の養子入り以前のごく短期間となるし、そもそも秀吉の独断で決められるわけはない。三好氏への養子入りは軽い話ではなく、秀吉の要望を信長が承認するとは考えがたい。また、この点でも信長の方針が二転三転したことになる。そもそも最終的に長宗我部氏に立ちはだかる予定であったのは、同じ三好康長の養子でも、神戸信孝であって羽柴秀次ではないのだ。

むしろ羽柴秀吉は、長宗我部元親と交渉を持っていた。讃岐・伊予経略を目指す長宗我部元親にとって、中国地方で毛利輝元と戦う羽柴秀吉との連携は重要なものである。秀吉の利益にも適う話であったから、天正八年のやりとりが残されている（『紀伊国古文書』『豊臣秀吉文書集』二四八号、「吉田文書」）。ただ、その際には斎藤利三が取り次ぐ形が取られている。つまり羽柴・長宗我部間のやりとりは、光秀の諒解を得て進められたのである。長宗我部元親にせよ、羽柴秀吉にせよ、光秀に筋を通していたといえる。

さて光秀の説得に対し、長宗我部元親は応じる気配を見せなかった。四国における長宗我部領国は、信長から与えられたものではなく、自力で攻め取ったものである。朱印状一枚で没収を命じられたからといって、納得できるわけがない。

しかし五月二一日、長宗我部元親は突如信長朱印状を受け入れる旨、斎藤利三に書き送った（『石谷家文書』一九号）。その宛所は、「利三御宿所」と実名呼び捨て書きとなっている。これは、戦国織豊期、特に九州北部から中国地方西部を中心にみられた「二字書」である。当初は、親近感や敬意を示す表現として始まったが、西国、最終的には全国に広まった。その途上で、尊敬の意を示す用法も現れ、豊臣政権は公式な書札礼として採用している。

実名とは本来伏せるもので、目上の人に用いるなどありえない無礼な書き方であったが、戦国期から豊臣期にかけては、むしろ尊敬の意を示す表現として広まったのである。なおこの時代、書状や日記本文においても、天下人や大名クラスの人物ほど実名呼び捨てで表記される傾向にあるのは、同じ理由に基づく。

この宛所は、「利三」が日付の数字より高い位置から書き始められている上、「追って申し上げます。私の身上（進退、身の上）について、始終御肝煎いただき、未来永劫御恩を忘れません」という文章から始まり、信長朱印状の受諾の遅れを詫びているところからみて、尊敬の意を示してへりくだった用法であろう。

「追而」と書き始められているので、この書状自体が追伸である。少なくとも、他に斎藤利三宛ての長宗我部元親書状がもう一通あったようだが、残念ながら残されていない。ただこの書状だけみても、「御朱印に応じ」、阿波南方の城から軍勢を撤退させたので、この経緯をまずは信長に披露して欲しいと頼んでいる。また讃岐にも野心を見せるつもりはないとあるから、信長朱印状には、少なくとも阿波・讃岐両国没収が書かれていたことは間違いない。

ただ元親によれば、石谷頼辰はこの条件では信長は納得しないだろうと述べているという。それは元親が、土佐国境に位置する阿波の城郭のうち、南西にある海部《かいふ》城（徳島県海部郡海陽町）と北西にある大西城（同三好市）は残してほしいと嘆願したためと考えられる。頼辰は土佐下向前に、信長の四国国分案をある程度知っており、阿波一国すべてを引き渡さないと、土佐の安堵すら望めないと危惧していたのだろう。しかも長宗我部元親は秋になってから詳細を詰めた再交渉をしたいとも述べており、まだ交渉の余地があると甘く考えていた。おそらく明智光秀と石谷頼辰・斎藤利三兄弟は、長宗我部氏の反発を招き、交渉が決裂して戦争となることを恐れ、信長の本心を全面的に通達できていなかったのだろう。取次としては、明らかな失態といわざるを得ない。

しかし、当時土佐と上方の移動には一〜二ヵ月を要している。毛利水軍は弱体化したものの、雑賀水軍が敵対している影響が大きい。この書状が書かれた一〇日後が、本能寺の変である（天正一〇年五月は二九日まで）。つまりこの書状は、少なくとも光秀挙兵前に、斎藤利三のもとに届いた可能性はないと考えられている。光秀も信長も、長宗我部元親の軟化を知らなかったのだ。だからこそ、利三宛てでありながら、「石谷家文書」として伝来したのではなかろうか。なお石谷頼辰は明智光秀の敗死後、長宗我部氏に仕え、その娘は長宗我部信親に嫁ぐことになる。

4　本能寺の変と四国問題

長宗我部氏との関係が悪化する中、光秀は武田攻めに従軍し、信濃から甲斐へと入った。もっとも、光秀を含む信長の本隊が信濃に入った天正一〇（一五八二）年三月の時点で、武田氏は滅亡しており、光秀自身が戦闘に参加したわけではない。そしてこれ以後、信長が光秀を折檻したという逸話が、軍記類に頻出するようになる。敢えて注目したいのは、諏訪の本陣となった寺（法華寺だろう）で、光秀が「私も年来骨を折ったため、諏訪郡衆は皆従った」と申し上げたところ、信長が顔色を変え「汝はどこで骨を折り、武辺を立てたのだ」などと声を荒げ、欄干《らんかん》に光秀の顔を押し付けて叩き、衆人の面前で恥をかかせたという古くから知られるエピソードである（『祖父物語』）。

この話が俗説に分類されることは言うまでもない。ただ、光秀が武田氏との外交取次も務めていた可能性がある点に注意したいのだ。元亀三（一五七二）年閏正月、前年に武田勝頼に嫁いでいた信長養女龍勝寺殿が死去したことを受け、織田信忠と武田信玄の娘松姫の縁談が持ち上がった。その際信長は、明智光秀に命じ、土御門有脩《つちみかどありすけ》に婚姻に関する吉日について調べさせようとしたが、光秀は坂本城築城で多忙を極めていたため、信長の許可を得て代わりの者が依頼状を出している（「土御門家文書」『戦国遺文武田氏編』補遺参考二号）。

光秀は織田・武田両家の婚姻儀礼の責任者に任じられていたのだろう。この時の光秀への命令は、信長の右筆武井夕庵《たけいせきあん》が伝達しているが、夕庵は武田氏担当取次である。だから明智光秀も、武田氏との外交を任されていた可能性が生じるのだ。光秀が幕臣から、織田家臣という立場を明確化させるのは元亀二年頃だから、最初に任せられた外交上の役割ともいえる。しかし同年一〇月、武田信玄が徳川領に攻め込んで織田・武田同盟が決裂したため、縁組も破談となった。以後、織田・武田間は基本的に戦争状態が続くから、対武田氏外交における光秀の活動は他に確認できない。

右を踏まえてこのエピソードを見直すと、信長が激怒する理由を説明できる。明智光秀は、武田氏との取次に任じられながら、武田信玄との開戦を防げなかった。その光秀が「私も年来骨を折った」というのは、失言に違いない。もちろん、こうした話の大半は、当時の人々が「何故明智光秀は謀叛したのか」と疑問に思い、信長の暴力と衆人環視の場での恥辱というわかりやすい話が創られていったものであることは容易に想像できる。ただ、そうしたエピソードの中には、元となる話が存在する可能性もあるため、言及した次第である。

光秀と信長の関係を考える上で重要なのは、一年前の天正九年八月、光秀の義妹で信長の寵愛が深かった「於ツマキ」が死去したことである。「向州《こうしゅう》（日向守光秀）比類無く力落とし也」（『多聞院日記』）と記される程、光秀の落胆は著しいものがあった。中世という時代、公式・非公式を問わず、女性が取次役を務める事例は多い。「於ツマキ」の死去により、光秀は信長の内心を把握しづらくなっていた。

四国政策転換の表面化は同年冬のことである。武田攻めが始まって以後、当然外交は滞り、長宗我部氏の説得は進展していない。実際には、長宗我部元親は、あまりにあっけない武田氏滅亡を耳にし、慌てて信長の命令に応じる姿勢に転じていた。ただ、そのことを知らない光秀が焦っていたことは間違いない。そして光秀にとって、信長の示した四国国分案は、大きな衝撃になった可能性が高い。

天正一〇年五月七日に示された四国国分案は、四国攻めの総大将を神戸信孝と定めたものであった。もちろん、寝耳に水であったわけではないだろう。信長の三男である信孝は、繰り返し自身を総大将としてほしいと訴えていたというから、方針が確定し、公表されたのがこの日付だということだ。光秀は、自身が長宗我部元親を説得するからと慎重論を展開したと思われるが、開戦決定を防ぐことはできなかった。

近年明らかにされたように、三月から五月にかけ、明智光秀は別の問題で窮地に立たされていた。急速な自身の領国拡大に対応するため、家臣団充実を図った光秀が、他の重臣から家臣を引き抜いたことが問題視されたのだ。特に怒ったのは稲葉《いなば》一鉄《いってつ》で、斎藤利三に続き那《な》波直治《わなおはる》まで引き抜かれたと、訴訟を起こしたという（『稲葉家譜』）。那波直治については、五月二七日に信長の側近堀秀政《ほりひでまさ》が、稲葉一鉄の勝訴と、直治の稲葉家帰参《きさん》を命じる裁許を通達している（同）。斎藤利三には自害が命じられたが、周囲の取り成しで許されたものの、光秀が譴責を受けたばかりか、信長によって頭を叩かれたという。この理由として、『宇土家譜』（光秀とゆかりの深い熊本藩細川家の支藩で編纂）は、那波直治引き抜きを担ったのが斎藤利三であったためと記す。もっとも、稲葉一鉄の姪が斎藤利三に嫁いでおり、本能寺の変後、一鉄は利三の遺児を保護しているから（その一人が、後に徳川家光の乳母となる春日局《かすがのつぼね》）、一鉄自身が利三にどれほど強い処罰感情を抱いていたかは不明である。

信長が光秀に暴力を振るったという話は、ルイス＝フロイスも記している（『日本史』）。ただ信長に対し光秀が口答えをした結果、怒った信長が光秀を足蹴にしたというのである。ただ密室で起きたできごとで、民衆には広まらなかったというから、宣教師が信長近臣から得た情報とみられる。信長と光秀の行き違いが表面化しつつあり、衝突が生じていたことは、たしかなのだろう。ただそれが一回だけのことか、繰り返されたのかははっきりしない。

重要なのは、本能寺の変直前に、対長宗我部氏外交のキーマンである斎藤利三が、信長の勘気を蒙《こうむ》った可能性が高い点である。五月二七日は、変のわずか四日前となる。『当代記』（家康の外孫松平忠明《まつだいらただあきら》編纂とされる）が斎藤利三について、「信長から勘当を受けていた者」としているのは、自害命令が出されたためという指摘がある。これでは光秀としては、長宗我部氏との外交上も、身動きのとりようがなくなる。『稲葉家譜』だけでなく、より成立も早く、しかも直接相論に関係のない『宇土家譜』等にも同様の記述が見られることから、那波直治をめぐる一連の事件は事実であった可能性が高い。

それでも、斎藤利三への自害命令はあまりに唐突である。ただ『稲葉家譜』『宇土家譜』の関心が稲葉・明智両家間で生じた家臣の去就問題に集中するのは当然で、それ以外の原因があっても記述はされにくい。斎藤利三が勘気を蒙った理由には、四国政策の転換も関わっているのではなかろうか。光秀が山崎の戦いで敗北した後、捕縛された斎藤利三が「今度謀叛随一也」と記されたのも（『言経卿記』）、信長の勘気が公家衆に知れ渡っていたためかもしれない。

ただ、信長は武田攻めからの帰路、光秀の年齢を気遣う発言もしたとされる（『当代記』）。また光秀は、五月一五日から一七日にかけ、安土城で徳川家康の饗応を務め、丹波亀山城に戻っている（『信長公記』）。信長としては、光秀に晴れの舞台を与えたつもりなのだろう。しかし、光秀の心にはまったく響かなかったのではないか。

なぜなら、光秀は、四国攻めの大将に任じられなかったからである。神戸信孝という人選が、信長の子息というものであるのは理解できるから、せめて副将格をとみても、選ばれたのは丹羽長秀と蜂屋《はちや》頼隆《よりただ》、そして織田信澄であった。織田信澄は光秀の娘婿で、深い関係を有しているが、厳密にいえば光秀の与力大名ではない。

長宗我部氏の説得に失敗したと認識している明智光秀からすれば、四国攻めはその失態を取り返す機会である。戦国時代、取次は交渉相手と戦争になった場合、先鋒や総大将に任じられる事例がしばしばある。大名からすれば、外交交渉失敗の責任を取らせるとともに、相手のことをよく知っていることから、敵の家臣団切り崩し工作や、講和交渉を委ねることもできるという利点もあった。

対長宗我部外交に失敗し、失地挽回のための四国攻めに参加すらできず、織田家筆頭家老明智光秀は、面目丸つぶれの状況にあった。しかも失意のどん底にいた光秀に新たに下った命令は、毛利輝元と交戦中の羽柴秀吉に対する援軍の先鋒である。信長みずから出馬する戦いにおいて、先鋒を率いることは名誉といえる。また、中国地方の入り口である丹波を治める光秀への出陣命令は筋が通る。やはり信長は、相応の処遇をしているつもりなのだ。

しかしここまでみてきたように、明智光秀の面目は、四国問題を中心に丸つぶれになっていた。戦国期の武士が時に命よりも面目を重んじ、それが外交にも影響を与えたことは、本書において繰り返し述べてきたところである。だから本能寺の変の一因に、四国問題が存在するのは事実だろう。ただ、あくまで一因であって、すべてではない。織田家中の家臣団統制の問題や、派閥抗争といった問題も無視できない。複合的な原因が絡んだ末の挙兵決断とみるべきである。

最後に、近年浮上している論点について、いくつか触れておきたい。まず、光秀が老齢であったため、先行き不安に陥ったという説である。天正一〇年段階の明智光秀の年齢、つまり享年には諸説あり、『明智軍記』に代表される五五歳が通説であった。それに対し、近年有力視されるようになったのが、比較的成立の早い『当代記』にある六七歳である。信長が武田攻めからの帰路、老年の光秀を気遣ったというのは、同書が光秀を六七歳と理解しているためである。両者に共通するのは、干支が子年である点で、これは無視できない。現代と違って西暦というわかりやすい物差しがなく、年号も頻繁に変わった時代、人々は干支で年を覚えていたからだ。だから干支の記憶だけ残り、一回り年齢を誤ることはよくある。

享年六七歳説を踏まえ、嫡男十《じゅうご》五郎光慶《ろうみつよし》がまだ一三ないし一四歳に過ぎなかったため、自身の死後、明智家の存続に危機感を抱いた点を重視すべきという見解が出されている。ただ、この年齢はフロイスが坂本城で自害した光秀の長男が一三歳と記していることによるもので（『日本史』）、実はこの少年が十五郎光慶その人なのか、確証はない。光慶の名は、本能寺の変直前に読まれた『愛宕百韻』の挙句「国々は猶のどかなるとき」で知られるが、天正六年の百韻連歌にも光秀・利三とともに参加している（『連歌合集』）。

光秀が坂本に年長の子を配置していたことは、本能寺の変後に、坂本を訪ねた宣教師オルガンティーノに通行証を与え、家臣を同道させて安全性を高める配慮をした子息がいたことから（『一五八二年度日本年報補遺』）、事実だろう。制圧した安土城にも「自然《じねん》と申す仁」をいれたといい（「安養寺文書」『愛知県史』資料編11一五二二号）、次男とされる自然丸が該当する。連歌・茶会の史料をみると、少なくとも自然丸は天正二・九年、光慶は天正六・八・一〇年に活動が確認される（『山何百韻』『天王寺屋会記』他）。自然丸が光慶の幼名で、元服後も自然と呼ばれることがあった可能性もあり、兄弟関係を確定できない。ただいずれにせよ自然丸の初見は天正二年であり、光秀長男はもう少し年長なのではないか。
一方、京都本法寺に伝わる『妙法堂過去帳』には、一三日の箇所に次の記載がある。

惟任日向守光秀 本名明知（智）子歳五十五歳死、天正十壬午六月

この過去帳は慶長一三（一六〇八）年に没した住持日通《にっつう》の自筆というから、『当代記』より遥かに成立が早い。この記述が確かならば、享年五五説のほうが正しかったことになり、高齢であるがための不安説は成り立ちにくい。この過去帳にはいくつか異筆がみられるといい、慎重な検討が求められるものの、名字を正しく「惟任」と記している点は、興味深い。

次に、足利義昭と事前に連携を取っていたという説はどうか。いわゆる黒幕説のなかで、唯一現在も強く主張されているものだ。この説は、本能寺の変後の六月一三日、足利義昭が小早川隆景の重臣乃美《のみ》宗勝《むねかつ》に御内書を出し、「信長討果上」はと、毛利輝元・小早川隆景の挙兵を求めた一節の主語を義昭自身とするものだ（「本法寺文書」『大日本史料』一一編二冊八〇一頁）。ただ多くの研究者が指摘するように、確かに「信長を討ち果たした上は」と読めるものの、あくまで義昭の一方的主張に過ぎない。なおこの御内書は、皮肉にも光秀敗死の日に出されており、義昭の興奮を読み取ることができるが、連携していたにしては、命令を出すのが遅すぎる。なお肝心の小早川隆景は、六日時点で信長の死を把握しているが、それは織田信澄を光秀と柴田勝家が擁立したという誤報含みのものであった（『萩藩閥閲録』）。

義昭は、一一月二日に島津義久に宛てた御内書では「今度織田（信長）は、天命を遁《のが》れ難かったがために、自滅した」（「今度織田事、天命遁れ難きに依り、自滅せしめ候」）とも述べている（『薩藩旧記雑録後編』同前九三五頁）。もちろん光秀が謀叛人として滅亡した状況では、仮に義昭自身の関与があったとしても隠したほうがよい点を加味する必要があるが、こちらでは「自滅」と表現が大幅に後退している。

もう一つ重視されている史料が、明智光秀が六月一二日付で雑賀衆土橋春継《つちばしはるつぐ》に出した返書である。こちらも、近年原本が発見された（「美濃加茂市民ミュージアム所蔵文書」『史料で読む戦国史③明智光秀』一二二号）。関連部分を訳すと次のようになる。

仰るように、未だご挨拶もしたことがないところ、足利義昭様（「上意」）が働け（「馳走」）と貴方に御命じになられたため、お手紙を給わり、嬉しく思います。そこで（義昭様の）御入洛のことについて、ただちに御請け申し上げます。この考えをご理解いただき、お働きいただければ幸いです。

これを見る限り、本能寺の変の報を受け、足利義昭から雑賀衆に働きかけた結果、光秀に出された書状への返書とわかる。光秀は、紀伊一国がまとまって味方してくれるという話を受け、高野山・根来寺・雑賀衆が談合し、和泉・河内方面へ出陣してくれれば有難いとも述べている。つまり、光秀の指示は受動的なもので、紀伊勢が味方してくれるとは考えていなかったわけだ。実際、この書状の日付は六月一二日で、天王山の語源ともなった山崎の戦い――羽柴秀吉との決戦――の前日であった。既に小競りあいは始まっており、光秀が積極的に義昭と結んでいたのであれば、雑賀衆との連携はやはり遅すぎる。

この返書を読む限り、義昭が直接明智光秀と連絡を取った様子を確認できない。素直に読めば、足利義昭は、毛利水軍と雑賀水軍の連携を活用して、ようやく雑賀衆経由で上洛支援の要請をしたにとどまる。追伸で、「ただちに御入洛について、働くことが肝心です。詳しくは義昭様が仰せ出されるでしょうから、細かく記しません」とある点が多少気に掛かるが、光秀としては、上洛に関して打ち合わせをしようにも、雑賀衆を通じないと義昭と連絡がとれず、義昭の指示に従えと述べるしかなかったのであろう。ましてや、光秀の関心は、既に秀吉との決戦に向いている。

そもそも本能寺の変は、織田信長・信忠父子が少数の供回りで在京していた際に、畿内で大規模な軍勢を動かせるのは光秀のみという状況の産物である。これは、信長の光秀に対する篤い信頼と、四方に戦線を拡大しきっている織田家の状態からすれば、いつか生じた状況かもしれないが、計算して作り出せるものではない。光秀が、事前に足利義昭と連携していたと考えるのは難しいだろう。クーデター成功後の展望もどこまで描けていたのであろうか。九日に、与力大名であり、幕臣時代の上役でもあった細川藤孝を説得した際、挙兵について「思いがけないこと」（「不慮之儀」）と述べているのはおそらく本心だろう（「細川家文書」『史料で読む戦国史③明智光秀』一二二号）。同時に、義昭への言及は一切ない。藤孝説得にこそ、義昭擁立を持ち出すべきだろう。まだ念頭にすらなかったのではないか。

義昭を大義名分に活用できれば有利な状況を作れるという打算はいずれ生じたであろうが、雑賀衆の連絡を受け、思いついた程度なのだろう。ましてや秘密裏かつ「不慮」の謀叛であるのだから、なおさらである。光秀としては、羽柴秀吉や柴田勝家は敵と対峙していて身動きが取れず、その間に畿内制圧を図る程度の方針であったと思われる。

しかし秀吉は速やかに毛利氏と和睦し、いわゆる「中国大返し」をして京都に迫った。これにより、秀吉黒幕説まで出るほどだが、もともと毛利氏とは和睦交渉が始まっていたのが実情で、それを光秀が把握していなかったに過ぎない。また、秀吉が迅速に戻ることができた理由は単純である。山陽道の拠点城郭には、食糧などが十分に用意されていたはずだからである。主君織田信長に援軍として出馬を仰いだ以上、そうした準備をしていないわけはない。秀吉は、それを活用して姫路に戻り、織田家臣を糾合した上で山崎の戦いに臨んでいるが、合戦で活躍したのは摂津衆で、秀吉は備中高松城（岡山県岡山市）から引き返してきた自軍には無理をさせていない。「中国大返し」は、十分に説明がつけられるのだ。

ただその秀吉の動きは、光秀にとって予想外のものであった。その結果、「三日天下」と称されるように、山崎の戦いで敗れ、落ち延びる途上で討ち取られてしまったのである。六月一三日のことであった。本能寺の変からわずか一一日後のことである。光秀に変後の構想が仮にあったにせよ、また変後に構築しようとしていたにせよ――後者の可能性が高いと思うが――それを示す機会はなかったのである。

補論三　取次の失態が招いた小田原合戦

1　「名胡桃城事件」と北条氏

本書終章において、天正一八（一五九〇）年の豊臣秀吉による全国統一過程を描いた。ただ、そこには言及しきれなかった悲劇的なすれ違いが存在している。補論の最後として、小田原合戦に至る豊臣政権と北条氏の外交を詳しくみていくこととしたい。

一般に、北条氏政・氏直父子は秀吉の上洛命令に応じようとせず、さらに真田方に残った名胡桃城《なぐるみ》（群馬県利根郡みなかみ町）を強引に奪取してしまったため（名胡桃城事件）、秀吉の怒りを買って小田原合戦を招いたと理解されることが多い。

しかし実際には、北条氏の隠居であり、最高権力者でもある北条氏政は、秀吉の命に応じ、上洛の準備を進めていた。そのことは天正一七年一〇月一四日付で、月末までに「御隠居様の上洛」費用を納めるよう、通達が出されていることから明らかである（「山崎文書」『戦国遺文後北条氏編』三五一七号）。

北条氏の重臣猪俣邦憲《いのまたくにのり》が、名胡桃城を奪取したのは、その直後の一一月三日のことであった(『家忠日記』)。真田昌幸の嫡男で、上野支配を管轄していた真田信幸《のぶゆき》(後の信之)は、第一報を寄親大名である徳川家康に伝え、指示を仰いでいる。驚いた家康は一〇日に信幸に返書を出し、津田盛月《つだもりつき》と富田一白《とみたかずあき》のところに信幸の使者を派遣するので、秀吉に事の次第を披露してくれるだろうと述べている(「真田家文書」『戦国遺文真田氏編』二三一号)。

津田盛月は織田一族の出で馬廻《うままわり》(親衛隊)のエリートである黒母衣衆《くろほろしゅう》にまで抜擢されたが、柴田勝家と所領相論を起こし、信長から改易処分を受けている。富田一白も、信長の馬廻出身である。ともに秀吉に重用され、小牧・長久手の戦いでは、講和の使者として徳川家康の陣に派遣されている。そうした経緯があってか、関東・東北方面の大名・国衆との取次にあたっていた。その一環として秀吉が行った「沼田領裁定」(本書終章参照)において両名が検使(監察官)を務め、以後取次として、北条氏の服属交渉を担うようになっていた。

上野にある真田領の内、沼田城を中心とする三分の二を北条氏に引き渡すという国分裁定を行ったのは秀吉自身である。名胡桃城奪取は、惣無事令違反にあたるばかりか、秀吉の面目を丸つぶれにしたも同然であった。秀吉は一一月二一日に真田昌幸に対し、たとえ北条氏政が上洛をしてきても、名胡桃に攻め込んだ者を処刑しなければ許さないと伝え(「真田家文書」『戦国遺文真田氏編』一二三二号)、二四日付で有名な絶交状、つまり「手切之一札」を北条氏直宛てに送りつけたことは本書終章で述べた通りである(「北条家文書」『戦国遺文後北条氏編』四五三七号)。

しかしながら、まずいわゆる「名胡桃城事件」がどのような経緯でおきたのかはわかっていない。近世真田氏関係者が記した歴史書や軍記物からは、城代鈴木主水《もんど》と姉婿の中山九《きゅう》兵衛《ひょうえ》が対立したという構図はみえてくる。後に北条氏直は、中山某から事情を問い質し、その「書付」を豊臣政権に送付して弁明をしているから、中山が一方の当事者であることは事実なのだろう（『武将文書集』『戦国遺文後北条氏編』三五六三号）。もっとも北条氏直の弁明によれば、上杉景勝が進軍してきた結果としており、事情ははっきりしない。

いずれにせよ、戦国時代の「常識」に基づけば、援軍を求められて無視をすることは、「頼もしからず」（頼りにならない）とみなされ、同盟大名や従属国衆から批判を浴びることにもなりかねない。支援要請を受けた猪俣邦憲は、名胡桃城に軍勢を派遣したことが問題になるとは思ってもみなかったのだろう。「惣無事令」とは、天下人による軍事力行使権の独占であり、いわゆるゲームチェンジへの理解が不十分であったわけだ。

2　北条氏政上洛時期をめぐる認識の齟齬

しかし、実は問題の本質は「名胡桃城事件」だけでは読み解くことはできない。事態を複雑にしたのは、北条氏政の上洛時期という重大な事項をめぐって、秀吉と、北条方とで、認識に齟齬があったためである。これが小田原合戦の本当の原因である。

まず、北条氏の認識を確認してみよう。天正一七（一五八九）年六月二二日、宿老である松田《まつだ》憲秀《のりひで》父子は、次のように述べている（『安得虎子』『戦国遺文後北条氏編』三四六四号）。

京都（豊臣秀吉）から、御当方（北条氏政・氏直）は年内に上洛せよと、御使いは終始それればかり述べているので、（氏政様は）納得してはいないのだけれども、今回箇条書きで御使者へ（その通りに致しますと）御返答なさった。向こうの御対応によっては、御隠居（氏政）は来たる冬のうちに（小田原を）御出発なさることになるだろう。

翌二三日、当主である北条氏直自身が、朱印状の形で、服属している国衆たちに説明を行っている（「後閑文書」『戦国遺文後北条氏編』三四六六号他）。

当方の上洛については、京都（豊臣秀吉）から御催促があり、今回（お受けするとの）御返答に及んだ。向こうの御対応が納得のいくものとなれば、来たる冬一二月に、御隠居（北条氏政）が上洛なさるだろう。

これらはいずれも、七月に沼田城が北条氏に引き渡される直前に記されたものである。北条氏政は、沼田引き渡しをもって、一二月に小田原城を出発し、上洛すると決意していたのだ。その認識は変わっておらず、一一月末日を締切に、上洛費用を集めようとしていた。

ところが、秀吉の理解は、全く異なるものであったようだ。下野佐野氏の出身で、秀吉の近臣である天徳寺宝衍《ほうえん》は、一一月一一日付で木戸元斎《げんさい》に宛てた書状で、次のように述べている（「髙橋六右衛門氏所蔵文書」『群馬県史』資料編7三五五三号）。木戸元斎は武蔵国衆出身の歌人で、当時は上杉景勝に仕えていた。したがって天徳寺宝衍は、私信の形を取りながら、上杉景勝に報告してもらうことを意識して書いている。

> 北条が沼田を（七月に）請け取って以来、今日に至っても、飛脚さえ上洛させてきていない。もし今月（一一月）中に（北条氏政の）上洛が無ければ、来月二〇日には陣触れをするつもりだと、去る四日、（秀吉様は）私に仰せ出された。昨日一〇日にも、北条が上洛して来なければ、自ら御出馬なさると、直接仰せ聞かせられた。関東八州を御静謐にした上で、あちら（関東）の国衆の過半は、上杉景勝に従わせると、これも私に対し仰せになった。富田一白・津田盛月・施薬《やく》院全宗《いんぜんそう》も承った話である。

駿府にいる徳川家康が、名胡桃城事件の報告を秀吉に上申すると述べたのは、この前日である。つまり秀吉は、名胡桃城事件以前から、北条氏政の反応に強い苛立ちを示しているばかりか、一一月中の氏政上洛がなければ、小田原攻めを行うとまで述べているのである。

重要なのは、その秀吉の怒りを、富田一白と津田盛月が聞いていた点である。取次である両名が、双方の認識の齟齬を知らないはずはない。

これは明らかに豊臣政権側の取次の落ち度である。富田・津田の両名は、渋る氏政を説得するために「年内の小田原出発で良い」として、納得させた。ところが秀吉は一一月中に上洛がなされるものと信じ込んでいたのである。そのことは、いわゆる絶交状（「手切之一札」）において、秀吉が次のように述べていることからも明らかだ。

一、今年一二月上旬に北条氏政が出仕するという内容の返答書を送ってきた。これを受け、派遣していた津田盛月と富田一白が沼田を（北条氏に）引き渡したのである。

一、沼田城を請け取った上は、右の返答書に従い、ただちに上洛するはずであると思し召されていたところ、真田の持ち城である名胡桃城を奪い取り、前言を翻したからには、（北条の）使者（石巻康敬《いしまきやすたか》・玉滝坊乗与《ぎょくりゅうぼうじょうよ》）への御対面を取りやめた。この使者は処刑すべきところだが、助命して帰国させた。

「一二月上旬に出仕するという返答書」については、石田三成も言及しており（「相馬文書」『群馬県史』資料編7三五五八号他）、沼田城受け取り時に北条氏政が提出したものであることは間違いない。絶交状を記す際に、文書内容の確認がなされたのだろう。やはり氏政は一一月中の上洛など約束していない。

ところが秀吉は、「一二月上旬出仕」という約束に言及しつつも、その履行は「ただちに」行われるものと理解していたと強弁している。徳川家康の家臣松平家忠も、沼田城引き渡しを日記に記した際、「沼田城を請け取ったら、（北条）氏直は上《かみ》（豊臣秀吉）に出仕されるだろう」という観測を述べている（『家忠日記』）。そもそも、北条氏上洛を促すために、真田氏に沼田城を割譲させたというのがこれまでの経緯であり、北条氏をめぐる外交は、氏政・氏直のどちらか（あるいは双方）がいつ上洛するかという些細な問題になるはずだった。

その時期を秀吉は、沼田引き渡し後「ただちに」と理解しており、北条氏から「一二月上旬」という返答が届いても、できる限り早く上洛することこそ、誠意の証と考えていたのであろう。だから一一月の段階でどうして氏政はまだ来ないのかと不満をもらしているのである。徳川家康の家臣松平家忠も、次のように記している（『家忠日記』）。

京都から富田一白と津田盛月が御使者として派遣されてきた。北条氏は先日上野沼田城（を条件に）出仕するとして、請け取ったものの出仕を延引していると、関白様は御立腹で、今月中に出仕しなければ、成敗するつもりだとの御使いであった。北条氏から派遣された石巻康敬は（帰路に）こちらで留めることになり、処刑となるだろう。この間、仲介役を務めてきた明王院（妙音院）も、磔《はりつけ》にせよということだ。

引用した家忠の日記は一一月二九日のものであり、秀吉の絶交状が二四日付であることからしても、一一月中の上洛は物理的に不可能である。日記とは、必ずしもその日の内に書くとは限らない。実際に書いたのは一二月一日になってからの可能性があり、家忠のいう「今月中」とは一二月中を意味するとみなすほうが自然だろう。なお『家忠日記』原本を有する駒澤大学の電子図書館で該当箇所の写真を確認したものの、筆遣いの変遷からは、前後をある程度一括して記述している可能性はみてとれたが、どこまでかという確証は得られなかった。ただ、一一月二九日条の末尾は少し窮屈で、先に「十二月」と書いた後に強引に詰めて書いているようにも思われた。

3　北条氏直の弁明と豊臣政権取次の失態

いずれにせよ、一一月中の北条氏政上洛という話は、単なる秀吉の誤解か、沼田引き渡し後「ただちに」という秀吉の願望がもたらした日程であり、北条氏側が諒解したものではない。取次である津田盛月・富田一白には、秀吉の怒りを買うことを覚悟しても誤解を糺《ただ》すか、天下人の望みであり断れないと北条方を説得し、事態の打開を図る責務があった。ところが両名とも手をこまねいて事態を傍観したばかりか、北条氏との連絡が途絶えていると秀吉に認識させてしまっている。秀吉の不満を聞いている以上、取次として北条氏に働きかければ、連絡がないという事態にはならないであろう。あるいは北条氏からの書状について、秀吉の望む日程になっていないため、伏せてしまった可能性すらある。

そのため、北条氏直が事態の深刻さに気がついたのは、名胡桃城奪取事件どころか、一一月末から一二月頭、派遣した石巻康敬が拘束されたという急報が入り、豊臣方の使者妙音《みょうおん》院《いん》・一鷗軒《いちおうけん》（南条宗虎という医師）に相談した結果であるようだ。具体的には、次に掲げる一二月七日付の取次富田一白と津田盛月宛ての返書が確認できる初例となる（『武将文書集』『戦国遺文後北条氏編』三五六三号）。なお省略した四条目には名胡桃城奪取事件をめぐる弁明が記されている。

条目

一、老父（北条氏政）の上洛が遅れているとの話があり、沼津まで（富田一白・津田盛月が）御下向下さったとのことです。一昨日五日の御手紙の内容は、思いも寄らないものです。そもそも今回妙音院と一鷗軒が下向した際、截流斎《せつるさい》（北条氏政）が上洛することはもちろんではあるけれど、しかしながら今年は難しいので、来年の春か夏に出発する形にしたいと、色々御説明申し上げたのですが、それでは無理であると、繰り返し（妙音院・一鷗軒より）承りました。公儀（秀吉）の御考えによれば、途中（「半途」）まででもいいから出発し、来年二月中に京都に着きなさいというものでした。とりわけ、先年徳川家が上洛した際には、（秀吉の妹との）御縁組を結ばれ、さらに大政所（秀吉生母）を三河まで移したと聞き及んでいます。そうであるならば、当方は、名胡桃の一件で（秀吉が）御立腹され、あるいは永く（京に）留め置かれるのではないか、あるいは国替えを命じられるのではないか、このような考えを惑わす話が方々よりやってきておりますので、二度と戻って来られないのではないかと思うと、截流斎（北条氏政）は申しております。ですので（氏政・氏直）父子が小田原に在国を続けている事情を、御察し下さい。この件につき、妙音院・一鷗軒を招いたのは、たとえこのまま在京を続けることになろうとも、懸念を晴らし、安心して上洛するためであって、他意はありません。

一、今回祝儀を述べるため、上洛させた石巻康敬に対する（富田・津田の）御取り成しの様子により、都においても田舎においても（「都鄙に於いて」）面目を失いました。さらに氏直が約束を違えているなどということは、決してありません。御両所（富田・津田）を恨み入ります。去る四日に妙音院をこちらへ招いてお伝えしたのは、石巻康敬への御取り成しが訝《いぶか》しいので、内々に御尋ねし、こちらの考えを伝えたかったためです。ところが（石巻は）半途（徳川領）で身柄を拘束されてしまったということです。これではどうしようもないと考え、書面で申し述べることにしました。

一、この上においても、（北条に対する）疑心なく、御取り成し下されば、ただちに截流斎（北条氏政）が上洛いたしますので、御両所（富田・津田）におかれては、御分別給わるように、請い願うばかりです。

（一ヵ条略）

十二月七日（天正一七年）　氏直（北条）（花押影）

富田平右衛門殿（一白）

津田隼人正殿（盛月）

氏直はまず、秀吉の怒りを伝えてきた富田・津田両名の書状への驚きを述べ、上洛をしたくてもできない事情を、家康上洛と対比する形で述べている。ここで家康への厚遇を敢えて記しているのは、そうした環境を整備できない富田・津田への不満の現れであろう。なぜならば、二条目で、極めて強い調子で取次両名を非難しているからである。しかし富田・津田が秀吉が認めた取次である事に変わりは無く、北条氏側から安易に交代を願い出るわけにもいかない。そのため三条目では、きちんと責務を全うして欲しいと求めているのだ。

この書状でもうひとつ気になるのは、豊臣政権の使者妙音院・一鷗軒と、北条氏直間で行われた上洛時期の再交渉である。一条目をみると、氏直は来年春か夏の上洛では駄目かと交渉したものの何度も断られ、すぐにでも半途（徳川領国滞在という意味だろう）まで出立し、二月中の入京が秀吉の意向であると説明を受けたと述べている。問題は妙音院が述べたという「二月中京着」が、本当に、「公義（儀）御了簡《りょうけん》有るに於いて」つまり秀吉の意向を踏まえたものなのかという点である。

実は一一月二四日に出された秀吉の絶交状には、徳川家康の副状が付されていた。これは、家康が北条氏の同盟国であることを活かし、旧戦国大名という立場から、北条氏服属交渉を担う取次の任にあったことによる。そこで氏直は、徳川家康への返書において、上洛遅延について、「一二月という話だが、正月か二月に延ばしてもらえれば有難い」と述べている（『古証文』『戦国遺文後北条氏編』三五七〇号）。氏直は直接富田一白・津田盛月に不満をぶちまけた点から明らかなように、事態がこじれた最大の要因は、取次の不手際にあると認識していた。だから妙音院が述べた「二月中京着」についても、本当に秀吉の意向なのか、信用していない。舅であり、秀吉の妹婿という立場にある徳川家康からも同様の回答が得られれば、それは秀吉の意向とみなしてよいだろうと考え、秀吉は富田・津田に出した返書にどのような反応を示すのか教えて欲しいと頼んでいる。取次の機能不全に対する危機感の表れであった。

氏直が危惧していたように、「二月中京着」は、妙音院が北条側の混乱をみて、現場の判断で持ち出した条件であると思われる。先述したように『家忠日記』を踏まえれば、秀吉は一二月中の北条氏政上洛実現を、北条氏赦免の最低条件と見なしていた。これは、実は北条氏政の当初予定と一致する。だから後は北条家中の不安を抑えて氏政の上洛を実現させ、名胡桃城奪取事件について適切な弁明を行えるかどうかであった。しかし秀吉の怒りを聞いた北条氏の動揺は著しかったようで、妙音院はそれを鎮めようと、勝手に秀吉の意向と主張して、二月上洛を持ち出したようである。秀吉は、一一月二四日に家康に出した書状で、「妙音院は虚言（「仮言《かりごと》」）を言い散らかし、不届きの所行《しょぎょう》であることが耳に入った。けしからん話（「曲事《くせごと》」）である」と怒りを顕わにしている（「富岡文書」『戦国遺文真田氏編』関連一七二号）。秀吉も、話が途中でおかしくなっていることに気がつき始めていた。これが、妙音院の礫という伝聞情報（『家忠日記』）につながっていく。ただし北条氏直が不満を漏らしているように、問題があるのは妙音院だけではなく、取次の富田一白や津田盛月の不作為のほうがより大きい。富田・津田が、責任を妙音院になすりつけたようにもみえる。

秀吉は一一月二四日段階では、「北条氏から返事が来なければ、（家康に身柄を預けている）石巻康敬・玉滝坊乗与を、境目で磔にするつもりである」と家康に述べている（「富岡文書」『戦国遺文真田氏編』関連一七二号）。過激な発言ではあるが、逆にいえば、年内の氏政（または氏直）上洛が実現すれば、軍勢動員に着手していた北条攻めは中止してもよいという腹づもりであったようだ。

北条氏も真田氏との小競り合いを中止させるなど、いくつか対応をとっているが、上洛後の待遇への不安が勝り、年内上洛を見送ってしまった。結局翌天正一八年、小田原合戦が始まることとなる。

それはひとえに、間に入った取次や使者が、双方に正確な情報を伝えなかったことに起因する。豊臣政権の対応があまりにちぐはぐであり、北条氏は秀吉を信用することができなかったのだ。史料の伝存状況の問題で、天正一七年末の北条方の取次の動きはよくわからないため、豊臣政権側の取次の不手際のみを記す形になった。ただ北条側の取次である北条氏規（氏政の弟）は、早期上洛と服属を主張しており、氏政上洛を妨害するとは考えにくい。となれば、豊臣政権側の取次や使者が丁寧な調整を行えば、小田原合戦は回避され、北条氏は豊臣大名として存続できたかもしれないとすらいえるのだ。

小田原合戦後、北条氏に代わって関東に入ったのは徳川家康であることは、説明を要しないだろう。秀吉の指示で、居城は江戸城と定められた。

よく、秀吉は徳川家康を警戒し、関東に遠ざけるとともに、徳川氏を取り巻くように秀吉子飼いの大名を配置したといわれる。しかしながら、これは後に江戸幕府が成立し、徳川家康・秀忠が、秀吉の遺児豊臣秀頼を滅ぼしたという歴史を踏まえ、秀吉と家康は早くから対立関係にあったはずだという想定のもとに生み出された主張であり、根拠はない。実際には秀吉の家康に対する信頼は篤く、一部重臣の居城まで指示するといった念の入れようであった。これは、関東をうまく統治できるようにという秀吉の配慮である。またそもそも家康を警戒するのであれば、与えた領国の規模が大きすぎる。

徳川家康もまた、北条氏を服属させる責務を負った取次である。秀吉の直臣である富田一白・津田盛月らが中心になったため、細かい交渉にまで口を挟まなかったに過ぎない。しかしながら、当初の合意に反し、北条氏政の上洛は実現せず、小田原合戦を招いた。そのため秀吉は、北条領の戦後処置を徳川家康に委ねることで、取次として服属交渉に失敗した責任を取らせたと考えられるのである。

■コラム　女性と外交■

われわれは、よく「戦国大名は多くの側室を抱えており……」といった言い回しをする。しかし近年の女性史研究の進展で、「側室」という概念が確立するのは江戸時代のことで、中世段階では必ずしもなじまないことが明らかとなってきた。

戦国期の段階では、まだ一夫多妻多妾を基本としたからである。もっとも、正式な妻室の中で、その中核として、奥向きの差配を担う女性は存在し（「家《いえ》」妻《つま》）、大名や子息の婚姻に強い発言力を有していたと考えられている。たとえば大名が関係を持ち、子を出生した女性であっても、正式な妻と認めるかは、奥向きを任せられた妻室の役割であった。妻室と認められなければ「妾《しょう》」と扱われる。その待遇は、厳密に区別されるものであった。

そもそも中世は、まだ女性の力が強い時代であり、後継者が幼少といった状況下では、前当主の後室《こうしつ》（未亡人）が家督としての権限を行使することはしばしばみられた。北条政子や日野富子といった女性は、政治家として知られているだろう。

戦国期においては、今川氏親夫人寿桂尼《じゅけいに》や、豊臣秀吉の妻禰々《ねね》（北政所）と茶々（淀殿）、伊達政宗の生母義姫《よしひめ》（保春院殿《ほしゅんいんでん》）などが著名だろう。そうした女性の中には、大名間外交で活躍した人物も存在した。特に顕著に史料が残されているのが義姫で、嫁ぎ先である伊達氏と、実家である最上氏が戦争になった際、和睦を調停したことで知られる。義姫の事例は、本来の取次では交渉が上手く進まない事態に陥り、「内々の取次」といういいわばもう一つのパイプの役割を求められ、前面に出たものである。

義姫の事例は決してイレギュラーなものではない。朝廷にせよ、室町幕府にせよ、貴人に仕える女房と呼ばれた女性たちは、しばしば外交面で重要な働きを担った。一二代将軍足利義晴は、内談衆《ないだんしゅう》と呼ばれる側近集団を駆使したが、それを補ったのは佐子局《さこのつぼね》（清光院殿）と呼ばれる女房である。

取次として活躍した女性については、武田氏においても『甲陽軍鑑』に記載がある。足軽大将小畠虎盛《おばたたけとら》の妹小宰相《こざいしょう》は、武田信玄から才覚を買われて取り立てられ、「出頭の女人」とまで呼ばれた。元亀二（一五七一）年末に北条氏政が武田との同盟を復活させた際には、内々に小宰相を通じて和睦を打診してきたという。実際に北条氏が持ちかけてきたかは不明だが、小宰相を絡めた話を創作する必要はなく、「内々の取次」として活動した可能性は高い。

武田氏では、天正七（一五七九）年に武田勝頼の妹菊姫が、上杉景勝に嫁いで甲越同盟が成立する。同盟時の約束では、上杉氏から武田氏に黄金の支払いがなされるはずであった。この同盟は上杉景勝から持ちかけたものであり、和睦・同盟時には申し入れた側が莫大な礼銭を支払う慣習があったためである。ただ和睦申し入れ時の景勝の情勢があまりに不利であったため、大盤振る舞いをした感は否めず、内乱鎮定に追われる景勝には重荷であった。

ところが武田方が黄金の支払いを督促したところ、「その御前様（菊姫）のお考えで延引した」という（「上杉家文書」『戦国遺文武田氏編』三三三五号）。興味深いことに、菊姫は実家武田氏の要請よりも、嫁ぎ先である上杉氏の財政の安定を優先したのである。

考えてみれば、浅井長政に嫁いだ織田信長の妹お市の方が、小谷城を脱して信長の元に送り届けられたのは落城間際のことで、最後は再嫁相手である柴田勝家とともに自害している。武田信玄の娘で、北条氏政に嫁いでいた黄梅院殿が、甲相同盟決裂時に離縁させられて甲府に戻ったという伝承も事実ではなく、小田原で死去したことも明らかになった。婚姻と同様に、離縁という事態が何を意味するのかも、客観的検討を進める必要があるといえる。

肥前国衆波多盛《はたさこう》が死去した後、後室真芳《しんほう》は、実家有馬氏から、甥の藤童丸《とうどうまる》（鎮《しげし》）を養子に迎えて後継者と定めると主張した。これは家中の反発を招いたものの、藤童丸は有馬義貞と波多盛の姉妹の間に生まれた子で、母方で波多氏の血を引いている。また有馬氏は当時西肥前最大の領域権力であったから、真芳は単に実家に支援を求めたわけではなく、波多氏存続を考えての措置だろう。なお波多鎮家督への反発が強まるのは、永禄六（一五六三）年に有馬氏が龍造寺氏に大敗し、勢力が減退した結果である点にも留意が必要である。

戦国大名の外交と女性の問題は、単に「政略結婚」の視点でみるのではなく、女性の主体性を軸に、今後さらに掘り下げていく必要があるといえるだろう。

主要参考文献

本書は、拙著『戦国大名武田氏の権力構造』（思文閣出版、二〇一一年）の第一部全七章および終章の一部を原型としている。以下、その他の参考文献を掲げる。

相田二郎『相田二郎著作集1　日本古文書学の諸問題』名著出版、一九七六年
秋山伸隆「戦国大名領国の「境目」と「半納」」同著『戦国大名毛利氏の研究』吉川弘文館、一九九八年。初出一九八〇年
朝比奈新「冷泉為和の駿河在国—今川・後北条間交流をとおして—」『立教日本史論集』九号、二〇〇四年
新井浩文「太田資正と北関東の諸勢力」同著『関東の戦国期領主と流通—岩付・幸手・関宿—』岩田書院、二〇一一年。初出一九八八年
有光友學「葛山氏の系譜」同著『戦国史料の世界』岩田書院、二〇〇九年。初出一九八六年
有光友學編『日本の時代史12　戦国の地域国家』吉川弘文館、二〇〇三年
粟野俊之「戦国期における合戦と和与」中世東国史研究会編『中世東国史の研究』東京大学出版会、一九八八年
粟野俊之『織豊政権と東国大名』吉川弘文館、二〇〇一年
池享『大名領国制の研究』校倉書房、一九九五年
池田公一「戦国大名相良氏の近隣交渉—氏名未詳手日記からのアプローチ—」『西南地域史研究』一一輯、一九九六年
石井進「主従の関係」『石井進著作集　第六巻　中世社会論の地平』岩波書店、二〇〇五年。初出一九八三年

石母田正「解説」『中世政治社会思想　上』岩波書店、一九七二年
磯貝正義「武田信玄の戦略戦術―甲・駿・相三国同盟の成立―」同編『武田信玄のすべて』新人物往来社、一九七八年
市村高男「越相同盟の成立とその歴史的意義」戦国史研究会編『戦国期東国社会論』吉川弘文館、一九九〇年
市村高男「越相同盟と書札礼」『中央学院大学教養論叢』四巻一号、一九九一年
市村高男「中世領主間の身分と遺構・遺物の格―戦国期の書札礼の世界から見た若干の提言―」『帝京大学山梨文化財研究所研究報告』八集、一九九七年
市村高男『戦国期東国の都市と権力』思文閣出版、一九九四年
市村高男「「惣無事」と豊臣秀吉の宇都宮仕置―関東における戦国の終焉―」江田郁夫・簗瀬大輔編『北関東の戦国時代』高志書院、二〇一三年
今岡典和「御内書と副状」大山喬平教授退官記念会編『日本社会の史的構造　古代・中世』思文閣出版、一九九七年
今岡典和「守護の書状とその副状」矢田俊文編『戦国期の権力と文書』高志書院、二〇〇四年
岩崎宗純「越相和融と北条氏康使僧天用院」『歴史手帖』九巻一二号、一九八一年
岩澤愿彦「越相一和について―「手筋」の意義をめぐって―」『郷土神奈川』一四号、一九八四年
臼井進「越相同盟の一コマ「書礼之事」について―北条氏照第一信の意義―」『史叢』五二号、一九九四年
遠藤珠紀「織田信長子息と武田信玄息女の婚姻」『戦国史研究』六二号、二〇一一年
遠藤ゆり子『戦国時代の南奥羽社会―大崎・伊達・最上氏―』吉川弘文館、二〇一六年
大石泰史「足利義晴による河東一乱停戦令」『戦国遺文月報今川氏編』一、二〇一〇年
太川茂「武田の外交僧―長延寺編年雑記」『甲斐路』六三号、一九八八年
小笠原春香『戦国大名武田氏の外交と戦争』岩田書院、二〇一九年

小川雄「一五五〇年代の東美濃・奥三河情勢―武田氏・今川氏・織田氏・斎藤氏の関係を中心として―」『武田氏研究』四七号、二〇一三年
荻野三七彦「古文書に現れた血の慣習」同著『日本古文書学と中世文化史』吉川弘文館、一九九五年。初出一九三七~三八年
尾下成敏「織田信長書札礼の研究」『ヒストリア』一八五号、二〇〇三年
尾下成敏「天正十年代初頭の羽柴秀吉の東国政策をめぐって―秀吉・家康の『惣無事』を中心に―」『史林』九二巻五号、二〇〇九年
尾下成敏「九州停戦命令をめぐる政治過程―豊臣「惣無事令」の再検討―」『史林』九三巻一号、二〇一〇年
小山田淨『小山田多門書傳　平姓小山田氏系圖写・解説』雄文社出版企画室、一九九〇年
貝英幸「地域権力の雑掌僧とその活動―大内氏の対幕府政策と興文首座―」『鷹陵史学』二五号、一九九九年
笠松宏至「幕府法」前掲『中世政治社会思想　上』一九七二年
笠松宏至『法と言葉の中世史』平凡社、一九九三年。初出一九八四年
片桐昭彦「上杉謙信の家督継承と家格秩序の創出」『上越市史研究』一〇号、二〇〇四年
勝俣鎮夫『戦国法成立史論』東京大学出版会、一九七九年
勝俣鎮夫『戦国時代論』岩波書店、一九九六年
加藤哲「相越同盟交渉における北条氏照の役割」『戦国史研究』一号、一九八一年
神田千里『戦国時代の自力と秩序』吉川弘文館、二〇一三年
北川鉄三「上井覚兼日記と島津氏の豊後討入」中世史研究会『会報』二六号、一九六九年
北島万次「天正期における領主的結集の動向と大名権力―肥前・筑後の場合―」木村忠夫編『戦国大名論集7 九州大名の研究』吉川弘文館、一九八三年。初出一九七三年
桐野作人『真説　本能寺』学習研究社、二〇〇一年

桐野作人『だれが信長を殺したのか　本能寺の変・新たな視点』ＰＨＰ研究所、二〇〇七年
久保健一郎『戦国大名と公儀』校倉書房、二〇〇一年
栗原修「上杉氏の外交と奏者―対徳川氏交渉を中心として―」『戦国史研究』三二号、一九九六年
栗原修「上杉氏と安東氏の通交文書」『戦国史研究』四〇号、二〇〇〇年
栗原修「上杉・織田間の外交交渉について」所理喜夫編『戦国大名から将軍権力へ―転換期を歩く―』吉川弘文館、二〇〇〇年
栗原修『戦国期上杉・武田氏の上野支配』岩田書院、二〇一〇年
久留島典子『日本の歴史13　一揆と戦国大名』講談社、二〇〇九年。初出二〇〇一年
黒嶋敏『中世の権力と列島』高志書院、二〇一二年
黒田基樹『戦国大名北条氏の領国支配』岩田書院、一九九五年
黒田基樹『戦国大名領国の支配構造』岩田書院、一九九七年
黒田基樹「戦国大名外交文書の一様式」『山梨県史のしおり』資料編4、一九九九年
黒田基樹「戦国期国衆論の課題」『戦国史研究』四〇号、二〇〇〇年
黒田基樹『戦国期東国の大名と国衆』岩田書院、二〇〇一年
黒田基樹「秋山伯耆守虎繁について」『戦国遺文月報武田氏編』二、二〇〇二年
黒田基樹『中近世移行期の大名権力と村落』校倉書房、二〇〇三年
黒田基樹監修『別冊太陽　戦国大名』平凡社、二〇一〇年
黒田基樹『敗者の日本史10　小田原合戦と北条氏』吉川弘文館、二〇一二年
黒田基樹『増補改訂　戦国大名と外様国衆』戎光祥出版、二〇一五年。初出一九九七年
桑山浩然「「副状」小考―上杉家文書の綸旨・御内書をめぐって―」『東京大学史料編纂所報』一七号、一九八三年

小久保嘉紀『室町・戦国期儀礼秩序の研究』臨川書店、二〇二一年
小竹文生「豊臣政権の九州国分に関する一考察―羽柴秀長の動向を中心に―」『駒沢史学』五五号、二〇〇〇年
小林健彦「大内氏の対京都政策―在京雑掌（僧）を中心として―」『学習院史学』二八号、一九九〇年
小林健彦「室町禅林における大名家在京雑掌の活動―相国寺大智院競秀軒の場合―」『中央史学』一三号、一九九〇年
小林健彦『越後上杉氏と京都雑掌』岩田書院、二〇一五年
酒井憲二編著『甲陽軍鑑大成　第四巻研究篇』汲古書院、一九九五年
桜井英治『日本の歴史12　室町人の精神』講談社、二〇〇九年。初出二〇〇一年
佐々木倫朗・今泉徹「〈史料を読む〉『佐竹之書札之次第・佐竹書札私』（秋田県公文書館蔵）」『日本史学集録』二四号、二〇〇一年
佐々木倫朗「東国「惣無事」令の初令について―徳川家康の「惣無事」と羽柴秀吉―」荒川善夫・佐藤博信・松本一夫編『中世下野の権力と社会』岩田書院、二〇〇九年
佐々木倫朗『戦国期権力佐竹氏の研究』思文閣出版、二〇一一年
笹本正治「小山田氏と武田氏―外交を中心として―」同著『戦国大名武田氏の研究』思文閣出版、一九九三年。初出一九八九年
佐藤博信「『里見家永正元亀中書札留抜書』（内閣文庫蔵）」千葉大学『人文研究』一七号、一九八八年
佐脇栄智「戦国武将の官途受領名と実名」『戦国史研究』九号、一九八五年
設楽薫「将軍足利義晴の政務決裁と「内談衆」」『年報中世史研究』二〇号、一九九五年
柴裕之編『尾張織田氏』岩田書院、二〇一一年
柴裕之『戦国・織豊期大名　徳川氏の領国支配』岩田書院、二〇一四年

須田牧子「大内氏の在京活動」鹿毛敏夫編『大内と大友―中世西日本の二大大名―』勉誠出版、二〇一三年
須藤茂樹『武田親類衆と武田氏権力』岩田書院、二〇一八年
太向義明「『甲陽軍鑑』研究の現状と課題―酒井憲二編著『甲陽軍鑑大成』を受けての試論―」萩原三雄・笹本正治編『定本・武田信玄　21世紀の戦国大名論』高志書院、二〇〇二年
高木昭作『江戸幕府の制度と伝達文書』角川書店、一九九九年
高梨真行「将軍足利義輝の側近衆―外戚近衛一族と門跡の活動―」『立正史学』八四号、一九九八年
高橋修「実名―呼び捨ての習慣はいつ終わったか」『歴史をよむ』東京大学出版会、二〇〇四年
高橋修『【異説】もうひとつの川中島合戦　紀州本「川中島合戦図屏風」の発見』洋泉社、二〇〇七年
高橋博「天正十年代の東国情勢をめぐる一考察―下野皆川氏を中心に―」『弘前大学国史研究』九三号、一九九二年
竹井英文『織豊政権と東国社会　「惣無事令」論を越えて』吉川弘文館、二〇一二年
田中誠二「藩からみた近世初期の幕藩関係」『日本史研究』三五六号、一九九二年
千々和到「起請文」日本歴史学会編『概説古文書学　古代・中世編』吉川弘文館、一九八三年
千々和到「遠寿院所蔵の起請文」『総合修法研究』一号、一九九二年
千々和到「中世の誓約の作法―戦国期の東国を中心として―」二木謙一編『戦国織豊期の社会と儀礼』吉川弘文館、二〇〇六年
千葉篤志「戦国大名間の同盟に関する一考察―越相同盟における上杉氏側の同盟認識について―」『史叢』七七号、二〇〇七年
津野倫明「豊臣政権における「取次」の機能―「中国取次」黒田孝高を中心に―」『日本歴史』五九一号、一九九七年
津野倫明「豊臣政権の「取次」蜂須賀家政」『戦国史研究』四一号、二〇〇一年

津野倫明「豊臣〜徳川移行期における「取次」—公儀‐毛利間を中心に—」『日本歴史』六三四号、二〇〇一年
富田正弘編『紙素材文化財（文書・典籍・聖教・絵図）の年代推定に関する基礎的研究』科学研究費補助金研究成果報告書、二〇〇八年
戸谷穂高『東国の政治秩序と豊臣政権』吉川弘文館、二〇二三年
豊田武「主従関係の発達」同著『日本の封建制社会』吉川弘文館、一九八〇年
鳥居和郎「後北条氏関係文書に見られる「糊付」の封について—二通の北条氏康書状を中心として—」『古文書研究』四四・四五合併号、一九九七年
長塚孝「北条氏秀と上杉景虎」『戦国史研究』一二号、一九八六年
永原慶二『戦国期の政治経済構造』岩波書店、一九九七年
西岡芳文「情報伝達の方法」峰岸純夫編『今日の古文書学　第3巻中世』雄山閣出版、二〇〇〇年
則竹雄一『戦国大名領国の権力構造』吉川弘文館、二〇〇五年
則竹雄一「戦国大名北条氏の軍隊構成と兵農分離」木村茂光編『日本中世の権力と地域社会』吉川弘文館、二〇〇七年
羽下徳彦「組合せて機能する文書—上杉家文書の検討（1）—」同編『北日本中世史の総合的研究』科学研究費補助金研究成果報告書、一九八八年
羽下徳彦『中世日本の政治と史料』吉川弘文館、一九九五年
橋本政宣「未完文書としての「判紙」について」『日本古文書学論集　2総論Ⅱ』吉川弘文館、一九八七年。初出一九七七年
長谷川弘道「永禄末年における駿・越交渉について—駿・甲同盟決裂の前提—」『武田氏研究』一〇号、一九九三年
長谷川弘道「駿越交渉補遺—「書札慮外」をめぐって—」『戦国遺文月報今川氏編』二、二〇一一年

羽田聡「足利義晴期御内書の考察―発給手続と「猶〜」表記―」『年報三田中世史研究』三号、一九九六年

羽田聡「足利義晴期における内談衆編成の意義について―人的構成の検討を通して―」『年報三田中世史研究』六号、一九九九年

服部治則『武田氏家臣団の系譜』岩田書院、二〇〇七年

原田正記「織田権力の到達―天正十年「上様御礼之儀」をめぐって―」『史苑』五一巻一号、一九九一年

平野明夫『徳川権力の形成と発展』岩田書院、二〇〇六年

平山優「駒井高白斎の政治的地位」『戦国史研究』三九号、二〇〇〇年

平山優「一通の某起請文に関する一考察―武田氏と木曽氏に関するおぼえがき―」『武田氏研究』二七号、二〇〇三年

平山優「織田源三郎信房について」『山梨県史だより』三〇号、二〇〇五年

平山優『天正壬午の乱　本能寺の変と東国戦国史』学研パブリッシング、二〇一一年

平山優『武田遺領をめぐる動乱と秀吉の野望―天正壬午の乱から小田原合戦まで』戎光祥出版、二〇一一年

福島金治『戦国大名島津氏の領国形成』吉川弘文館、一九八八年

藤井譲治「「惣無事」はあれど「惣無事令」はなし」『史林』九三巻三号、二〇一〇年

藤木久志『豊臣平和令と戦国社会』東京大学出版会、一九八五年

藤木久志『新版　雑兵たちの戦場　中世の傭兵と奴隷狩り』朝日新聞出版、二〇〇五年。初出一九九五年

藤木久志『増補　戦国史をみる目』法藏館、二〇二四年。初出一九九五年

藤田達生『日本近世国家成立史の研究』校倉書房、二〇〇一年

二木謙一『中世武家の作法』吉川弘文館、一九九九年

二木謙一「室町幕府における武家の格式と書札礼」同著『武家儀礼格式の研究』吉川弘文館、二〇〇三年。初出一九九九年

前田利久「〝花蔵の乱〟の再評価」『地方史静岡』一九号、一九九一年
正岡義朗「豊臣期「取次」論の現状と課題」『史敏』一〇号、二〇一二年
松本和也「イエズス会宣教師の権力者認識と国家認識―ガスパル・ヴィレラ畿内布教前段階における―」『日本歴史』六五五号、二〇〇二年
松本和也「宣教師史料から見た日本王権論」『歴史評論』六八〇号、二〇〇六年
丸島和洋「原昌胤の赦免」『武田氏研究』三〇号、二〇〇四年
丸島和洋「甲越和与の発掘と越相同盟」『戦国遺文月報武田氏編』六、二〇〇六年
丸島和洋「高野山成慶院『甲斐国供養帳』―『過去帳（甲州月牌帳）』―」『武田氏研究』三四号、二〇〇六年
丸島和洋「信玄の拡大戦略　戦争・同盟・外交」柴辻俊六編『新編武田信玄のすべて』新人物往来社、二〇〇八年
丸島和洋「戦国期信濃伴野氏の基礎的考察」『信濃』六〇巻一〇号、二〇〇八年
丸島和洋「高野山成慶院『信濃国供養帳』（一）―『信州日牌帳』―」『信濃』六一巻一二号、二〇〇九年
丸島和洋「豊臣大名からみた「取次」―相良氏と石田三成の関係を素材として―」阿部猛編『中世政治史の研究』日本史史料研究会、二〇一〇年
丸島和洋編『甲斐小山田氏』岩田書院、二〇一一年
丸島和洋「武田家「両職」小考」前掲『戦国大名武田氏の役と家臣』、二〇一一年
丸島和洋「『戦国遺文武田氏編』補遺」『武田氏研究』四五号、二〇一二年
丸島和洋「戦国大名武田氏と従属国衆」四国中世史研究会・戦国史研究会編『四国と戦国世界』岩田書院、二〇一三年
三鬼清一郎「「惣無事」令について」同著『豊臣政権の法と朝鮮出兵』青史出版、二〇一二年。初出二〇〇六年
峰岸純夫『中世　災害・戦乱の社会史』吉川弘文館、二〇〇一年

宮川展夫「天正期北関東政治史の一齣—徳川・羽柴両氏との関係を中心に—」『駒沢史学』七八号、二〇一二年
宮川展夫「天正壬午の乱と北関東」『史学論集』四〇号、二〇一〇年
三宅唯美「神篦城主延友氏関係文書の紹介とその動向」『瑞浪市歴史資料集』一集、二〇一三年
宮本義己「足利将軍義輝の芸・豊和平調停（上）（下）」『政治経済史学』一〇二・一〇三号、一九七四年
宮本義己「足利将軍義輝の芸・雲和平調停—戦国末期に於ける室町幕政—」『國學院大學大學院紀要』六輯、一九七五年
村井祐樹『小寺家文書』東京大学史料編纂所研究成果報告、二〇一一年
村田精悦「戦国期における軍事的「境目」の考察—相模国津久井「敵知行半所務」について—」『戦国史研究』六二号、二〇一一年
山口研一「戦国期島津氏の家臣団形成—『上井覚兼日記』に見る「取次」過程—」日本史学大学院合同発表会『史報』八号、一九八七年
山田邦明『戦国のコミュニケーション—情報と通信—』吉川弘文館、二〇〇二年
山田貴司・高橋研一「宮内庁書陵部蔵「相良武任書札巻」の紹介と翻刻」『山口県史研究』一八号、二〇一〇年
山田康弘「戦国期における将軍と大名」『歴史学研究』七七二号、二〇〇三年
山田康弘「戦国期大名間外交と将軍」『史学雑誌』一一二編一一号、二〇〇三年
山田康弘「戦国期栄典と大名・将軍を考える視点」『戦国史研究』五一号、二〇〇六年
山田康弘「戦国時代の足利将軍家と本願寺・加賀一向一揆」『加能史料研究』二一号、二〇〇九年
山田康弘『戦国時代の足利将軍』吉川弘文館、二〇一一年
山梨県立博物館監修『武田信玄からの手紙』山梨日日新聞社、二〇〇七年
山本浩樹「戦国期戦争試論—地域社会の視座から—」池上裕子・稲葉継陽編『展望日本歴史12　戦国社会』東京堂出版、二〇〇一年。初出一九九七年

山本博文『幕藩制の成立と近世の国制』校倉書房、一九九〇年
横山住雄『武田信玄と快川和尚』戎光祥出版、二〇一一年
吉田賢司「在京大名の都鄙間交渉」同著『室町幕府軍制の構造と展開』吉川弘文館、二〇一〇年。初出二〇〇一・二〇〇五年
和氣俊行「「足利政氏書札礼」の歴史的性格をめぐって」前掲『中世下野の権力と社会』、二〇〇九年
渡辺澄夫「島津軍侵入と豊後南郡衆の内応」同著『増訂豊後大友氏の研究』第一法規出版、一九八二年。初出一九七五年

〔補註・補論〕

浅倉直美「北条氏政正室黄梅院殿と北条氏直」『武田氏研究』五九号、二〇一九年
浅見雅一『キリシタン教会と本能寺の変』KADOKWA、二〇二〇年
浅利尚民・内池英樹編『石谷家文書　将軍側近のみた戦国乱世』吉川弘文館、二〇一五年
天野忠幸『増補版　戦国期三好政権の研究』清文堂出版、二〇一五年。初出二〇一〇年
海老沼真治「武田・徳川氏の今川領国侵攻過程—身延文庫「科註拾塵抄」奥書の検討から—」『武田氏研究』五一号、二〇一四年
海老沼真治「甲相和睦交渉に関する一史料—「一宮修理亮文書写」の紹介—」『武田氏研究』七一号、二〇二五年
金子拓『記憶の歴史学　史料に見る戦国』講談社、二〇一一年
金子拓『織田信長　不器用すぎた天下人』河出書房新社、二〇一七年
金子拓『信長家臣明智光秀』平凡社、二〇一九年
神田千里『織田信長』筑摩書房、二〇一四年

桐野作人『明智光秀と斎藤利三』宝島社、二〇二〇年
久野雅司『足利義昭と織田信長　傀儡政権の虚像』戎光祥出版、二〇一七年
久留島典子「中世後期の結婚と家―武家の家を中心に」仁平道明編著『アジア遊学一五七　東アジアの結婚と女性――文学・歴史・宗教』勉誠出版、二〇一二年
黒田基樹『戦国「おんな家長」の群像』笠間書院、二〇二一年
後藤みち子『中世公家の家と女性』吉川弘文館、二〇〇二年
佐藤憲一「伊達政宗の母、義姫の出奔の時期について」『仙台市博物館調査研究報告』一五号、一九九五年
柴辻俊六・平山優・黒田基樹・丸島和洋編『武田氏家臣団人名辞典』東京堂出版、二〇一六年
柴裕之『徳川家康　境界の領主から天下人へ』平凡社、二〇一七年
柴裕之『織田信長　戦国時代の「正義」を貫く』平凡社、二〇二〇年
柴裕之『図説　明智光秀』戎光祥出版、二〇一八年
鈴木将典『国衆の戦国史　遠江の百年戦争と「地域領主」の興亡』洋泉社、二〇一七年
諏訪勝則『明智光秀の生涯』吉川弘文館、二〇一九年
谷口克広『織田信長家臣人名辞典　第2版』吉川弘文館、二〇一〇年
谷口研語『明智光秀　浪人出身の外様大名の実像』洋泉社、二〇一四年
鶴﨑裕雄「戦国武将の千句連歌―明智光秀の五吟一日千句を中心に―」『国文学』一〇四号、二〇二〇年
新名一仁編著『戦国武将列伝11　九州編』戎光祥出版、二〇二三年
萩原大輔『史料で読む戦国史④　異聞　本能寺の変―『乙夜之書物』が記す光秀の乱』八木書店、二〇二二年
早島大祐『明智光秀　牢人医師はなぜ謀反人となったか』NHK出版、二〇一九年
福島克彦『明智光秀―織田政権の司令塔―』中央公論新社、二〇二〇年
藤田達生『史料で読む戦国史①　証言　本能寺の変』八木書店、二〇一〇年

藤田達生・福島克彦編『史料で読む戦国史③　明智光秀』八木書店、二〇一五年
藤田達生『明智光秀伝　本能寺の変に至る派閥力学』小学館、二〇一九年
松村響「永禄元年の越甲和睦交渉と武田・今川両氏の関係について―新出の高白斎宛武田晴信書状の検討―」『武田氏研究』六八号、二〇二三年
丸島和洋「北条・徳川間外交の意思伝達構造」『国文学研究資料館紀要　アーカイブズ研究篇』一一号、二〇一五年
丸島和洋『図説　真田一族』戎光祥出版、二〇一五年
丸島和洋『真田信繁の書状を読む』星海社、二〇一六年
丸島和洋『武田勝頼　試される戦国大名の「器量」』平凡社、二〇一七年
丸島和洋「松平元康の岡崎城帰還」『戦国史研究』七六号、二〇一八年
丸島和洋「敢えて実名を記す―「二字書」という書札礼―」『古文書研究』八八号、二〇一九年
丸島和洋『列島の戦国史⑤東日本の動乱と戦国大名の発展』吉川弘文館、二〇二一年
丸島和洋「武田信玄の駿河侵攻と対織田・徳川氏外交」『武田氏研究』六五号、二〇二二年
丸島和洋「武田氏の東美濃・北三河国衆統制と秋山虎繁―弘治・永禄初頭を対象に―」『信州伊那春近五人衆と井月』一号、二〇二四年
丸島和洋「武田勝頼の家督相続と宿老たち」『特別展　武田勝頼』山梨県立博物館展示図録、二〇二五年
村上紀夫『江戸時代の明智光秀』創元社、二〇二〇年
森脇崇文「織田・長宗我部関係の形成過程をめぐる一考察」『歴窓』四八号、二〇一八年
両角倉一「紹巴小伝（改稿）」『山梨県立女子短期大学紀要』二一号、一九八八年
横山住雄『中世美濃遠山氏とその一族』岩田書院、二〇一七年

あとがき

講談社の青山遊氏から、選書メチエへ執筆のお話を頂戴したのは平成二三年の六月頃のことであった。ちょうどその年二月に、博士論文を元にした論文集『戦国大名武田氏の権力構造』（思文閣出版）を上梓しており、それをお読みいただいてのお誘いであった。私としては、まさか著書出版後、半年もたたないうちにこのようなお話をいただけるとは夢にも思わず、ひたすら恐縮するばかりである。

その時、「メチエでは戦国大名に関する本がほとんどない」というお話を聞いて、意外に思った。しかしたしかに考えてみると、戦国時代を扱った本はあっても、戦国大名となるとメチエでは笹本正治氏の『戦国大名の日常生活』（二〇〇〇年）くらいしか思い当たらない。また黒田基樹氏が『百姓から見た戦国大名』（ちくま新書、二〇〇六年）のあとがきで、「戦国大名を正面から取り上げた書物として、本書は（略）実に二十五年ぶりのものになろう」と書かれていたことも想起された。意外かもしれないが、戦国大名はその人気に比して、一般向けの本がほとんどない。筆者も執筆に参加した『別冊太陽　戦国大名』（平凡社、二〇一〇年）があるが、ビジュアル誌という限界があった。

この理由は単純で、戦国大名研究が個別大名研究と化してしまっていることにあるのだろう。つまり、特定の大名について書かれた本は出されても、戦国大名全般を論じる本はなかなか出ないのである。筆者は甲斐武田氏を「主たる研究対象」にしているが、武田氏専門の研究者という意識はない。これは筆者の研究が大名間外交を一つの柱としているためでもあり、相模北条氏・尾張織田氏・肥後相良氏・薩摩島津氏と研究対象は複数の大名にまたがる。学部四年のときにはじめて書いた論文も、肥前有馬氏を扱ったものであった。したがって筆者の研究テーマは、中近世移行期の大名権力論一般であり、武田氏は研究の中心ではあっても、ひとつの研究素材に過ぎないともいえる。

さて、戦国大名研究は一九九〇年代以降に大きく進展した。しかし最近研究の幅を広げるにつれ、九〇年代以降の戦国大名研究は、織豊期の研究者にすら共有されていないという現実をつくづく思い知らされた。この原因はいくつかあるが、責任の一端は間違いなく戦国大名研究者にある。研究の個別化が進みすぎたうえ、戦国期を扱った論文は毎年膨大な数が執筆される。ところが戦国大名研究は、その総括が十分とはいえない。これでは最新の研究成果を理解しろという方に無理がある。研究者同士ですらそうなのだから、一般の方に研究成果が還元されていないのは当然のことであろう。

したがって、本書を執筆する際には、九〇年代以降の研究成果を積極的に反映させるように努めた。実はこの流れは、早くも七〇年代に生じたもので、戦国大名権力そのものを相対化させようという努力の一環である。本書においては、「専制的」で「野心によって領国拡大を目指す」戦国大名像と異なる姿を描いたつもりだが、それはそうした研究史の中に位置づけられる。

歴史学は現在を映す鏡であり、歴史像は常に変化し続ける。歴史研究者は史料に客観的に接しようと心懸けるが、自身の置かれた生活環境や時代の変化の影響を受けざるをえない。自分の研究がどのような位置に置かれているかを把握し、その一端なりとも読者に示すこともまた必要であろう。

最後になるが、本書の執筆を熱心に勧めていただいた青山遊氏と、日頃筆者を指導し、かつ支えてくれているすべての方に御礼を申し述べて、擱筆することとしたい。

平成二五年七月一日

丸島和洋

学術文庫版あとがき

本書の底本が、平成二五（二〇一三）年に講談社選書メチエから刊行されて、ちょうど一二年が過ぎた。その時は気がつかなかったのだが、平成二五年にせよ、今年にせよ、巳年にあたる。巳年は自分の干支であり、一二年という歳月を強く実感することとなった。

この間、筆者は東京都市大学に奉職し、落ち着いた環境で研究に打ち込めるようになった。ただ、研究の幅はさまざまな意味で広がったものの、どうも新たな筋道を立てられずにいる。本書の底本は、博士論文の一部が元であるだけでなく、筆者が単著として出した最初の一般書である。初心に返るというか、本書を文庫化することで、改めて自身の研究を見つめ直してみようという気になった。なお文庫化にあたり、メチエ版と微妙にタイトルを変えている。それは「外交」から「」を取るということである。もういい加減、戦国大名同士のやりとりを外交と呼んでも理解は得られるだろうという考えが背景にある。

問題は、底本刊行後の研究状況の進展である。それをどこまで反映させるかは、大きな悩みどころでもあった。あれもこれもと欲を出せば、「終わらない」ことは間違いない。ましてや本文を修正していくと、まったく別物となってしまう。なのでまず、筆者自身が刊行期限を設けることにした。それでも、当初予定より一ヵ月は遅れ、多くの関係者の皆様に多大な迷惑をおかけすることになってしまったが……。

その上で、どうしても必要と判断した場合を除き、修正は補註で行うこととした。また内容の書き換えとなる修正を行った場合も、その旨を補注で明記して、参考文献にあたれるよう配慮した。細かい修正は、メチエを増し刷りする際に行ってきたが、今回はより明確にしようと考えた次第である。

もっとも、ただ文庫化するだけでは芸がない。補論をいくつか付け足すこと、そのひとつに本能寺の変をいれることは最初から決めていた。本能寺の変については、底本でも言及はしているものの、その後の新出史料の発見が予想外に多く、また百家争鳴という状況に変わりがないため、私見を示すことにはそれなりの意味はあるだろうと考えたためである。

それらを含め、当初計画では、底本で論じきれなかったり、その後自身の考えに変化が生じたりした議論を補うというものであったが、書き進めるにつれ、軌道修正をすることとした。底本では、戦国大名同士の外交とはどういうものかを理解してもらうことに主眼を置いたため、個々の事例検討は比較的薄めであった。史料は現代語訳して載せていたものの、その数は必ずしも多くはない。

しかし補論においては、実際の外交のやりとりが窺えるテーマを選び、諸大名の思惑が入り乱れる生の状況を描くことにした。その結果テーマも、補論一は武田・徳川同盟とその決裂、補論二では本能寺の変、補論三では小田原合戦に至る外交過程に落ち着いた。結果的に、どの外交も、取次が十分に役割を果たせなかった事例と一括できるものとなった。ただ意図したわけでなく、そこに至る経緯も様々である。なお補論一は、近年書いた論文を元にしたものだが、書き進めている内に行論の誤りに気がつき、論文段階と少し論旨を改めている。思い込みというものは恐ろしいものだと、改めて実感させられた。

当初予定では、女性と大名間外交の関わり、また戦国大名と国際外交についても補論に組み入れるつもりであったが、どちらも準備不足であり、前者をコラムとして加えるにとどまった。特に後者については、最低でも近年再び着手している肥前有馬氏の研究を進めなければ、まだ自分としての見解を述べる立場にはないことを痛感した。

補論では、できる限り現代語訳をいれるという形をとったが、もちろん抄訳であったり、意訳を加えた箇所も多い。本来であれば、原文を掲げて意訳を載せるのが一番であろう。しかし補論では、人名を原文そのままではなく、一番著名な名前に置き換えるように方針を改めており、原文との比較という観点からすると、底本よりむしろ後退している。

この理由はふたつある。ひとつは、文庫化にあたり、読者の敷居をできる限り下げたいと考えたためである。原文を載せ、現代語訳を載せると、どうしても分量を取るし、読み進める上で邪魔に思われることもあるだろう。

もうひとつの理由は、やたらと「エビデンス」を求める昨今の風潮である。史料というものは、時代背景を含めた多面的知識とセットでなければ正しく理解することはできない。そのため、筆者は原文を併記するだけではあまり意味がないと考えるようになってきている。特に本書では、活字化済みの史料は典拠を明示してあるので、必要ならそれを見てもらえばよいであろう。

もちろん、その意訳に誤りが無いとはいわない。これまで、思い込みから誤訳をしては、ある時は自分で、ある時は第三者の指摘で、誤りに気がついたことはきりがない。特に戦国時代の言葉は、辞書類にも立項すらされていないものも多いし、異なる意味で用いられることが多いから、なおさらである。

筆者が歴史学の道を志したのは、高校生の頃であった。近年、歴史学への関心の高まりを色々なところで感じるが、非常にハイレベルな議論を展開する方と、入門書の次を探せないで戸惑っている方とで二極分化しているようにも思う。どのような分野であれ、裾野が広がらなければ、先細りしてしまう。本書の文庫化が、歴史に関心を抱いてもらう一助となればこれ以上の喜びはない。先ほど原文を併記するだけではあまり意味を感じないと述べたが、それに代わる方法も、今後は考えていきたいと思う。

日頃から筆者を支えてくれている多くの方々に、改めて御礼を申し上げる。

令和七年二月一〇日　　亡父の命日を偲びながら

丸島和洋

ラ　行

ワ　行

マ　行

ヤ　行

ハ　行

ナ 行

タ　行

サ　行

カ　行

索　引

※大名・国衆・一部重臣は、歴代当主を名字で一括した。
また、人名は主要な者に限った。

ア　行

KODANSHA

本書の原本は、二〇一三年に講談社選書メチエより刊行されました。

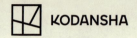

丸島和洋（まるしま　かずひろ）

1977年，大阪府に生まれる。慶應義塾大学大学院文学研究科後期博士課程単位取得退学。博士（史学）。現在，東京都市大学共通教育部教授。専攻は日本中世史・古文書学。著書に『戦国大名武田氏の権力構造』『真田信繁の書状を読む』『武田勝頼』『東日本の動乱と戦国大名の発展』など多数。

講談社学術文庫

定価はカバーに表示してあります。

戦国大名《せんごくだいみょう》の外交《がいこう》

丸島和洋《まるしまかずひろ》

2025年４月８日　第１刷発行

発行者　篠木和久
発行所　株式会社講談社
　　　　東京都文京区音羽 2-12-21 〒112-8001
　　　　電話　編集（03）5395-3512
　　　　　　　販売（03）5395-5817
　　　　　　　業務（03）5395-3615
装　幀　蟹江征治
印　刷　株式会社ＫＰＳプロダクツ
製　本　株式会社国宝社
本文データ制作　講談社デジタル製作

ISBN978-4-06-539478-6

「講談社学術文庫」の刊行に当たって

これは、学術をポケットに入れることをモットーとして生まれた文庫である。学術は少年の心を養い、成年の心を満たす。その学術がポケットにはいる形で、万人のものになることは、生涯教育をうたう現代の理想である。

こうした考え方は、学術を巨大な城のように見る世間の常識に反するかもしれない。また、一部の人たちからは、学術の権威をおとすものと非難されるかもしれない。しかし、それはいずれも学術の新しい在り方を解しないものといわざるをえない。

学術は、まず魔術への挑戦から始まった。やがて、いわゆる常識をつぎつぎに改めていった。学術の権威は、幾百年、幾千年にわたる、苦しい戦いの成果である。こうしてきずきあげられた城が、一見して近づきがたいものにうつるのは、そのためである。しかし、学術の権威を、その形の上だけで判断してはならない。その生成のあとをかえりみれば、その根は常に人々の生活の中にあった。学術が大きな力たりうるのはそのためであって、生活をはなれた学術は、どこにもない。

開かれた社会といわれる現代にとって、これはまったく自明である。生活と学術との間に、もし距離があるとすれば、何をおいてもこれを埋めねばならない。もしこの距離が形の上の迷信からきているとすれば、その迷信をうち破らねばならぬ。

学術文庫は、内外の迷信を打破し、学術のために新しい天地をひらく意図をもって生まれた。文庫という小さい形と、学術という壮大な城とが、完全に両立するためには、なおいくらかの時を必要とするであろう。しかし、学術をポケットにした社会が、人間の生活にとってより豊かな社会であることは、たしかである。そうした社会の実現のために、文庫の世界に新しいジャンルを加えることができれば幸いである。

一九七六年六月

野　間　省　一

1463
勝　海舟著／江藤　淳・松浦　玲編
氷川清話
海舟が晩年語った人物評・時局批判の小話集。幕末期の難局に手腕を発揮し、次代を拓いた海舟。歯に衣着せず語った辛辣な人物評、痛烈な時局批判は、彼の人間臭さや豪快さが伝わる魅力いっぱいの好著である。

1516
原　武史著
〈出雲〉という思想　近代日本の抹殺された神々
〈出雲〉はなぜ明治政府に抹殺されたのか？「国家神道」「国体」の確立は、〈出雲〉に対する〈伊勢〉の勝利宣言だった。近代化の中で闇に葬られたオホクニヌシを主祭神とするもう一つの神道思想の系譜に迫る。電P

1518
秋本吉徳全訳注
常陸国風土記
古代東国の生活と習俗を活写する第一級資料。筑波山での歌垣、夜刀神をめぐる人と神との戦い、巨人伝説・白鳥伝説など、豊かな文学的世界が展開する。華麗な漢文で描く、古代東国の人々の生活と習俗とこころ。

1537
エリザ・R・シドモア著／外崎克久訳
シドモア日本紀行　明治の人力車ツアー
女性紀行作家が描いた明治中期の日本の姿。ポトマック河畔の桜の植樹の立役者、シドモアは日本各地を人力車で駆け巡り、明治半ばの日本の世相と花を愛する日本人の優しい心を鋭い観察眼で見事に描き出す。電P

1567
ハインリッヒ・シュネー著／金森誠也訳
「満州国」見聞記　リットン調査団同行記
満州事変勃発後、国際連盟は実情把握のため、リットン卿を団長とする調査団を派遣した。日本、中国、満州、朝鮮……。調査団の一員が、そこで見た真実の姿とは。「満州国」建国の真相にせまる貴重な証言。

1578
藤本正行著（解説・峰岸純夫）
信長の戦争　『信長公記』に見る戦国軍事学
覇王・信長は〈軍事的天才〉だったのか？　明治に作られた「墨俣一夜城」の〝史実〟。根拠のない長篠の「鉄砲三千挺・三段撃ち」。『信長公記』の精読があかす信長神話の虚像と、それを作り上げた意外な事実。

日本の歴史・地理

1807
お雇い外国人　明治日本の脇役たち
梅溪《うめたに》　昇著

明治期、近代化の指導者として日本へ招かれたお雇い外国人。その国籍は多岐にわたり、政治、経済、軍事、教育等あらゆる領域で活躍し、多大な役割を果たした。日本繁栄の礎を築いた彼らの功績を検証する。

1817
太平洋戦争と新聞
前坂俊之著

戦前・戦中の動乱期、新聞は政府・軍部に対しどんな論陣を張り、いかに報道したのか。法令・検閲に自由を奪われるのと同時に、戦争遂行へと社論を転換する新聞。批判から迎合・煽動的論調への道筋を検証。

1825
占領期　首相たちの新日本
五百旗頭　真著

東久邇内閣を皮切りに、幣原、吉田、片山、芦田、再び吉田——。占領という未曽有の難局、苛烈をきわめるGHQの指令のもとで日本再生の重責を担った歴代首相たちの事績と人間像に迫る。吉野作造賞受賞作。

1858
関ヶ原合戦　家康の戦略と幕藩体制
笠谷和比古著

秀吉没後、混沌とする天下掌握への道。慶長十五年九月十五日、遂に衝突する家康・三成の二大勢力。関ヶ原に遅参する徳川主力の秀忠軍、小早川秀秋の反忠行動、外様大名の奪戦など、天下分け目の合戦を詳述。

1865
物部氏の伝承
畑井　弘著

大和朝廷で軍事的な職掌を担っていたとされる物部氏。既存の古代史観に疑問をもつ著者が、記紀の伝承や物部氏の系譜を丹念にたどり、朝鮮語を手がかりに一族の謎に包まれた実像の解読を試みた独自の論考。

1871・1872
イザベラ・バードの日本紀行（上）（下）
イザベラ・バード著／時岡敬子訳

一八七八年に行われた欧米人未踏の内陸ルートによる東京—函館間の旅の見聞録。大旅行家の冷徹な眼を通じ、維新後間もない北海道・東北の文化・自然等を活写。関西方面への旅も収載した、原典初版本の完訳。

《講談社学術文庫　既刊より》

日本の歴史・地理

1885
E・B・スレッジ著／伊藤 真・曽田和子訳（解説・保阪正康）
ペリリュー・沖縄戦記
「最も困難を極めた上陸作戦」と言われたペリリュー戦。泥と炎にまみれた沖縄戦。二つの最激戦地で米海兵隊の一歩兵が体験した戦争の現実とは。夥しい生命を奪い、人間性を破壊する戦争の悲惨を克明に綴る。

1886
酒井シヅ著
病が語る日本史
古来、日本人はいかに病気と闘ってきたか。糖尿病に苦しんだ道長、ガンと闘った信玄や家康。糞石や古文書は何を語るのか。病という視点を軸に、歴史上の人物の逸話を交えて日本を通覧する、病気の文化史。

1900
網野善彦著（解説・大津 透）
日本の歴史00
「日本」とは何か
柔軟な発想と深い学識に支えられた網野史学の集大成。列島社会の成り立ちに関する常識や通説を覆し、日本のカタチを新たに描き切って反響を呼び起こした力作。本格的通史の劈頭、マニフェストたる一冊。

1901
岡村道雄著
日本の歴史01
縄文の生活誌
旧石器時代人の遊動生活から縄文人の定住生活へ。日本文化の基層を成した、自然の恵みとともにあった豊かな生活、そして生と死の実態を最新の発掘や研究の成果から活写。従来の古代観を一変させる考古の探究。

1902
寺沢 薫著
日本の歴史02
王権誕生
巨大墳丘墓、銅鐸のマツリ、その役割と意味とは？稲作伝来、そしてムラからクニ・国へと変貌していく弥生・古墳時代の実態と、王権誕生・確立へのダイナミックな歴史のうねり、列島最大のドラマを描く。

1903
熊谷公男著
日本の歴史03
大王《おおきみ》から天皇へ
王から神への飛躍はいかにしてなされたのか？なぜ天下を治める「大王」たちは朝鮮半島・大陸との貪欲な関係を持ったのか？ 仏教伝来、大化改新、壬申の乱……。試練が体制を強化し、「日本」が誕生した。

日本の歴史・地理

1904
渡辺晃宏著
日本の歴史04
平城京と木簡の世紀
日本が国家として成る奈良時代。大宝律令の制定、和同開珎の鋳造、遣唐使、平城宮遷都、東大寺大仏の建立……。木簡、発掘成果、文献史料を駆使して、日本型律令制成立への試行錯誤の百年を精密に読み直す。

1905
坂上康俊著
日本の歴史05
律令国家の転換と「日本」
藤原氏北家による摂関制度、伝統的郡司層の没落と国司長官の受領化——。律令国家の誕生から百年、国家体制は変容する。奈良末期~平安初期に展開した「古代の終わりの始まり」=古代社会の再編を精緻に描く。

1906
大津　透著
日本の歴史06
道長と宮廷社会
平安時代中期、『源氏物語』などの古典はどうして生まれたのか。藤原道長はどのように権力を掌握したのか。貴族の日記や古文書の精緻な読解により宮廷を支えた国家システムを解明、貴族政治の合理性に迫る。

1907
下向井龍彦著
日本の歴史07
武士の成長と院政
律令国家から王朝国家への転換期、武装蜂起の鎮圧にあたる戦士として登場した武士。源氏と平氏の拮抗を演出し、強権を揮う「院」たち。権力闘争の軍事的決着に関与する武士は、いかに政権掌握に至ったのか。

1908
大津　透・大隅清陽・関　和彦・熊田亮介・丸山裕美子・上島　享・米谷匡史著
日本の歴史08
古代天皇制を考える
古代天皇の権力をはぐくみ、その権威を支えたものは何か。天皇以前=大王の時代から貴族社会の成立、院政期までを視野に入れ、七人の研究者が、朝廷儀礼、天皇祭祀、文献史料の解読等からその実態に迫る。

1909
山本幸司著
日本の歴史09
頼朝の天下草創
幕府を開いた頼朝はなぜ政権を掌握できたのか。古代から中世へ、京都から東国へ、貴族から武士へ。幕府の職制、東国武士の特性、全国支配の地歩を固めた北条氏の功績など、歴史の大転換点の時代像を描く。

《講談社学術文庫 既刊より》

日本の歴史・地理

書き下ろし日本史

平々々 著
日本史の20
1921

維新と文明開化

米米 著
日本史の21
1920

日本のあゆみとアジア

沙田 著
日本史の19
1919

国際社会と日本

井上経士 著
日本史の18
1918

大正ひとけた

早田甲子男 著
日本史の17
1917

大正事件史

田代次郎 著
日本史の16
1916